小学教育（全科教师）专业系列教材

宋乃庆 靳玉乐 总主编

小学道德与法治课程与教学

主编 刘慧

副主编 曹增坤 郭志滨

编委（按拼音排序）

曹增坤 郭志滨 姜海荣 金少良

刘慧 刘惊铎 聂满欣 王春霞

王丹 吴丽梅 徐群志 尹达斐

西南大学出版社

国家一级出版社 全国百佳图书出版单位

图书在版编目(CIP)数据

小学道德与法治课程与教学 / 刘慧主编. — 重庆：西南师范大学出版社, 2021.1

ISBN 978-7-5697-0389-4

Ⅰ. ①小… Ⅱ. ①刘… Ⅲ. ①政治课－教学研究－小学 Ⅳ. ①G623.102

中国版本图书馆CIP数据核字(2021)第008608号

小学道德与法治课程与教学

主编　刘　慧

总 策 划：宋乃庆　刘春卉　杨景罡
执行策划：钟小族　翟腾飞
责任编辑：熊家艳
责任校对：翟腾飞
装帧设计：观止堂_未　氓
排　　版：吕书田
出版发行：西南大学出版社(原西南师范大学出版社)
地址：重庆市北碚区天生路2号
邮编：400715
市场营销部电话：023-68868624
印　　刷：重庆市正前方彩色印刷有限公司
幅面尺寸：185 mm×260 mm
印　　张：15.75
字　　数：383千字
版　　次：2021年1月　第1版
印　　次：2025年1月　第8次印刷
书　　号：ISBN 978-7-5697-0389-4

定　　价：43.00元

序

小学教育是基础教育中最重要的一环，是孩子们学知识的第一步。孩子们在小学教育阶段，顺利完成了学业，进一步学习就不会有太大的困难。小学是儿童的思维从具体到抽象、综合到分析逐步发展的阶段。他们常常不管面对教什么学科的老师，都会提出各种各样的问题，认为老师是万能的，什么都知道的。所以我主张小学老师最好是全科型的，能够适应小学生认知特点的需要，特别是农村的小学老师。农村的学校规模比较小，一般不容易配备所有学科的老师，许多老师都要兼教几门课，更需要全科型的教师。教育部《关于实施卓越教师培养计划2.0的意见》也提出了培养小学全科教师。当然，全科教师不是说小学的所有课程都能教，而是一专多能、一主多辅，或者两主多辅。

有些学者认为，小学教师也需要学科专业化，认为现代科学日新月异，学科内容知识不断更新，教师需要有学科的专业知识，才能保证教学质量。在大城市规模比较大的小学，实行单科教师，当然有利于学科教学。但是我认为，小学教师也需要具有比较广泛的知识，一方面适合小学生综合思维的特点，另一方面小学教师也需要有文化修养、人文气质，这是多学科才能培养的。

如何培养小学全科教师？首先要有一套教材。以宋乃庆教授为首的教育部西南基础教育课程研究中心组织了16个省(区、市)60余所高校以中西部为主的专家学者编写了"小学教育(全科教师)专业系列教材"。这是师范院校教师组织师范生学习的素材，是小学全科教师培养(训)的重要载体。该系列教材主要包括教师教育类、学科基础类和学科课程与教学类3个模块。该系列教材本着小学生的特点，帮助职前和职后的小学教师逐步掌握2～4门学科的知识与技能、过程和方法，形成正确的情感态度和价值观，因此，每一学科的知识与技能要求适当降低。他们提出了宽基础、重实践操作，重师范素质养成，重文化素养提升的原则，使教材低起点、降难度、缓坡度，便于自学，便于阅读，文字通俗易懂。

该教材的编写人员，都是几十所师范院校对小学教育有专门研究的专家，站位高、设计科学、合理，切合小学的教育教学实际，教材编写有特色，为小学全科教师的培养做了一件重要的工作。

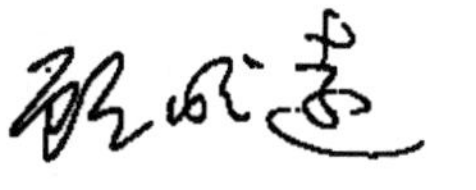

2019年8月12日

(注：顾明远 北京师范大学原副校长，中国教育学会原会长，曾任世界比较教育学会联合会联合主席)

编者的话

党的二十大要求培养高素质教师队伍。习近平总书记明确提出成为党和人民满意的好教师要满足“四有”“四个引路人”和“四个相统一”的标准，为培养师德高尚、业务精湛、结构合理、充满活力的高素质教师队伍指明了方向。

基础教育是我国教育的重要阵地，小学教育是基础教育中的基础。2012年以来，教育部先后出台了多个文件，提出了发展小学全科教师，解决小学（尤其是农村小学）结构性缺编问题，提升小学教师综合素养，借鉴国际小学全科教师培养经验。近年来，我国多省（区、市）已经开展了全科教师培养，编写了部分教材，在此基础上，我们在教师工作司和多省（区、市）教育主管部门的支持下，邀请了16个省（区、市）60余所高校的专家、学者编写了此系列教材。我们力求体现以下主要特点：

第一，注重综合素质，降低单科要求。小学全科教师要掌握2～4门学科的专业知识与技能、过程与方法，形成正确的情感态度与价值观，因此，每一学科的知识与技能适当降低要求，且适当增加综合素质的培养（训）内容与要求。

第二，拓宽学科基础，重视实践操作。小学全科教师走上工作岗位会执教多个学科，因此，教材既注重多学科的基础学习，又注重学科之间的贯通性，适当增加实践技能，注重学生师范素质的养成，注重学生教学技能的培养。

第三，适当降低起点，放缓坡度。教材注重便于自学与阅读，通俗易懂。适当降低起点和学科理论要求，适当放缓坡度和减少内容，适当减轻小学全科教师负担。

第四，注重学生文化素养提升，发展核心素养。教材贯彻“立德树人”根本任务精神，每章设置了名人名言、学习提要、思维导图、思考与练习、小结等板块，让学生在潜移默化中提升自身文化素养，具备终身发展的能力。

本套教材邀请了30余位小学教育领域有影响的高师院校、教科院、进修学院和小学知名的专家、领导组成了“小学教育（全科教师）专业系列教材”编委会。编委会对教材使用和教师的培养（训）进行指导。

由于时间紧、任务重、科目多，编写团队庞大，且编者编写风格和水平上存在差异，问题和错漏在所难免。恳请各位学者、教师、学生，及时向我们提出宝贵意见和建议并发送至邮箱xszjfs@126.com。

教育部西南基础教育课程研究中心　小学全科教师教材编写组

前言

新时代小学德育正在找寻时代新方位。有关新时代小学德育理论创新与实践的探索，必将迎来小学德育发展的战略机遇期。

当前的时代大背景正有利于深层提升小学德育的专业地位、时代价值。习近平在学校思想政治理论课教师座谈会上的重要讲话中指出，思想政治理论课是落实立德树人根本任务的关键课程。青少年阶段是人生的“拔节孕穗期”，最需要精心引导和栽培。深刻领会和践行习近平总书记重要讲话精神，可让小学德育形成“顶天立地”之势。

小学阶段是国民教育的基础阶段。

小学时期是人生的奠基期和关键期之一。

小学德育是基础教育的重要价值支点。

小学教育是整个教育体系的根基。这个根基牢固与否的根本标志，是对这样两大问题的回答：一是小学教育为谁培养人；二是小学教育培养什么样的人。这两大问题的落实，主要依靠德育改革和发展。

德育是学校教育的灵魂。小学德育是小学阶段落实立德树人根本任务的重要保障。鲁洁指出：“德育面对的是人而不是物，即使是物，我们也要显示它背后的人，显示它和人的关系；它面对的是一个个有血有肉的人，它面对的是人的向善之心，它展示的是人对美好生活的向往和对美丽人生的追求。”朱小蔓说，德育是为人的，是为了人的生命的；德育是发展人的，而不是束缚人的发展的；德育是为了人的幸福生活的，是促进人的德性成长的。一言以蔽之，小学生的品德发展与行为习惯养成，关乎其一生的生命样态与生命品质，也关乎其是否能够成为担当民族复兴大任的时代新人。

优质小学教育的关键是优质小学教师。聚焦小学德育教师专业发展，是小学教师教育的文化自觉。习近平强调，办好思想政治理论课关键是教师，关键在发挥教师的积极性、主动性、创造性，给学生心灵埋下真善美的种子，引导学生扣好人生第一粒扣子。这是思政课教师应承担的使命，若要完成这样光荣的使命，必须要有高素质的教师队伍。但目前小学德育教师队伍状况不容乐观，缺乏专职的、受过专业训练的教师队伍，在道德与法治课教学中，对一些基本的道德规范内涵的理解都难以到位。

小学德育教师必须接受专门训练。小学德育课教学有其特殊性，对小学教师而言，并非不经过专门训练就能自然而然胜任。小学德育教师应有从事小学德育工作的理念、学识、能力等，应能做小学生生命健康成长的引路人。

有计划、有组织地培养小学德育教师，是新时代初等教育事业发展的基础性工程。在高师小学教育专业开设小学德育方向，是落实习近平总书记重要讲话精神的重要举措，是完善小学教育专业人才培养方案、提升专业建设品质的有力抓手。在这个新的专业方向下，重点培养未来的小学教师在理论上认识与理解小学生品德发展的内涵、规律、特点、支持性条件，掌握基于小学儿童品德发展规律与特点的道德教育理论与方法，既是国家与民族的期待，也是高师小学教育专业健康发展的内在诉求。①

课程是人才培养的主渠道，小学教师德育意识与能力的培养离不开课程。目前诸多高校小学教育专业均不同程度地开设了德育课程，除了通识类的思想政治课外，还有专业类的，如教师职业道德、小学生品德发展与道德教育、德育原理等。小学教育专业开设的“小学道德与法治课程与教学”课程，是专门针对师范生毕业后从事小学道德与法治课教学所需的入门课程。该课程是小学德育的重要载体，从事本课程教学的教师必须全面、深刻地认识、理解该课程理念、课程核心、课程基础、课程追求，掌握课程实施原则、方法、评价等。

本书的创编以此为宗旨，基于一线优秀教师的教学实践，汇聚道德与法治课教学实践之精华，为师范生、一线小学教师从事小学道德与法治课教学，提供实用的理论与鲜活的实践。

本书的写作设计紧紧围绕《小学道德与法治》教材与教学展开，共十章。前三章为基本理论部分，包括认识小学德育、理解小学道德与法治课程与教材，这是小学教师从事小学德育活动、道德与法治课教学的基础、前提；后七章是对教材中七大主题教育教学的解读，主要包括规则教育、民主与法治教育、革命传统教育、传统文化教育、生态伦理教育、国家领土与主权教育、国际视野教育，这是小学道德与法治课教学的主体内容。

---

①刘慧.小学德育教师发展的时代新方位[J].中小学德育，2019(6):1.

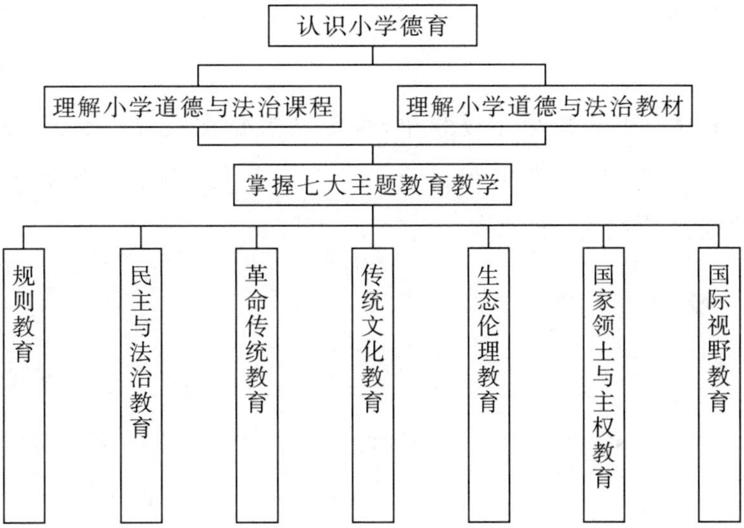

本教材的写作风格与呈现形式贴近教学现象，由问题引发理论叙述，以“教育叙事”与“观点阐发”两大主板块来统领。为贴近教材、增强“现场感”、拓展知识，凸显理论与实践的结合，本教材设计了“教材嵌入”“课堂链接”“教学案例”和“知识卡”等辅助板块。同时，每章以“本章小结”“知识导图”结尾。最后是“理解反思”“实践作业”“推荐阅读”，以体现“学材”性。

全书创编思想框架与写作思路由刘慧教授（首都师范大学初等教育学院）组织曹增坤、郭志滨等老师完成，刘惊铎教授（国家开放大学）审读教材，刘慧教授统稿。各章写作分工如下：第一章，刘慧；第二章，金少良（北京市东城区史家胡同小学）；第三章，曹增坤（北京市通州区教师研修中心）；第四章，聂满欣（北京市通州区教师研修中心）、王春霞（北京市通州区台湖学校）；第五章，姜海荣（北京市第二实验小学通州分校）；第六章，郭志滨（北京市东城区史家胡同小学）；第七章，吴丽梅（北京市东城区史家胡同小学）；第八章，王丹（北京市东城区史家胡同小学）；第九章，尹达斐（北京市第二实验小学通州分校）；第十章，徐群志（北京市史家小学通州分校）。

本书在写作过程中得到了西南师范大学出版社职业教育分社社长杨景罡、编辑翟腾飞的关心与指导；得到首都师范大学初等教育学院小学教育专业小学德育方向研究生周娜、孔德阳，初等教育学硕士研究生王珊，澳门城市大学教育学院博士生吴凯、刘映等帮助提供资料、核查资料、绘制知识导图等，在此感谢。

本教材的写作，无论是体例框架，还是具体观点表达，都是一次初创性探索，整个研究过程和呈现形态也还存在不少缺点与不足。我们期待在未来的深化研究和新一轮的修订中，再做新的补充与完善，也恳请读者朋友给予批评指正，期待同仁不吝赐教。

需要说明的是，在书稿写作过程中，参考的文献和小学一线的德育实践案例，绝大部分已注明出处，但也难免存在一些疏漏。在此，请求原作者谅解，也由衷地向原作者表示深深的敬意、歉意与谢意。

2020年盛夏于西山艺境

目录

第一章
认识小学德育

德育面对的是人而不是物，即使是物，我们也要显示它背后的人，显示它和人的关系；它面对的是一个个有血有肉的人，它面对的是人的向善之心，它展示的是人对美好生活的向往和对美丽人生的追求。

——**鲁洁**

核心观点

德育的根本是促进人的德性成长，是助人构建生命的精神家园，是通过育人之德而使人成为人，即立德树人。

完整的品德结构包括知情意行“四要素”、道德需要与道德境界三部分，小学德育就是要培养小学生的知情意行，激发、引导、满足其道德需要，帮助他们提升道德境界。

儿童道德发展的关键期在9岁左右（大约三年级），生活与生命构成了品德发展与道德教育完整的“双重”基础。

德育机制不仅有“内化说”，还有“内发说”，而生命体验是德育的关键，回归生活世界是德育的基础。

学习目标

1. 理解小学德育意涵。
2. 掌握小学德育目标与内容。
3. 理解小学德育机制。
4. 了解小学德育实践形态。

思考问题

1. 如何理解德育？如何理解小学德育？

2. 小学生的美德教育有哪些？

3. 如何理解品德发展的结构要素？

4. 如何理解德育的“内化说”与“内发说”？两者有何不同？

培养什么人、怎样培养人，事关党和国家之长治久安、中华民族之前途命运。教育的根本目的是培养德智体美劳全面发展的社会主义建设者和接班人，促进学生健康成长是学校工作的出发点和落脚点。《小学德育纲要》(1993)明确规定，小学德育即学校对小学生进行的思想品德教育，它属于共产主义思想道德教育体系，是社会主义精神文明建设的奠基工程，是我国学校社会主义性质的一个标志。它贯穿于学校教育教学工作的全过程和学生日常生活的各个方面，渗透在智育、体育、美育和劳动教育之中，与其他各育相互促进、相辅相成，对促进学生的全面发展，保证人才培养的正确方向，起着主导作用。

第一节 理解德育的意涵

一、狭义德育与广义德育

德育有狭义德育与广义德育之分。狭义德育专指道德教育，亦即西方教育理论所讲的“moral education”。

广义德育的内涵有多种表述。有学者认为：“教育学上的德育，则是相对于智育和美育来划分的。它的范围很广，包括培养学生的思想品质、政治品质和道德品质。”①《德育新论》(1994)指出了德育包括思想教育、政治教育、法制教育和道德教育。《中小学德育工作规程》(1998)指出：“德育即对学生进行政治、思想、道德和心理品质教育。”《中共中央关于全面推进依法治国若干重大问题的决定》(2014)强调把法治教育纳入国民教育体系，从青少年抓起，在中小学设立法治知识课程。《中小学德育工作指南》(2017)明确规定了新时代德育内容，包括理想信念教育、社会主义核心价值观教育、中华优秀传统文化教育、生态文明教育、心理健康教育等五个方面。

由此，广义德育可以概括为六大部分，即思想教育、政治教育、法治教育、心理健康教

① 王道俊，王汉澜．教育学[M]．第2版．北京：人民教育出版社，1999：330.

育、道德教育、生态文明教育。其中,思想教育是对事物思想观点的教育,属于认知范畴;政治教育是指对民族、阶级、政党、国家、政权、社会制度和国际关系的情感、立场、态度的教育;法治教育是在一个法治的国家,对一个公民进行必须具备的民主法律观念和法律规范的教育;道德教育是指个体与个体、个体与群体和社会、个体与自然的行为规范的教育。[①]生态文明教育是引导学生树立尊重自然、顺应自然、保护自然的发展理念,养成勤俭节约、低碳环保、自觉劳动的生活习惯,形成健康文明的生活方式的教育。

知识卡

德育的"说文解字"

我国古代"德"与"育"分开使用。"德"字最早出现于甲骨文,古代写作"悳",通"得",意"得","德"与"得"意思相近。"育"字,古代有两种解释。《广雅》有云:育,生也。这是"育"的最基本的象形之意。《说文》中有"育,养子使作善也"。

"德育"一词最早由德国哲学家康德提出,他把遵从道德法则培养自由人的教育称为道德教育,简称德育,或称为实践教育。20世纪初传入我国,1902年《钦定京师大学堂章程》中最早使用"德育"这一专门术语,"外国学堂于知育体育之外,尤重德育"。

二、育德:德育的本质所在

道德和道德教育既是人类最古老的话题,也是现代人类最为关切的全球性问题。那么如何理解德育的本质呢?

从德育的内涵看,它是向学生进行政治思想和道德品质的教育;是教育者按照一定社会或阶级的要求,有目的、有计划系统地对受教育者施加思想、政治、道德影响,通过受教育者积极的认识、体验、身体力行,以形成他们的品德和自我修养能力的教育活动。可见,德育的本质是育德。

鲁洁(1994)提出德育之本质即超越。她认为人有两种世界:现实世界和可能世界。道德作为人类的一种精神活动,它是对可能世界的一种把握,道德所反映的不是实是而是应是,用应是的、理想的标准来对它做出善恶的评价,并以此来引导人的行为。[②]由此,德育的本质是培养具有超越现实、追求理想生活之人。

朱小蔓(2002)认为,德育是发展人的,是为了人的幸福生活的,是促进人的德性成长的。道德教育的目标应是指向人的德性,而人之德性的根基、德性的大厦不是建立在知

①鲁洁,王逢贤.德育新论[M].南京:江苏教育出版社,1994:89,91-92,95.

②鲁洁.道德教育:一种超越[J].中国教育学刊,1994(6):2-8.

识化与数量化的基础上，而是建立在完整的人性上的，与个性、人性的成熟相关。无论是思考现代教育的转型问题，还是对以往道德教育的反思，都应将之放在一个完整生命、完整生态的框架下，放在社会转型期我们的思维方式调整的背景下。①可见，道德教育的核心主题是讨论人性向善，是引导社会向善，引导个体人凝聚成有秩序、有效率、有整体精神风貌的社会集群。人类为了实现这一目标，就需要引导个体人提升其精神境界，体认向善的方向和方式，展现人性的美好品质。②

可见，德育的根本是促进人的德性成长，是助人构建生命的精神家园，是通过育人之德而使人成为人，即立德树人。

三、促进人的品德发展：德育的主要功能之一

德育功能是德育本身所具有的属性。正确理解德育功能，对理解德育本身及有效开展德育活动有着重要意义。鲁洁等在《德育新论》(1994)中将德育功能划分为七个方面：个体品德发展功能、个体智能发展功能、个体享用性功能、经济功能、政治功能、文化功能、生态性功能。其中，德育的个体品德发展功能主要体现为：

(1)形成和发展个体品德的形式结构，即能够形成和发展个体的道德认识、情感和意志行为等等；

(2)形成和发展品德的内容结构，即形成和发展具有一定性质的品德内容，在个体意识中建构一定性质的道德规范体系，同时还必须充分发挥协调与解决存在于个体意识之中的不同观念的失调与冲突之功能；

(3)形成和发展道德的能力结构，即形成和培养道德认识能力、道德意应能力(包括道德动机与情感等激发能力、个体的道德需要与情感的选择与控制能力、道德需要与情感的迁移能力及概括化能力)以及道德决策能力。

第二节　认识小学德育的目标与德育内容

德育目标是德育活动的出发点和归宿。德育内容是为了实现德育目标而在德育实施过程中确定和安排的教育内容。我国小学德育目标与德育内容主要体现在国家教育政策之中。

① 朱小蔓，刘慧，刘惊铎. 德性成长与生命中的情感体验[J]. 教育参考，2002(12).

②刘慧. 生命德育论[M]. 北京：人民教育出版社，2005：总序第1页.

一、教育政策中的小学德育目标

小学德育目标是教育者依据教育目的，通过德育在儿童品德发展上所要达到的总体规格和要求，即小学德育所要达到的预期目的或结果。小学德育目标是小学德育工作的依据，是德育目标在小学德育中的具体化。①

知识卡

"道德教育要把人引向何方"，这一根本指向性的问题，无论是在道德教育的理论还是实践中，都是一个不可回避的核心问题。

——鲁洁

自中华人民共和国成立以来，国家教育政策文件中对小学德育目标都有规定，指导着不同时期的学校德育，具体内容见以下文件：

1952年颁布的《小学暂行规程（草案）》中明确提出小学德育目标是：使儿童具有爱国思想、国民公德和诚实、勇敢、团结、互助、遵守纪律等优良品质。

1963年颁布的《全日制小学暂行工作条例（草案）》中规定小学德育目标为：使学生具有爱祖国、爱人民、爱劳动、爱科学、爱护公共财物等品德，拥护社会主义，拥护共产党。

1988年中共中央颁布的《关于改革和加强中小学德育工作的通知》中提出：中小学德育工作的基本任务是，把全体学生培养成为爱国的具有社会公德、文明行为习惯的遵纪守法的好公民。

1993年，国家教委颁布的《小学德育纲要》明确规定小学德育目标为：培养学生初步具有爱祖国、爱人民、爱劳动、爱科学、爱社会主义的思想情感和良好品德；遵守社会公德的意识和文明行为习惯；良好的意志、品格和活泼开朗的性格；自己管理自己、帮助别人、为集体服务和辨别是非的能力，为使他们成为德、智、体全面发展的社会主义事业的建设者和接班人，打下初步的良好的思想品德基础。

2002年，教育部颁布的《全日制义务教育品德与生活课程标准（实验稿）》中规定的德育目标是：培养具有良好品德和行为习惯、乐于探究、热爱生活的儿童。《全日制义务教育品德与社会课程标准（实验稿）》中规定的德育总目标是：促进学生良好品德形成和社会性发展，为学生认识社会、参与社会、适应社会，成为具有爱心、责任心、良好的行为习惯和个性品质的社会主义合格公民奠定基础。

2010年，教育部颁布的《中小学文明礼仪教育指导纲要》规定了小学开展文明礼貌教育的目标是：重在培养学生良好文明习惯。让学生掌握基本的礼貌、礼节规范，在学习、生活实践中初步养成讲文明、讲卫生、讲秩序、讲公德的良好习惯。

---

① 刘慧．小学德育实践[M]．北京：高等教育出版社，2012：10.

2012年，党的十八大明确指出：全面贯彻党的教育方针，坚持教育为社会主义现代化建设服务、为人民服务，把立德树人作为教育的根本任务，培养德智体美全面发展的社会主义建设者和接班人。立德树人是教育的根本目标，也是小学德育的根本目标。

2014年，教育部颁布的《关于全面深化课程改革 落实立德树人根本任务的意见》指导思想是：全面贯彻党的教育方针，遵循教育规律和学生成长规律。大力弘扬中华优秀传统文化，把培育和践行社会主义核心价值观融入国民教育全过程，倡导富强、民主、文明、和谐，倡导自由、平等、公正、法治，倡导爱国、敬业、诚信、友善。要立足中国国情，具有世界眼光，面向全体学生，促进人人成才。

2017年，为落实立德树人根本任务，不断增强中小学德育工作的时代性、科学性和实效性，教育部制定了《中小学德育工作指南》，确立了我国中小学德育的总体目标以及各学段的德育目标。

1. 总体目标

培养学生爱党爱国爱人民，增强国家意识和社会责任意识，教育学生理解、认同和拥护国家政治制度，了解中华优秀传统文化和革命文化、社会主义先进文化，增强中国特色社会主义道路自信、理论自信、制度自信、文化自信，引导学生准确理解和把握社会主义核心价值观的深刻内涵和实践要求，养成良好政治素质、道德品质、法治意识和行为习惯，形成积极健康的人格和良好心理品质，促进学生核心素养提升和全面发展，为学生一生成长奠定坚实的思想基础。

2. 小学低年级德育目标

教育和引导学生热爱中国共产党、热爱祖国、热爱人民，爱亲敬长、爱集体、爱家乡，初步了解生活中的自然、社会常识和有关祖国的知识，保护环境，爱惜资源，养成基本的文明行为习惯，形成自信向上、诚实勇敢、有责任心等良好品质。

3. 小学中高年级德育目标

教育和引导学生热爱中国共产党、热爱祖国、热爱人民，了解家乡发展变化和国家历史常识，了解中华优秀传统文化和党的光荣革命传统，理解日常生活的道德规范和文明礼貌，初步形成规则意识和民主法治观念，养成良好生活和行为习惯，具备保护生态环境的意识，形成诚实守信、友爱宽容、自尊自律、乐观向上等良好品质。

二、教育政策中的小学德育内容

我国小学德育基本内容要求集中于有关教育政策文件中，当前主要体现在教育部制定的《中小学德育工作指南》（2017）和《中小学生守则（2015年修订）》。

（一）五大德育内容：《中小学德育工作指南》（2017）

2017年，为全面贯彻党的十八大和十八届三中、四中、五中、六中全会精神，深入贯彻落实习近平总书记系列重要讲话精神，落实立德树人根本任务，不断增强中小学德育工作的时代性、科学性和实效性，教育部制定了《中小学德育工作指南》（以下简称《指南》）。《指南》是指导中小学德育工作的规范性文件，是学校开展德育工作的基本遵循。

《指南》明确规定了新时代德育内容，包括理想信念教育、社会主义核心价值观教育、中华优秀传统文化教育、生态文明教育和心理健康教育等五个方面，涵盖广义德育之思想教育、政治教育、法治教育、心理健康教育、道德教育。其中，社会主义核心价值观教育、中华优秀传统文化教育、生态文明教育是新时代突出强调的德育内容，也是小学德育的重要内容。这些内容贯穿小学《道德与法治》教材一至六年级，并作为指导思想、主题教育等方式存在。

知识卡

《中小学德育工作指南》(2017)中的德育内容

（一）理想信念教育

开展马列主义、毛泽东思想学习教育，加强中国特色社会主义理论体系学习教育，引导学生深入学习习近平总书记系列重要讲话精神，领会党中央治国理政新理念新思想新战略。加强中国历史特别是近现代史教育、革命文化教育、中国特色社会主义宣传教育、中国梦主题宣传教育、时事政策教育，引导学生深入了解中国革命史、中国共产党史、改革开放史和社会主义发展史，继承革命传统，传承红色基因，深刻领会实现中华民族伟大复兴是中华民族近代以来最伟大的梦想，培养学生对党的政治认同、情感认同、价值认同，不断树立为共产主义远大理想和中国特色社会主义共同理想而奋斗的信念和信心。

（二）社会主义核心价值观教育

把社会主义核心价值观融入国民教育全过程，落实到中小学教育教学和管理服务各环节，深入开展爱国主义教育、国情教育、国家安全教育、民族团结教育、法治教育、诚信教育、文明礼仪教育等，引导学生牢牢把握富强、民主、文明、和谐作为国家层面的价值目标，深刻理解自由、平等、公正、法治作为社会层面的价值取向，自觉遵守爱国、敬业、诚信、友善作为公民层面的价值准则，将社会主义核心价值观内化于心、外化于行。

（三）中华优秀传统文化教育

开展家国情怀教育、社会关爱教育和人格修养教育，传承发展中华优秀传统文化，大力弘扬核心思想理念、中华传统美德、中华人文精神，引导学生了解中华优秀传统文化的历史渊源、发展脉络、精神内涵，增强文化自觉和文化自信。

（四）生态文明教育

加强节约教育和环境保护教育，开展大气、土地、水、粮食等资源的基本国情教育，帮助学生了解祖国的大好河山和地理地貌，开展节粮节水节电教育活动，推动实行垃圾分类，倡导绿色消费，引导学生树立尊重自然、顺应自然、保护自然的发展理念，养成勤俭节约、低碳环保、自觉劳动的生活习惯，形成健康文明的生活方式。

（五）心理健康教育

开展认识自我、尊重生命、学会学习、人际交往、情绪调适、升学择业、人生规划以及适应社会生活等方面教育，引导学生增强调控心理、自主自助、应对挫折、适应环境的能力，培养学生健全的人格、积极的心态和良好的个性心理品质。

（二）九条规定:《中小学生守则》的基本内容

2004年，教育部发布了《中小学生守则》《小学生日常行为规范（修订）》和《中学生日常行为规范（修订）》。随着时代的变化，其中有些规定不符合实际，一些内容过多且交叉重合。2012年启动了修订工作，2015年发布了新修订的《中小学生守则（2015年修订）》（以下简称《守则》）。

新修订的《守则》共九条，保留了2004年守则中仍具时代价值、体现中华传统美德、应长期坚持的内容，涵盖了学生德智体美劳全面发展的基本要求，如热爱祖国、热爱人民、热爱中国共产党、诚实守信、珍爱生命等；补充了一些更具操作性、学生可以做到的具体行为规范内容，如主动分担家务、自觉礼让排队、不比吃喝穿戴等，并增加了新时期学生成长发展中学校、社会和家庭高度关注的内容，如养成阅读习惯、文明绿色上网、低碳环保生活等。

知识卡

《中小学生守则（2015年修订）》

1. 爱党爱国爱人民。了解党史国情，珍视国家荣誉，热爱祖国，热爱人民，热爱中国共产党。

2. 好学多问肯钻研。上课专心听讲，积极发表见解，乐于科学探索，养成阅读习惯。

3. 勤劳笃行乐奉献。自己事自己做，主动分担家务，参与劳动实践，热心志愿服务。

4. 明礼守法讲美德。遵守国法校纪，自觉礼让排队，保持公共卫生，爱护公共财物。

5. 孝亲尊师善待人。孝父母敬师长，爱集体助同学，虚心接受批评，学会合作共处。

6. 诚实守信有担当。保持言行一致，不说谎不作弊，借东西及时还，做到知错就改。

7. 自强自律健身心。坚持锻炼身体，乐观开朗向上，不吸烟不喝酒，文明绿色上网。

8. 珍爱生命保安全。红灯停绿灯行，防溺水不玩火，会自护懂求救，坚决远离毒品。

9. 勤俭节约护家园。不比吃喝穿戴，爱惜花草树木，节粮节水节电，低碳环保生活。

三、美德教育：小学德育的重要内容

美德与价值观是古今中外文化的重要内容。在中国传统文化中，"仁义礼智信"五德，可谓中华先秦道德文化的共有思想，是道家思想与儒家思想共同构建的一种美德体系。当代中国倡导的社会主义核心价值观包括国家、社会、个人三个层面，具体内容为富强、民主、文明、和谐，自由、平等、公正、法治，爱国、敬业、诚信、友善。当代许多国家都提出了各自所倡导的美德与价值观，如《生活价值观教育计划》提出了十二种价值观：合作、自由、幸福、诚实、谦逊、爱、和平、尊重、责任、简朴、容忍和团结。新加坡《共同价值观白皮书》的内容涉及五个方面：国家至上，社会为先；家庭为根，社会为本；关怀扶植，尊重个人；求同存异，协商共识；种族和谐，宗教宽容。

知识卡

六大"核心美德"的基本含义

节制——诸如自我控制和节俭等优点。

勇气——勇敢和坚持的优点，面对内外阻碍时它们有助于我们实现目标。

人道——善良和爱的优点：关爱他人，友善待人。

正义——公正和公民意识：有助于集体生活。

智慧——开放的心态，热爱学习，有助于知识的获取和运用。

超越——敬畏和精神力量，它可使我们与更大的宇宙相连，提供生命的意义。

——塞缪尔·巴伦德斯．人格解码[M]．北京：商务印书馆，2013：160-161.

基于中外各国倡导的美德与价值观，结合教育部对小学生的教育要求，在《小学生品德发展与道德教育》一书中，我们将基本美德分为三类：

一是永恒的根基性美德：爱、智慧；

二是传统的经典性美德：诚信、勤俭、自律；

三是凸显的时代性美德：规则、责任、尊重、公正、宽容、合作。

（一）永恒的根基性美德[①]

1. 爱

爱是人类的基本需要，是个体对人或事物深厚真挚的情感，反映了个体与人或事物之间的亲密关系。爱是人类共同共通的情感，是推动社会进步与和谐发展的重要动因。

“仁爱”是中华民族传统价值观的根本，以爱父母、爱他人、爱祖国等内容为主的爱的教育，在我国传统教育中占有重要的地位。心中有爱的人充满同情、乐善好施、扶贫帮困、见义勇为、富有责任感和使命感，他们爱自己、爱他人、爱世间的万事万物。

弗洛姆在《爱的艺术》一书中指出：爱是一种主动活动，而不是一种被动的情感；它是“分担”，而不是“迷恋”。在最一般的意义上，爱的主动性特征主要是给予，而不是接受。除了给予之外，爱的主动性还包含着一些基本因素，它们是关心、责任、尊重和认识。[②]

2. 智慧

智慧是一种明辨善恶是非的能力品质。不只是在中国的传统文化中，就是在古希腊文化、西方文化中也不乏其意。在中国的传统文化中，智慧是基本德性中的一个重要内容，“智”与“仁”“勇”是儒家提倡的三种德行。在希腊哲学中，人们把最完满的德性、最娴熟的技术、最精确的科学都称为智慧。亚里士多德在《尼各马可伦理学》中将人的情感或行为状态分为“三态”，即过度、不及与中道。而真正的智慧在于适度的平衡。[③]

表 1-1　过度、不及和中道“三态”[④]

情感或行为	过度	不及	中道
处事	鲁莽	怯懦	勇敢
快乐	放纵	感觉迟钝	节制
财富的接受和给予	挥霍、无度	吝啬、小气	慷慨、大度
荣誉	好名	过谦	淡薄
追求名誉	野心	矫情	爱名

①刘慧，李敏．小学生品德发展与道德教育[M]．北京：高等教育出版社，2015：63-71.

②埃·弗洛姆．为自己的人[M]．孙依依，译．北京：生活·读书·新知三联书店，1988：248，251.

③雷蒙·潘尼卡．智慧的居所[M]．王志成，思竹，译．南京：江苏人民出版社，2000：51.

④亚里士多德．尼各马可伦理学[M]．廖申白，译注．北京：商务印书馆，2003：38-42.

续表

情感或行为	过度	不及	中道
愤怒	暴躁	无血性	和蔼、温和
社交	奉承	生硬	好客、友好
开玩笑	戏弄、下流	呆板	通达、机智
言谈、行事中的求实与作假	吹嘘	自谦	求实

智慧是一个综合的、整体的概念，是与生命相连的存在，是知识、能力、意识、情感等的有机整体，而不是单独的某一方面。智慧是思想性的，同时也是实践性的。智慧是一种品质，一种生命的品质，一种实践品质，是一种德性。智慧是人对世界、对生命、对人等的感悟。①

（二）传统的经典性美德

1. 诚信

诚信，是中华民族传统美德中最基本和最重要的道德规范之一。诚信，从字面意义上理解，是“诚实守信”的意思。诚实，即忠诚老实，就是忠于事物的本来面貌，不隐瞒自己的真实思想，不掩饰自己的真实感情，不说谎，不作假，不为不可告人的目的而欺瞒别人。守信含义深刻。信，即守承诺、讲信用。“信”有两层含义：一是受人信任；二是对人有信用。“信”的道德概念，源自古代人们祭祀时，对上天和祖先的真诚、坦白。信，从人言，本义是指人说的话发自内心，说到做到，诚实无欺。自古以来，中国人确信，人无信不能立身兴业；家无信不会和睦兴旺；国无信不能安宁稳定。守信是一个人形象和声誉的标志，是立身之本、做人之道、美德之基、处世之宝。

2. 勤俭

在中华民族的优秀传统道德中，“勤俭”是一种重要的美德。勤，主要指人对客观世界的认识和改造，是努力生产、艰苦劳动，创造、奉献；俭，是指人对主观意志的约束和规范，是对劳动价值的正确使用，对生产产品的适度消费，对创造成果的合理享受。勤俭既反映了一种积极的人生态度，又反映了经济规律中生产与消费的关系，最终体现为一种正确的人生观、价值观。中国古代思想家早就认识到勤俭这一美德对人才成长的重要作用。一个人只有勤劳节俭、努力奋斗而不过分追求个人利益，才能树立远大的志向，树立高尚的品德。

3. 自律

自律是个体人愿意或能够克制自己的情绪以坚持某种思想和行动的道德境界，表现为遵循法纪、自我约束，其内核是在没有人现场监督的情况下自己要求自己，较高境界是变被动约束为主动约束，一言一行自觉地遵循法度和道德。自律并不是让一大堆规章制度来束缚自己，而是用自律的行动创造一种井然的秩序来为生活争取

①刘慧.陶养生命智慧——社会转型期教育的一种价值追求[M].北京：教育科学出版社，2008：36-42.

更大的自由。

自律是一切美德的基石。如果一个人任由冲动和激情支配，那么，从那一刻起，他也就完全放弃了他的道德自由。他就会随波逐流，成为追赶时代潮流的强烈欲望的奴隶。①

(三)凸显的时代性美德

1. 规则

规则，在汉语中解释为典式、法则、规律；又指在形状、结构或分布上合乎一定的方式；也指规定出来供大家共同遵守的制度或章程。它可以是由书面形式规定的成文条例，也可以是约定俗成流传下来的不成文规定。

人的行为是有限度的，在一定范围内得到许可的行为，才是可行的行为。这种许可，包括自然界的许可、社会的许可、他人的许可，这种许可就是规则。

没有规矩，不成方圆。在社会生活中，规则是以制度、纪律或法律、法规的形式存在的。学校作为特定的社会组织，有许多规则。从一定意义上讲，这些规则是学校正常运行的保证，也是培养学生规则意识与能力的重要载体。遵守规则是生命个体立足社会必备的基本素质，是平等、诚信、交往成功的基础。在一个匿名的社会中，人都是依靠规则来进行交往的，没有规则，就没有交往，也就没有社会。②

2. 责任

责任，在《现代汉语词典》中解释为：分内应做的事；没有做好分内应做的事，因而应当承担的过失。③简单地说，责任就是完成应尽的义务、做好分内应做的事，以及做不好分内应做的事而应承担的过失，这是责任的第一层含义。责任是一种职责和任务，在社会生活中，每种角色往往就意味着一种责任。依据不同的标准，责任有着不同的划分，如自我责任、他人责任、社会责任等。

责任产生于社会关系中的相互承诺，若没有事先的承诺，就没有责任感。责任也是履行诺言，或是给予他人承诺。④由此可见，责任与诚信密切相关，人们把诚信看作做人的一种责任。这是责任的第二层含义。

责任的第三层含义，如弗洛姆所言，责任是照顾和关心，是一种完全自愿的行动，是“我”对另一个人的需要——表达的或未表达的——的反应。有责任感意味着有能力并准备做出反应。可以说，这是责任的第三层含义，也可以说是责任的最高境界。

3. 尊重

在《伦理学大辞典》中，尊重表示对待他人及其价值的态度。它要求人们在与他人交

①塞缪尔·斯迈尔斯.品格的力量[M].刘曙光，宋景堂，李柏光，译.北京：北京图书馆出版社，1999：154.

②吴情树.“重新做人”与规则的意义[N].法制日报，2013-01-30(010).

③中国社会科学院语言研究所词典编辑室.现代汉语词典[Z].第7版.北京：商务印书馆，2016：1637.

④埃斯特维·普约尔·庞斯.20个影响孩子发展的价值观[M].南昌：江西美术出版社，2008：6-7.

往的过程中，承认他人的人格尊严，肯定他人的权利和自由，重视他人的智慧和才能，理解他人的信念和情感，相信他人的处世和为人，对他人富有同情心、正义感，举止礼貌，诚恳谦逊，以礼待人。①

尊重的拉丁文意思是“关心你的周围”。关心周围是尊重他人的一种表现，不尊重则是不论做什么事，都没有顾虑到四周或他人的感受。②弗洛姆在《爱的艺术》中指出，尊重意味着能够按照其本来面目看待某人，能够意识到他的独特个性；尊重意味着关心另一个人，使之按照其本性成长和发展。③

尊重包括自尊和尊重他人两方面。自尊是尊重自己，不向别人卑躬屈膝，也不容许别人歧视、侮辱，即外界对个体的肯定和满足。多数学者认为，自尊是在接受他人和社会的评价过程中形成的。尊重他人是个体之人对他人、社会环境的尊重，包括尊重他人的自由和选择以及客观地看待社会问题，勇于承担社会责任。

4.公正

公正，在汉语中有公平正直、正义、不偏私之义。《辞源》对公正的解释是：不偏私，正直。在伦理学中，公正作为道德范畴，与正义和公道是同义词。作为伦理学范畴，既指符合一定道德规范的行为，又指处理人际关系和利益分配的一种原则，即一视同仁和得所当得，具有时代性。

亚里士多德认为，公正是一种完全的德性，不公正是违法而不均，公正则是守法和均等。在我国古代，正义、公正往往指道德修养，并且是没有个人之私的近乎“圣”的一种美德。

5.宽容

宽容，在汉语中的意思是：宽厚能容忍，包涵、原谅、不计较。《现代汉语词典》解释为：宽大有气量，不计较或不追究。④在《大英百科全书》中，宽容解释为：容许别人行动和判断的自由；对不同于自己或传统观点的见解的耐心公正的容忍。⑤

宽容的内涵有多种，如：基于平等的自由精神而表现出的对所不赞成的生活方式、价值观念、爱好情趣的容忍；一种以容忍和退让来处理或对付他人某种无理行为的态度；在一定原则和某种限度内，一般不采用针锋相对的反击态度；等等。

宽容常常出于把遭受挫折的人视为需要帮助的人，懂得在适当时机和一定范围内，让他们充分发泄和表达不满的必要。宽容也是一种宽大、有气量、能容忍的道德品质和待人态度。对别人的利益、信念、信仰、行为、习惯等能够谅解，不予计较；对别人的过失和错误，不多加追究；对不同的观点和思想，不采取压制等极端手段，主张以说服和教育

①宋希仁，陈劳志，赵仁光．伦理学大辞典[Z].长春：吉林人民出版社，1989：1012.

②埃斯特维·普约尔·庞斯.20个影响孩子发展的价值观[M].南昌：江西美术出版社，2008：1.

③埃·弗洛姆.为自己的人[M].孙依依，译.北京：生活·读书·新知三联书店，1988：250.

④中国社会科学院语言研究所词典编辑室．现代汉语词典[Z].第7版.北京：商务印书馆，2016：759.

⑤房龙.宽容[M].连卫，靳翠微，译.北京：生活·读书·新知三联书店，1985：13.

的方法进行疏导，以便协调各种利益之间的矛盾。[①]

6.合作

在汉语中，合作是个人与个人、群体与群体之间为达到共同目的，彼此相互配合的一种联合行动、方式。合作是人类社会存在、发展的基本方式。人类许多重大的成就都是合作的结果，人类漫长的历史就是人之合作本性的最好证明。合作的意义很大：比分散工作有更高的效率，能使人学会与别人交流、配合及友好相处，增强自己对团队的归属感、自豪感。卡耐基指出："一个人只有在与他人'共处'中，只有进入人际关系的网络，才能获得社会意义的'存在'，这是人之为人的根本。共处不仅是存在的形式，即'人在关系中'，也是人存在的本质，即'关系中的人'。"

表1-2　托马斯·利科纳提出的10种基本美德[②]

美德	概念解释	美德	概念解释
1.智慧	良好的判断力；做出理性决策的能力 知道如何把美德付诸实践 辨别什么才是生活当中重要的 设定优先权的能力	6.积极态度	满怀希望 充满热情 适应性 幽默感
2.公正	公平（遵守黄金规则） 尊重他人，自尊，诚实 礼貌，文明	7.努力学习	主动性，勤奋 设立目标 创造精神
3.坚忍	勇气 达观 耐心 忍耐力 自信	8.正直	遵守道德原则 对正确培养的道德心的忠诚 信守诺言 道德上的一贯性 对自己诚实
4.自我控制	自律，适度 处理个人感情和冲动情绪的能力 推迟满意度的能力 抵制诱惑的能力 性方面的自控能力	9.感激	表达谢意的习惯 感激别人的嘱咐 向他人表示感谢 不发牢骚
5.爱	移情能力，同情心 友好，慷慨，宽大 服务精神，忠诚 爱国主义（对国家和高尚事物的爱）	10.谦逊	自我认知 愿意承认错误，并承担纠正它们的责任 成为一个更好的人的愿望

①张淑琴．论学术探讨的宽容精神［D］．中南大学，2006：6.

②托马斯·利科纳．培养品格——让孩子呈现最好的一面［M］．施李华，译．北京：线装书局、中国社会科学出版社，2005：195-197.

第三节　认识品德发展的规律与基础

一、品德结构要素

品德结构是指将品德要素按一定方式有机地联结在一起，形成具有特定功能的动态集合体。关于品德结构的研究有多种视角，我们在《小学生品德发展与道德教育》一书中提出了完整的品德结构应包括以下三种要素：四要素、道德需要、道德境界。①

（一）四要素

所谓四要素，是指道德认知、道德情感、道德意志以及道德行为，即我们常说的知、情、意、行。道德认知是人的认识过程在品德上的表现，具有调节作用；道德情感是直接与人所具有的一定道德规范的需要相联系的一种体验，推动道德行为的产生；道德意志是一个人自觉地克服困难去完成预定的道德目的任务，以实现一定道德动机的活动，对道德行为具有调节及控制作用；道德行为是在一定道德意识支配下所采取的各种行为，具有外显性及实践性。这四要素相互联结、相互作用，形成了一个不可分割的整体。在一个人的品德发展中，每一项都是不可忽视的，需要相互统一和协调。

（二）道德需要

人是有道德潜能的，人的道德潜能与环境互相作用，产生道德需要。道德需要是个体生命健康存在与发展之多种需要中重要的一种，植根于人的生命之中；是在现实生活中生成的，是个体生命为了一定目的，对一定社会道德要求的主观反映；是个体生命自我完善、自我实现的内在欲求；是追求一定的道德行为方式和道德境界的内在要求，是人们内化道德规范和外化品德信念的内在动力，也是呈现自身道德行为的重要的主体因素。

道德需要是道德动机的基础，是道德态度的核心；道德需要的内容、程度直接影响着道德行为；在品德教育中，道德需要具有奠基性的地位和作用。

不同个体生命的道德需要既有共同性，又有特殊性；同一个体生命在不同发展阶段，具有不同的道德需要；在同一发展阶段内的个体生命，可能因时间、条件的不同而产生不同的道德需要。

个体的道德需要是一个不断变化的动态系统。儿童的道德需要随着儿童与他人交往的相互作用而扩大，随着儿童社会经验的积累而变化。早期儿童道德需要的外在性因素的影响大于内在性因素，后期儿童道德需要的内在性因素的作用大于外在性因素。

---

① 刘慧，李敏．小学生品德发展与道德教育[M]．北京：高等教育出版社，2015：8–10.

(三)道德境界

德育就是要帮助人不断地提升道德境界,道德境界包括品德层次和自律程度。其中,品德层次包括三个层次:第一层是可贬层次,如损人利己、损人不利己;第二层是可容层次,如利人利己、利己不损人、主观利己客观利人;第三层是可褒层次,如先人后己、舍己为人。

自律是反映道德意志发展水平的概念,与"他律"相对,是指其道德判断不受外界的干扰,越来越倾向于根据自身形成的价值伦理体系,经过独立思考,进行内心的主动判断。

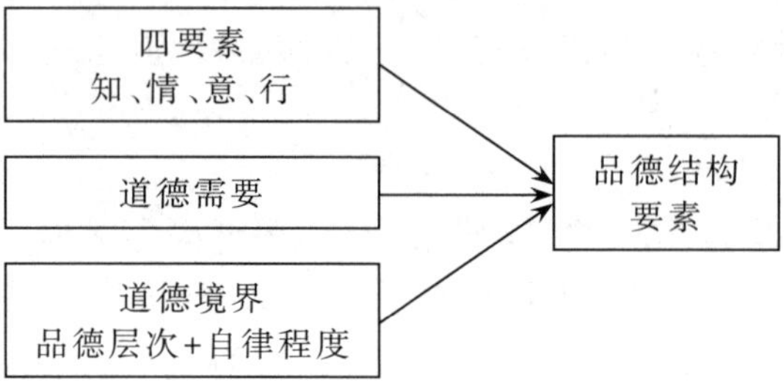

图 1-1　品德结构要素图

二、品德发展规律

(一)个体品德形成的心理过程

通常而言,个体的品德形成需要经历三个心理过程:(1)依从,此时个体并非真心愿意,而是出于外在的奖励或惩罚而遵守道德规范,其道德行为会随着外部因素的变化而变化;(2)认同,指个体在认识、情感和行为上与规范保持一致,从而自愿地遵守规范,这一阶段的个体能自觉、主动、一贯性地表现出道德行为;(3)信奉,此时个体已经深刻地认识到规范本身的价值,将规范内化,作为个人的价值体系的一部分,此时个体的道德行为会非常持久,且难以转化。①

图 1-2 品德形成的心理过程

(二)品德发展的一般规律

儿童品德发展规律主要有以下几方面:主客体相互作用的结果,是行为主体活动和实践的结果;个体的道德发展是在其内部矛盾运动的过程中实现的,矛盾和冲突是促进道德发展的直接动力;道德发展乃是有阶段的连续发展的过程,是从不自觉到自觉的过

①冯忠良,等.教育心理学[M].第2版.北京:人民教育出版社,2010.

程；个体道德的发展是品德各要素协调统一的发展，是品德形式和内容的统一发展。[①]

（三）小学儿童品德发展规律

心理学家从不同角度对儿童的道德发展进行了阐述。道德认知发展理论认为，儿童像哲学家一样思考道德问题，从公平正义的角度对是非对错等道德概念进行判断。道德情感发展理论认为，儿童的道德行为受其内心道德情感的支配，在不违背良心（内化的道德标准）的前提下满足本我欲望，否则就会体验到内疚或羞愧。道德行为发展理论认为，儿童的道德行为是模仿而来的，他们通常模仿现实生活中那些受到表扬或奖励的行为，而抑制受到惩罚的行为。

小学阶段是个体道德品质发展的过渡阶段。道德认知方面，个体从外部约束的他律阶段逐步走向内在约束和调节的自律阶段，并逐步学习和接受当前社会的道德评价标准（习俗水平），以此来进行道德判断，并调节其道德行为；道德情感方面，儿童的道德情感逐步深刻化、复杂化；道德意志方面，逐渐表现出自觉性和自制性；道德行为方面，总体行为习惯还不太高，亲社会行为呈上升趋势，而主动的攻击行为和报复行为则呈下降趋势，但儿童攻击行为中的敌意性增加，且对报复行为表现出了较高的容忍。

儿童道德品质各个成分之间也趋向一致：道德情感对道德行为产生影响，如移情能力与亲社会行为之间逐步一致；道德认知和道德行为之间也逐步协调，从低年级的言行脱节逐渐发展到高年级的言行一致。

我们对不同道德成分的发展趋势进行了梳理，发现小学儿童道德发展的关键期大约在三年级（9岁左右）。在这一时期，儿童的道德认知从前习俗过渡到习俗水平；道德情感从单维发展到多维。同时，道德言行一致程度以及道德行为发展的倒U形拐点，也都出现在三年级。（见表1-3）[②]

表1-3　小学阶段儿童道德发展规律与特点概览

道德发展领域＼年级		低段		中段		高段	
		一	二	三	四	五	六
道德认知	他律/自律	他律			自律		
	习俗水平	前习俗		习俗水平			
	惩罚观念	强制惩罚		回报惩罚			
	集体主义	个人主义		集体主义			
	道德判断	动机定向					
		依赖成人		独立判断			

①戚万学，唐汉卫．现代道德教育专题研究［M］．北京：教育科学出版社，2005：43-51.

②刘慧，李敏．小学生品德发展与道德教育［M］．北京：高等教育出版社，2015：50-51.

续表

道德发展领域 \ 年级		低段		中段		高段	
		一	二	三	四	五	六
道德情感	总体	单维情感		多维复杂			
	移情		与助人行为相关				
	内疚		对伤害他人的意图感到内疚				
	爱国主义	国家象征期		抽象国家观念期		国际组织系统期	
道德意志	目的性	个人利益		遵守规则			
	言行一致	言行脱节		言行一致		言行分化	
道德行为	行为习惯	较高		较低		较高	
	亲社会	持续增长					
	主动攻击	身体攻击减少				言语攻击增加	
	报复行为		持续降低				

(四)生命与生活之基础

小学生的品德发展离不开他们的生命与生活,小学生德育也离不开他们的生命与生活。生命与生活是小学生品德发展与德育的基础。

生命是品德发展与道德教育的内在基础,从进化、潜能、脑神经、文化印记等方面可证明道德内在于生命。从遗传学的角度看,人能够学会或被教会的只能是他本身所具有的东西,而绝非身外之物,道德的能力也不例外。道德活动需要脑神经基础,额叶是脑的道德中枢,它提供了人类心理的生理基础。文化印记从幼儿时期起就通过突触的选择性稳定作用记录在人的大脑中,这些最初的记录不可逆转地影响着个人的认识模式和行为模式。

生活是品德发展与道德教育另一个不可或缺的基础,它与生命一起构成了品德发展与道德教育完整的双重基础。道德源于生活,它首先解决的是存在问题,没有道德,人就难以存在;道德存在于生活中,人的生活离不开道德,生活触发人的道德需要,人在生活中认识、理解、践行道德。道德为了生活,它维系生活秩序,使生活能够存在并正常运行。道德体现了人类生活中不可或缺的内在意义,是精神生活的重要组成部分。

儿童生活不同于成人生活,它有自身的特点。儿童生活是身体生活、本能生活、日常生活。日常生活世界是一个动态的、活生生的人文世界,而不是一个抽象的、以僵死凝固的知性逻辑为基础的、纯粹科学的客观世界。人们生活在日常世界中，体验着活着的意义，并通过生活不断地揭示生活世界的意义。儿童生活的主要存在方式有四种：关系性生活、活动性生活、学习性生活和社会性生活。[①]

第四节 小学德育机制与实践

小学德育应遵循小学德育机制，这是小学德育有效的前提和基础。所谓机制，就是指工作原理。小学德育机制也就是指小学德育的工作原理，包括“内化—外化”过程和“内发—外化”过程。

一、小学德育机制

（一）德育的“内化说”与“内发说”

德育的“内化说”，即德育是通过一系列活动将社会道德规范转化为学生个人的内在品质，再外化为他们的道德行为。其人性假设是，人生下来是一个自然人，需要通过后天的教育将其转变为社会人。而道德规范是社会文明的产物，是社会对人的要求，是社会人的必备。德育的功能就是通过教育的方式将社会要求转化为学生的个人品质，并落实在其社会生活的行动中。德育内化机制强调的是道德规范的社会性，成人是德育主体，儿童是德育对象。

德育的“内发说”，即德育是回到人的生命本身，通过一系列的体验活动，激活人的道德潜能，转化为人的道德品质，并在生活中实现出来，即体现为道德行为。其人性假设是，人是道德动物，人的生命中是有道德潜能的，需要后天给予一定的能量支持，将其激活后转化为人的道德品质，并在人的行动中体现出来。德育内发机制强调的是，人是具有道德潜能的，儿童是德育主体，德育要激发儿童的道德潜能，为道德潜能的实现提供条件。

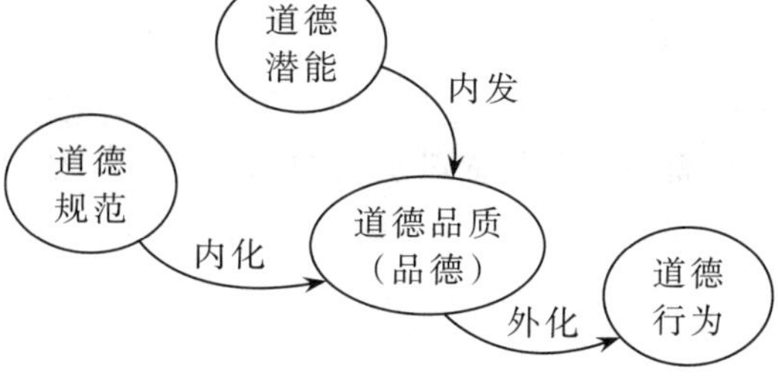

图 1-3 内化、内发与外化图

①刘慧，李敏．小学生品德发展与道德教育[M].北京：高等教育出版社，2015：24.

（二）体验是德育机制的关键

人的道德成长源于真实的体验。"道德教育的实效，是在体验中发生的，只有诱发和唤醒了受教育者的道德体验的道德教育，才能对其生存实践和生命健康成长发挥实际的促进作用，它也才是有效的，因而也是有真正价值的道德教育，也才能成为具有合理性和合法性的存在。"①

体验可以使受教育者经历触动、震撼和感动，激起他们对事物的体谅、同情和认同，或是与之相反的感受。而这些恰恰为道德的"知"与"行"搭起了"情"的桥梁。受教育者在体验中产生的价值判断有助于其对道德知识的理解，强化其对道德知识的价值认同。受教育者在体验的过程中，可以进行自我评价，在评价他人的同时反省自我。在现实生活中，人们很难被某种知识或说辞改变，却极易因某种体验而变得不同。

（三）回归儿童生活世界是基础

体验离不开生活、离不开活动，但并非所有的生活都值得去过，并非所有的活动都能让人获得深刻或正向的体验。因此，德育必须审视生活、引领生活。鲁洁认为，"回归生活世界"是当代人走出唯理性世界困境的普遍追寻。"回归生活世界"的道德教育要走进方方面面的生活、生活的方方面面，道德的学习应当是生活的。②

儿童生活是小学德育的基础。儿童生活是小学德育宝贵的资源，小学德育本身就是儿童生活的组成部分，是儿童在教师指导下真实体验生活，主动参与生活、创造生活的过程。小学德育要遵循儿童生活的逻辑，以儿童生活中的需要和问题为出发点，以儿童的现实生活为德育内容的主要源泉；以密切联系儿童生活的活动为德育的基本形式，以用正确的价值观引导儿童在生活中发展、在发展中生活为德育的基本追求。注重儿童生活，就要强调环境、情境、境遇对儿童品德发展的重要性，要强调德育潜移默化的作用。

二、小学德育实践

（一）八大德育形态

作为一名小学教师，在学校做什么、怎样做才是在做德育工作？《小学德育实践》（2012）一书将小学教师的德育实践从八大方面进行了归类，包括营造温馨校园的环境德育、创建和谐关系的关系德育、构建生命课堂的课堂德育、实现课程育人的学科德育、直接德育形式的德育课程、注重规范与自由的活动德育、实施人本管理的管理德育和成为优质自己的教师德育。

---

① 刘惊铎.道德体验论[M].北京：人民教育出版社，2003：4.

②鲁洁.生活·道德·道德教育[J].教育研究，2006(10)：3-7.

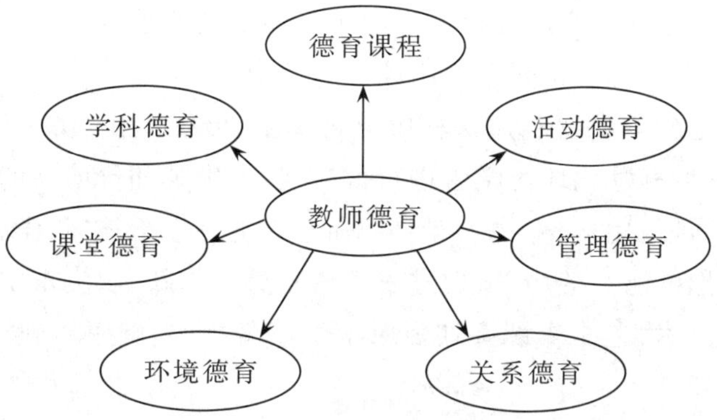

图 1-4　八大德育形态

(二)课程德育是德育主渠道

课程德育，也称学科德育(包括德育课程和课程思政)，是德育主渠道。学校德育不能脱离其他各育而单独存在，其他各育都有德育功能，各学科都拥有德育资源。赫尔巴特早就说过:“没有无教学的教育，也没有无教育的教学。”麦克莱伦也曾说过，没有道德性地“教”(如训练、灌输、建立条件反射等)是“教”的“赝品”，有道德性地“教”才是“教”的“真品”。

学科德育是德育与学科教学的“一体共在”。学科中蕴含德育元素，“文以载道”充分证明了这一点。苏联著名教育家苏霍姆林斯基说过:“对艺术，特别是音乐，道德内容是其灵魂，是其存在的意义。”可见，德育不是学科教学的“身外之物”，而是其本身的“应有之物”。

学科教学应将学科德育体现出来，就是使学科本身所具有的德育之本性、德育之元素在教学过程中显现出来。教师在进行学科教学时，应将学科中所蕴含的德育资源，通过有效的手段和方法挖掘出来，自然地体现在教学各个环节中，并促使学生感悟，从而实现其育人功能。学科教学不能没有德育，学科教学只有体现了德育，才是真正完成了自身的任务。①

如何发挥各学科课程的德育功能?《中小学德育工作指南》(2017)做出了明确的规定，指出了各学科课程德育的侧重点。

充分发挥课堂教学的主渠道作用，将中小学德育内容细化落实到各学科课程的教学目标之中，融入渗透到教育教学全过程。

严格落实德育课程。按照义务教育、普通高中课程方案和标准，上好道德与法治、思想政治课，落实课时，不得减少课时或挪作他用。

要围绕课程目标联系学生生活实际，挖掘课程思想内涵，充分利用时政媒体资源，精心设计教学内容，优化教学方法，发展学生道德认知，注重学生的情感体验和道德实践。

①刘慧，李泽龙.学科德育:“渗透”“融入”还是“体现”[J].中国德育，2014(3):6-9.

发挥其他课程德育功能。要根据不同年级和不同课程特点，充分挖掘各门课程蕴含的德育资源，将德育内容有机融入各门课程教学中。

语文、历史、地理等课要利用课程中语言文字、传统文化、历史地理常识等丰富的思想道德教育因素，潜移默化地对学生进行世界观、人生观和价值观的引导。

数学、科学、物理、化学、生物等课要加强对学生科学精神、科学方法、科学态度、科学探究能力和逻辑思维能力的培养，促进学生树立勇于创新、求真求实的思想品质。

音乐、体育、美术、艺术等课要加强对学生审美情趣、健康体魄、意志品质、人文素养和生活方式的培养。

外语课要加强对学生国际视野、国际理解和综合人文素养的培养。

综合实践活动课要加强对学生生活技能、劳动习惯、动手实践和合作交流能力的培养。

用好地方和学校课程。要结合地方自然地理特点、民族特色、传统文化以及重大历史事件、历史名人等，因地制宜开发地方和学校德育课程，引导学生了解家乡的历史文化、自然环境、人口状况和发展成就，培养学生爱家乡、爱祖国的感情，树立维护祖国统一、加强民族团结的意识。

（三）小学德育课程的独特德育价值

小学德育课程是一种直接的德育方式，是向小学生进行比较系统的、直接的专门德育的课程，具有独特的德育价值。在现代社会中，德育学科设置的实质是以学科课程的形式体现社会主导意识形态，调节个体与社会、国家和其他个体的关系。[①]德育课程有助于学生学会道德判断、道德思维，可以明确地向学生阐明价值观点和德育意图，可以系统全面地向学生传授思想道德知识和理论，提高学生的思想道德认识。

确保小学德育课程实施，是实现其功能的基础和前提。目前小学开设的德育课程是《道德与法治》，但有的小学存在着不开此课或减少课时或挪作他用等现象。为此，《中小学德育工作指南》（2017）明确规定："严格落实德育课程。按照义务教育、普通高中课程方案和标准，上好道德与法治、思想政治课，落实课时，不得减少课时或挪作他用。"

资料链接

1902年以来对小学品德课程做出规定的官方文件

1902年　钦定蒙学堂章程

1902年　钦定小学堂章程

1904年　奏定初等小学堂章程

1904年　奏定高等小学堂章程

1912年　小学校教则及课程表

①蓝维，杨芷英，琋永，等.德育学科教学心理学[M].北京：人民出版社，2004：22.

1916年 国民学校令实施细则

1916年 高等小学校令实施细则

1923年 小学公民课程纲要

1932年 小学公民训练标准

1941年 小学训育标准

1982年 全日制五年制小学思想品德课教学大纲(试行草案)

1986年 全日制小学思想品德课教学大纲

1990年 九年义务教育全日制小学思想品德课教学大纲(初审稿)

1992年 九年义务教育全日制小学思想品德课教学大纲(试用)

1997年 九年义务教育小学思想品德课和初中思想政治课课程标准(试行)

——课程教材研究所. 20世纪中国中小学课程标准·教学大纲汇编:思想政治卷[M]. 北京:人民教育出版社,2001.

本章小结

德育分为狭义、广义两种,狭义德育指道德教育;广义德育包括思想教育、政治教育、法治教育、心理健康教育、道德教育、生态文明教育。

小学德育以儿童为本,以促进生命健康发展为出发点,以遵循儿童品德发展规律为前提,以儿童生活为基础,在儿童生活中触发儿童生命体验,通过养成教育促进儿童德性成长。

自中华人民共和国成立以来,国家教育政策文件中对小学德育目标和内容都有规定,尤其是2017年颁布的《中小学德育工作指南》明确规定了小学德育的目标与内容,并分为低年级和中高年级。

美德教育是小学德育的重要内容。基本美德分为三类:一是永恒的根基性美德:爱、智慧;二是传统的经典性美德:诚信、勤俭、自律;三是凸显的时代性美德:责任、尊重、规则、公正、宽容、合作。

德育机制有“内化说”和“内发说”,是社会道德规范的转化与道德潜能的激活,形成人的道德品质,外化为人的道德行为。小学德育不是单纯地说教和道德知识传递,而是要回到小学生的生命之中,回到小学生的生活之中,在具体情境中通过活动去体验。活动意味着行动、做中学,引发体验;体验意味着触动心灵、情感、感受。

小学德育有八大形态,即环境德育、关系德育、课堂德育、学科德育、德育课程、活动德育、管理德育和教师德育,其中,学科德育(即课程德育)是小学德育的一种主要形态,是直接的德育形式。

【知识导图】

- 认识小学德育
  - 德育的意涵
    - 德育的内涵
    - 育德：德育的本质所在
    - 德育的主要功能之一：促进人的品德发展
  - 小学德育的目标与德育内容
    - 教育政策中的小学德育目标
    - 教育政策中的小学德育内容
    - 美德教育：小学德育的重要内容
  - 品德发展的规律与基础
    - 品德结构要素
    - 品德发展规律
  - 小学德育机制与实践
    - 小学德育机制
    - 小学德育实践

【理解反思】

1. 小学德育与小学生品德发展的关系。
2. 小学德育中美德教育的价值。
3. 如何理解德育的内化与内发机制。

【实践作业】

走进一所小学，选择一位老师，观察他一天中的德育工作状况，做好记录。依据本章理论，写出观察报告。

【推荐读物】

1. 刘慧，李敏. 小学生品德发展与道德教育[M]. 北京：高等教育出版社，2015.
2. 刘慧. 小学德育实践[M]. 北京：高等教育出版社，2012.
3. 刘惊铎. 道德体验论[M]. 北京：人民教育出版社，2003.

第二章
理解道德与法治课程

只要把学校和生活联系起来，那么一切学科就必然地相互联系起来。

——约翰·杜威

核心观点

纵览国家基础教育课程改革的历史进程和德育课程历史沿革，可以发现德育课程承载着国家意志与育人价值，具有政治属性及生活性、综合性、实践性、开放性等特点。道德与法治课程教师应厘清课程与课堂、课程与教材、课程与学科等关键概念；明晰课程的核心要素——课程目标、课程内容、课程实施、课程评价，形成对课程的真正理解。

学习目标

1. 了解道德与法治课程设置的历史沿革和时代背景，知道道德与法治课程设置的现实意义。

2. 能够从课程的政治属性和育人属性两个维度认知道德与法治课程的基本性质。

3. 能够厘清课程与课堂、课程与教材、课程与学科之间的逻辑关系，并在此基础上对课程目标、课程内容、课程实施、课程评价进行整体把握和价值追问。

思考问题

1. 道德与法治课程设置的历史沿革和时代背景是什么？

2. 相比品德与社会(生活)课程,道德与法治课程只是名称上的变化吗? 其课程性质是什么?

3. 理解道德与法治课程的关键点是什么? 课程理解的基本路径是什么?

理解课程,意味着教师要在对课程文本进行深入解读的基础上,与自己已有的课程观念进行对话,批判性地审视自我的教育行为是否符合课程改革的需要。阿普尔在《意识形态与课程》一书的序言中说道:"我希望教育者,尤其是那些对课堂内发生的事情特别感兴趣的教育者,要批判性地检视他们所持有的对教育的假设。这些假设涉及一些很稳固但却常常不被人意识到的,有关科学、人的本质和我们日常课程与教育学的理论与实践的理性和政治预想。"①对于教师而言,受个体成长经历及教育教学经验影响,每个人的教育行为都受自己所信奉的课程观念支配。只不过,这种课程观念可能表现为一种鲜明的教育主张,或是一种相对内隐的教育假设。

理解教学,应更为关注"学生学什么、教师如何教"。理解课程则意味着教师要深刻回答"学生如何学、教师为何教"这一问题。教师应在教育教学的过程中,清晰地知道每个行为背后的课程指向,能够站在整个课程架构与课程价值的高度,对教学工作进行全新的认知和定位。

第一节　道德与法治课程的设置背景

教育叙事

学寄一封信

这一天课程的学习主题是"学寄一封信",其中一个环节的教学目的是让学生掌握正确邮寄信件的基本知识。班上的小玉特别热心,给同学们带来一个因自己写错格式而被退回的信封作为学具。但是没想到,班上的同学们好奇的不是怎样才是正确的寄信格式,而是信封上小玉家的地址在哪儿,这封信是小玉写给谁的,写的什么。甚至还有同学联想到她爸爸在邮局工作,是不是帮她拿了一封别人的信冒充是她自己的退信? 面对这一脱离课堂教学主线的状况,老师意识到法治思维的缺失是造成同学们的关注点明显跑偏的原因所在。于是,老师抓住这个教育的契机,暂时放弃了寄信格式的讲解,组织学生讨论"你希望其他人翻看你的信件吗? 什么样的信息能称为隐私呢?"经过讨论,学生很快认识到地址属于个人隐私

①迈克尔.W.阿普尔.意识形态与课程[M].黄忠敬,译.上海:华东师范大学出版社,2001:序言第3页.

需要保护，意识到信件内容更属于个人隐私，不能随意窥探。老师还适时对我们国家有关个人隐私保护的法律法规进行了讲解，让学生能够从法治角度重新看待这个问题。

（北京市东城区史家胡同小学王丹提供）

在愈发强调法治作用的现代社会，个人的成长不仅需要形成一定的道德观念，更要养成较高的法治素养。同样，国家和社会治理需要法律和道德共同发挥作用，坚持依法治国和以德治国相结合。道德与法治课程的开设，既是国家治理体系和治理能力现代化的现实需要，又是提升学生法治意识和道德自觉的内在要求。

一、道德与法治课程的历史沿革

2016年秋，《教育部办公厅关于2016年中小学教学用书有关事项的通知》对中小学教学用书工作做出部署：为贯彻落实党的十八届四中全会关于在中小学设立法治知识课程的要求，从2016年起，将义务教育小学和初中起始年级“品德与生活”“思想品德”教材名称统一更改为“道德与法治”。自2017年9月起，在全国小学起始年级统一使用统编教材，2019年9月小学各年级全覆盖，原有的小学高年级“品德与社会”教材也正式更名“道德与法治”。道德与法治课程是对始于2001年国家新一轮课程改革中设置的“品德与生活（1—2年级）”“品德与社会（3—6年级）”课程进行的再升级与再整合。

德育课程开设的历史可以追溯到清朝末期的“修身科”“历史科”与“地理科”。民国时期开设了“社会科”。中华人民共和国成立后的一段时期内，在历史、地理学科之外，并没有专门设立德育课程，而是赋予几乎所有课程以政治教育功能。1981年，《全日制五年制小学教学计划（修订草案）》颁布，规定小学阶段开设思想品德课，紧密结合学生的思想实际，进行生动活泼的初步的共产主义思想品德教育和形势教育。1982年，教育部正式颁发了第一个小学思想品德课教学大纲——《全日制五年制小学思想品德课教学大纲（试行草案）》，确立了课程的基本性质和课程内容。1992年，国家教委正式颁布《九年义务教育全日制小学思想品德课教学大纲（试用）》，进一步明确了课程目标。1997年，国家教委颁布《九年义务教育小学思想品德课和初中思想政治课课程标准（试行）》，将小学和初中思想品德教育进行了整体规划，首次用“课程标准”取代了原有的“教学大纲”，促进德育课程迈向新的发展高度。①

2001年颁布的《基础教育课程改革纲要（试行）》确立了我国新一轮课程改革的方向，决定在小学低年级开设品德与生活课程，小学中高年级开设品德与社会课程，实现了原有的思想品德课程与社会课程的融合。2002年，教育部正式颁布《全日制义务教育品德

①沈晓敏，高峡．小学品德与社会（生活）课程研究[M].上海：华东师范大学出版社，2015：7，9.

与生活课程标准(实验稿)》和《全日制义务教育品德与社会课程标准(实验稿)》,标志着我国德育课程建设实现重大突破。2011年,《义务教育品德与生活课程标准(2011年版)》《义务教育品德与社会课程标准(2011年版)》正式颁布并沿用至今。

二、道德与法治课程的时代背景

(一)国家治理体系和治理能力现代化的现实需要

依法治国是党领导人民治理国家的基本方式,是中国特色社会主义的本质要求和重要保障。改革开放以来,我们国家深刻总结历史经验,走出一条中国特色社会主义法治道路。党的十八大以来,以习近平同志为核心的党中央高度重视发挥法治在国家治理和社会管理中的重要作用,不断开创依法治国新局面。为贯彻落实党的十八大做出的战略部署,加快建设社会主义法治国家,十八届中央委员会第四次全体会议研究了全面推进依法治国若干重大问题,通过了《中共中央关于全面推进依法治国若干重大问题的决定》,努力建设中国特色社会主义法治体系。党的十九大报告将坚持全面依法治国作为新时代坚持和发展中国特色社会主义的基本方略之一,提出了深化依法治国实践的时代要求,为中国特色社会主义法治实践向纵深发展指明了前进方向。

知 识 卡

坚持全面依法治国。全面依法治国是中国特色社会主义的本质要求和重要保障。必须把党的领导贯彻落实到依法治国全过程和各方面,坚定不移走中国特色社会主义法治道路,完善以宪法为核心的中国特色社会主义法律体系,建设中国特色社会主义法治体系,建设社会主义法治国家,发展中国特色社会主义法治理论,坚持依法治国、依法执政、依法行政共同推进,坚持法治国家、法治政府、法治社会一体建设,坚持依法治国和以德治国相结合,依法治国和依规治党有机统一,深化司法体制改革,提高全民族法治素养和道德素质。

——党的十九大报告

国家和社会治理需要法律和道德共同发挥作用,坚持依法治国和以德治国相结合。习近平总书记曾指出,必须坚持依法治国和以德治国相结合,使法治和德治在国家治理中相互补充、相互促进、相得益彰,推进国家治理体系和治理能力现代化。要强化道德对法治的支撑作用。坚持依法治国和以德治国相结合,就要重视发挥道德的教化作用,提高全社会文明程度,为全面依法治国创造良好人文环境。要在道德体系中体现法治要求,发挥道德对法治的滋养作用,努力使道德体系同社会主义法律规范相衔接、相协调、相促进。要在道德教育中突出法治内涵，注重培育人们的法律信仰、法治观念、规则意识，引导人们自觉履行法定义务、社会责任、家庭责任，营造全社会都讲法治、守法治的文化环境。

（二）小学生法治意识和道德自觉提升的内在要求

法律要发挥作用，首先全社会要信仰法律；道德要得到遵守，必须提高全体人民道德素质。因此，要在青少年中加强法治宣传教育，引导全社会树立法治意识，使人们发自内心信仰和崇敬宪法法律；同时要加强青少年的道德教育，弘扬中华民族传统美德，提升全社会思想道德素质。

长期以来，我们国家设置专门的德育课程，摸索出一条道德教育的有效途径。但是，在我们的课程建设与教材建设中，法治教育始终处于一种隐性状态，融合于其他课程内容之中。总体上看，小学生法治教育仍存在着对其重要地位和作用认识不深刻、定位不够准确，法治教育缺乏整体规划，方式方法有待创新等相关问题，这显然与新时代全面推进依法治国这一基本方略的要求存在差距。

2016年1月，教育部发布《依法治教实施纲要（2016—2020年）》，对依法治教、依法治校、青少年法治教育进行顶层设计，要求把加强青少年学生法治教育、培养学生法治观念，放在教育工作的突出位置，强化规则意识，倡导契约精神，弘扬公序良俗，实践法治的育人功能。

2016年6月，为推动法治教育纳入国民教育体系，提高法治教育的系统化、科学化水平，教育部、司法部、全国普法办颁布《青少年法治教育大纲》，对青少年法治教育进行了系统的规划。《青少年法治教育大纲》指出，青少年法治教育要全面贯彻党的教育方针，以培育和践行社会主义核心价值观为主线，以宪法教育为核心，把法治教育融入学校教育的各个阶段，全面提高青少年法治观念和法律意识，使尊法学法守法用法成为青少年的共同追求和自觉行动。

法安天下，德润人心。在小学教育阶段，法治教育要与道德教育相结合，注重以法治精神和法律规范弘扬社会主义核心价值观，以良法善治传导正确的价值导向，把法律的约束力量、底线意识与道德教育的感化力量、提升精神紧密结合，使青少年理解法治的道德底蕴，牢固树立规则意识、诚信观念、契约精神，尊崇公序良俗，实现法治的育人功能。

课堂链接

《道德与法治》六年级上册《公民意味着什么》一课旨在引导学生了解法律所规定的“公民”身份的含义，学习有关国籍的知识，懂得判断公民身份的方法，并感受公民与祖国的密切联系。在教学设计过程中，需要注意的是本节课的落脚点不仅仅是法律意义上有关“公民”的知识，更为重要的是学生公民意识与爱国情感的培养，让学生意识到自己的身份可能因不同的场合而变化，但作为“中国公民”的身份则不会改变。教师在教学中可以用选取典型案例、设置情境等方式引导学生体会公民与国家息息相关，从而知道自己的一言一行不仅代表个人，更是国家的一张名片，而国家也从不同方面保护着每一个公民。

（北京市东城区史家胡同小学李乐提供）

第二节 道德与法治课程的性质追问

教育叙事

为什么要学习甲骨文？

在《道德与法治》五年级上册《意蕴隽永的汉字》上课之前，老师进行课前的学情调研。当问到学生是否接触过甲骨文，是否想了解有关甲骨文的知识的时候，有个学生提出疑问：“为什么要学习甲骨文？我们现在根本用不上了。”这个同学的质疑代表了一部分学生对课程内容的不解。有的老师在准备教学设计的时候也对本课的教学目标感到难以把握。其实，只要我们从道德与法治整体课程的视角出发，不断追问课程的性质，就能获得对本节课课程定位的清晰认识，从而回答上述同学和老师的疑问。

本次统编版《道德与法治》教材的修订吸取了大量的中华优秀传统文化的内容，旨在不断增强学生的文化自信，厚植爱国主义情怀，从某种程度上强化课程的国家意志和政治属性。同时，我们也要意识到课程的育人属性，即引导学生关注生活、关注社会，促进学生良好品德和法治意识的形成，实现社会性发展。因此，《意蕴隽永的汉字》一课的教学设计的重点在于从汉字的表意性出发，通过系列教学活动让学生理解汉字承载的风俗礼仪、社会结构、伦理道德、哲学思考、审美意识，感受汉字凝聚着祖先的无穷智慧，懂得尊重并传承、发扬汉字，初步树立规范使用汉字、珍视传统文化的意识。

教材更名是否意味着课程性质的变化？这可能是每一位道德与法治教师面对新教材时的首要疑问。对这个问题有着不同的认识倾向：一种认为这只是教材名称的变化，还是原有的德育课程，只是在高年级加入了法治教育内容；另一种认为，教材的更名意味着法治教育的全面介入，课程将转为“法治课”。由于新的课程标准尚未颁布，本书尝试对该课程的性质进行界定：小学道德与法治课程是一门彰显国家意志和育人价值，以学生生活为基础，以提升学生良好道德品质和法治素养为核心，促进学生社会性发展的综合性课程。

例如，《道德与法治》教材四年级上册第二课《我们的班规我们订》的《班规可改进》板块中设置了大家一起讨论、制订、修改班规的内容。该内容组织学生讨论“改进班规”这一话题，将法治社会所倡导的程序意识进行有机融合。虽然教材在四年级并未专门设置法治教育的内容，但是通过日常教学渗透，实现了学生道德品质和法治素养的双向提升。

根据教材编写者描述，小学统编教材《道德与法治》编写的标准和依据为《义务教育品德与生活课程标准（2011年版）》《义务教育品德与社会课程标准（2011 年版）》《关于培育和践行社会主义核心价值观的意见》（2013 年）《完善中华优秀传统文化教育指导纲要》（2014 年）《关于全面深化课程改革 落实立德树人根本任务的意见》（2014 年）《青少年法治教育大纲》（2016 年）和十八大以来中央有关德育的其他文件。①

从编写依据中可见，道德与法治课程的主体还是原有的品德与生活、品德与社会课程内容，但吸纳了新时代青少年法治教育的相关内容，其本质还是要加强对小学生社会主义核心价值观的培养，落实立德树人根本任务。因此，教材的更名并没有根本改变其小学德育课程的性质，而是在道德教育中强化学生的法治素养，共同指向“德智体美劳全面发展的社会主义建设者和接班人”这一育人目标。

一、国家意志：道德与法治课程的政治属性

道德与法治课程的更名，适逢我们国家前所未有地走进世界舞台的中央，中国特色社会主义进入新时代这一新的历史方位。从“品德与社会”“品德与生活”到“道德与法治”的变化上，我们可以初步感受到此课程承载着国家意志和政治属性。“品德”这一概念更为强调个体的品格与德行。“道德”属于上层建筑的范畴，是一种特殊的社会意识形态。“法治”是治国理政的基本方式。可见，政治属性应当成为本课程的首要属性。

（一）道德与法治课程是落实党的教育方针的关键课程

道德与法治课程属于国家思政课的范畴。党的十八大以来，围绕培养什么人、怎样培养人、为谁培养人这个根本问题，习近平总书记对学校思政课做出一系列重要部署。2019 年 3 月，习近平总书记主持召开学校思想政治理论课教师座谈会。在本次会议中，习近平强调，思想政治理论课是落实立德树人根本任务的关键课程。青少年阶段是人生

①胡莉英，高德胜．小学道德与法治课程校本化实施的基本路径［J］．上海教育科研，2020（1）：57-60.

的“拔节孕穗期”，最需要精心引导和栽培。我们办中国特色社会主义教育，就是要理直气壮开好思政课，用新时代中国特色社会主义思想铸魂育人，引导学生增强中国特色社会主义道路自信、理论自信、制度自信、文化自信，厚植爱国主义情怀，把爱国情、强国志、报国行自觉融入坚持和发展中国特色社会主义事业、建设社会主义现代化强国、实现中华民族伟大复兴的奋斗之中。因此，我们要把道德与法治课程放置于整个课程体系更加重要的位置，要旗帜鲜明地加强思想政治教育、品德教育，加强社会主义核心价值观教育，引导学生自尊、自信、自立、自强，完成立德树人根本任务。

知识卡

办好思想政治理论课，最根本的是要全面贯彻党的教育方针，解决好培养什么人、怎样培养人、为谁培养人这个根本问题。我们党立志于中华民族千秋伟业，必须培养一代又一代拥护中国共产党领导和我国社会主义制度、立志为中国特色社会主义事业奋斗终生的有用人才。在这个根本问题上，必须旗帜鲜明、毫不含糊。

办好思想政治理论课关键在教师，关键在发挥教师的积极性、主动性、创造性。思政课教师，要给学生心灵埋下真善美的种子，引导学生扣好人生第一粒扣子。第一，政治要强；第二，情怀要深；第三，思维要新；第四，视野要广；第五，自律要严；第六，人格要正。

推动思想政治理论课改革创新，要不断增强思政课的思想性、理论性和亲和力、针对性。要坚持政治性和学理性相统一；坚持价值性和知识性相统一；坚持建设性和批判性相统一；坚持理论性和实践性相统一；坚持统一性和多样性相统一；坚持主导性和主体性相统一；坚持灌输性和启发性相统一；坚持显性教育和隐性教育相统一。

——习近平在学校思想政治理论课教师座谈会上的讲话

（二）《道德与法治》教材是国家意识形态的集中呈现

教材建设是教育发展的核心议题，是实现立德树人的重要依托，体现了国家意志及权力事项。①国家教材委员会委员王湛指出，一个国家实施什么课程，使用什么教材，反映并决定了这个国家想要培养什么样的人和能够培养什么样的人，直接关系到党领导的中国特色社会主义事业的巩固与发展，关系到“两个一百年”奋斗目标和中华民族伟大复兴中国梦的实现，关系国家的繁荣昌盛、长治久安。本次由教育部统编的教材共涉及三

①罗生全.论教材建设作为国家事权[J].课程·教材·教法，2019，39(8)：4–11.

个科目：小学和初中的语文学科、德育学科以及初中的历史学科。“三科”教材都具有很强的意识形态属性，国家集中专业力量做好统编教材建设，保障课程质量，从而全面融入社会主义核心价值观，弘扬中华优秀传统文化、革命文化和社会主义先进文化，培养德智体美劳全面发展的社会主义建设者和接班人。

（三）课程凸显国家意志是各国课程建设应有之义

阿普尔在其著作《意识形态与课程》中指出，学校课程是意识形态的载体，课程知识并非价值中立的，而是表现为一种“合法化知识”“法定文化”。鲍尔斯和金蒂斯的《美国资本主义与学校教育》也提出：学校教育起着对应于并由社会经济基础决定的上层建筑的功能。①

当今世界，各国都出台了相关政策法规，重新审视课程建设中有关价值教育的相关内容。2006年，法国出台了基础教育改革指导性文件——《共同基础法令》，从七个方面对法国义务教育应达到的目标进行了清晰的界定。新西兰实施的“重塑价值观教育”提出必须将基础价值观教育融入学校各门课程的教学中。澳大利亚也开展了为期四年的价值观教育，确立学生发展中的基础性价值观。②英国教育大臣提出“树立核心英国价值观是英国教育的重中之重”。我们可以发现，各国都将价值观及国家意志提升到事关教育改革与课程建设成败的高度。

二、德法共融：道德与法治课程的育人属性

法律是成文的道德，道德是内心的法律。统编教材《道德与法治》的投入使用，将法治教育的重要性提升到前所未有的高度。道德与法治课程并不等于道德教育与法治教育的机械叠加，而应从学生的立场出发，遵循道德教育和法治教育的基本规律，实现德法共融、德法共育人。

在小学阶段开展法治教育，应更为关注的是法治素养和法治思维的提升。从某种意义上说，法治教育是德育课程的一个有机构成，与道德教育遵循共同的育人规律，共同指向合格公民的培养。道德教育与法治教育是相互促进的，正如《中共中央关于全面推进依法治国若干重大问题的决定》提出的，既重视发挥法律的规范作用，又重视发挥道德的教化作用，以法治体现道德理念、强化法律对道德建设的促进作用，以道德滋养法治精神、强化道德对法治文化的支撑作用。

①钟启泉．课堂研究［M］．上海：华东师范大学出版社，2016.

②陶西平．涌动的潮流——关注当代世界教育教学改革新动向［J］．人民教育，2014(7)：63-66.

课堂链接

《道德与法治》六年级上册《公民的基本权利和义务》一课旨在让学生了解公民所享有的基本权利，理解权利行使的界限，懂得任何人都不能滥用自己的权利。因此，老师在本节课的第三个环节进行了如下教学活动设计。

“公民的基本权利”教学片段

环节三：公民权利有界限

通过刚才的学习，我们知道了一定要学会宪法赋予我们的权利，但是有些人行使权利过了头。看一看书上34页“楼上邻居装修给林博远造成困扰”的案例。

提问：如果你是林博远，你会如何处理呢？请你以宪法为依据帮帮他。

小结：宪法第五十一条规定，中华人民共和国公民在行使自由和权利的时候，不得损害国家的、社会的、集体的利益和其他公民的合法的自由和权利。楼上叔叔的装修行为侵害了林博远的合法权利，所以林博远可以以宪法为依据与邻居好好协商。

过渡：权利不是绝对的，而是有界限的。我们在生活中还经常遇到滥用权利的现象，比如地铁里随意吃东西、共享单车随意停放、给其他同学起绰号、广场舞扰民等。

提问：这些现象都是一些不文明行为，违反了道德准则。通过法治课的学习，我们还可以从哪个角度看待这些问题呢？当你再次遇到这样的现象，你该如何应对呢？老师建议大家按照这个句式对这些行为说“不”：

“________是你的权利和自由，但是________，我建议你________。”

小结：宪法赋予我们许多权利，我们要知权利、用权利，同时要知道权利的界限。

在这个教学案例中，教师引入现实生活中违反公共道德的案例，并引导学生从法治角度重新思考问题。例如对“地铁里随意吃东西、共享单车随意停放、给其他同学起绰号、广场舞扰民”这些社会不良现象，不仅引导学生从违背公共道德角度思考问题，还帮助学生从公民的基本权利和义务这一角度进行劝说，让学生养成自觉守法、遇事找法、解决问题靠法的思维习惯和行为方式。

作为一门融合道德教育和法治教育的综合课程，道德与法治课程主要体现出如下几种特性：

(一)生活性

“生活”与“科学”从对立到统一，这就是现代课程组织的发展脉络。中小学课程总是在强调理性知识的价值和强调儿童的经验之间摇摆。[①]

《道德与法治》教材总主编鲁洁倡导的“生活德育论”对德育课程的发展起重要推动作用。《义务教育品德与生活课程标准(2011年版)》就明确提出课程的生活性特点，并指出：本课程遵循儿童生活的逻辑，以儿童生活中的需要和问题为出发点；以儿童的现实生活为课程内容的主要源泉；以用正确的价值观引导儿童在生活中发展、在发展中生活为课程的基本追求。《义务教育品德与社会课程标准(2011年版)》强调课程注重学生生活的价值。学生的品德与社会性发展源于他们对生活的认识、体验和感悟，学生的生活对本课程的构建具有重要价值。《道德与法治》教材依据与儿童生活联系的紧密程度，按照“自我—家庭—学校—社区(家乡)—国家—世界”的顺序，由近及远地设计了我的健康成长、我的家庭生活、我们的学校生活、我们的社区生活、我们的国家、我们共同的世界等六大领域。[②]

道德是源于生活、内在于生活的。道德教育的最终目的不是为了道德，而是为了美好的生活。道德教育的根本作用就是引导生活的建构，它所指向的是更有利于人的认知生成和发展的好生活。道德教育要帮助学习者学会关注、反思、改变生活，提高他们生活建构的品质和能力。

法治教育也要凸显生活化的特点。生活中处处有法律。法律调整社会关系，保护合法权益，维护公共秩序。大到国家的政治生活，小到个人的家庭生活，处处都有法律的身影。作为社会生活中的基本规则，法律为我们设定了行为准则，提供了外部保障，维护着我们的正常生活。《青少年法治教育大纲》指出，法治教育要遵循青少年身心发展规律，贴近青少年生活实际，科学安排教学内容，合理确定教学重点和方法，注重知行统一，切实提高法治教育的质量和实效。

(二)综合性

相对于小学阶段其他课程而言，道德与法治课程具有很强的综合性。课程内容有机融合了品德和规则教育，法治教育，爱国主义、集体主义和社会主义教育，历史与文化、国情教育，地理和环境教育，生命与安全教育，民族团结教育等。

课程的综合性是学生作为整体的人的发展的内在要求。个体作为一个整体的存在方式，要求学校课程能够为其提供整体的内容和时空，然而传统课程的诸多举措却忽略乃至销毁了儿童的整体性。[③]正如杜威在《民主主义与教育》中指出的，儿童的生活是一个整体和总体，可是一到学校，多种多样的学科便把他的世界加以割裂和肢解了。我们

①钟启泉.课程的逻辑[M].上海:华东师范大学出版社,2008:7.

②鲁洁,朱小蔓.部编义务教育道德与法治教材有哪些新变化?[J].内蒙古教育,2016(11):30-31.

③钟启泉.课程的逻辑[M].上海:华东师范大学出版社,2008:4.

的课程表往往设置得很全面，但是，孩子们眼里的世界好像被课程表上泾渭分明的表格割裂开来了，这难以服务于学生作为“整体的人”的成长。例如，课程涉及台湾问题时，教师在课前导入引用了余光中那首著名的《乡愁》。老师请同学朗读并谈一谈感受，有一个孩子不经意间说了一句话：“老师，您还教语文呢。”这样的疑问不禁引发教师的思考：这是孩子对我们的课程、对学习最朴素、最直观的理解。在校园里，学生下意识地按照语文、数学、道德与法治等学科划定的边界去感知和认识世界。这种“边界”的出现，源自课程与生活的分隔。因此，道德与法治课程教师要在课程实施中，帮助学生从多个学科角度重新审视自己的生活，实现整体性的发展。课程综合的一个重要目的，就是要让学生的学习真正面对学生的真实生活，真正学会解决各种现实问题。综合最大的根据和要旨就是要和学生的实际生活联系起来。①

（三）实践性

《义务教育品德与生活课程标准（2011年版）》指出，本课程超越单一的书本知识的传递和接受，以活动为教和学的基本形式。课程的呈现形态主要是儿童直接参与的各种主题活动、游戏或其他实践活动。《义务教育品德与社会课程标准（2011年版）》指出，本课程学习是知与行相统一的过程，注重学生在体验、探究和问题解决的过程中，形成良好道德品质，实现社会性发展。课程的实践性源于知识观的整体转型，逐渐转变了传统的“以书本、课堂、教师为中心”的课程观念。其中最具代表性的则是强调主动建构性、社会互动性和真实情境性的建构主义知识观。

课程的实践性取决于学习的主动建构性。灌输式教学基于客观主义理论，认为教学就是让学生熟知书本上的真理。建构主义认为知识并不是独立于学习者之外的客观存在，而是学习者主动建构起来的。要使课本中的文字符号本身具有意义，就必须借助教师的讲解或者经由学习者凭借个人的经验去领悟。②因此，我们的课堂要以学生为中心，强调学生对知识的主动探索、主动发现和对所学知识意义的主动建构，而非被动地接受。

课程的实践性取决于学习的社会互动性。建构主义强调知识的社会建构性，知识不是在个人头脑之中，而是分散在社会中的，所谓“学习”就是“参与实践共同体的过程”。③因此，学生在建构知识经验时并不是孤立进行的，而是在与同伴或成人的社会交往中发生的。建构主义的代表人物维果茨基揭示了从教师的自身灌输转型为学习者伙伴之间合作学习的重要性，借助学习伙伴之间不同思考方式的交互作用，得以理解教学内容，才称得上“学习”。④

课程的实践性取决于学习的真实情境性。建构主义主张，知识、学习是与真实的情

①鲁洁.回归生活——“品德与生活”“品德与社会”课程与教材探寻[J].课程·教材·教法，2003(9)：2-9.

②钟启泉.读懂课堂[M].上海：华东师范大学出版社，2015：96.

③钟启泉.课堂研究[M].上海：华东师范大学出版社，2016：56.

④钟启泉.课堂研究[M].上海：华东师范大学出版社，2016：33.

境密切联系的。有意义的学习是发生在真实的情境中的。传统的学校教育脱离于真实情境，将抽象的知识灌输给学生。书本上的知识往往是抽象的、去情境化的。比如，“懂得规则、法律对于保障每个人的权利和维护社会公共生活具有重要意义”就是一个去情境化的知识。我们在教学中可以设法创设情境，让学生习得这个知识。创设情境有两种选择：一是在课堂中通过角色扮演、游戏教学等教学环节的设计来模拟情境，从而达到有意义学习的目的；第二种选择是将课堂搬到校外，到真实的社会环境中体验规则的重要作用。

（四）开放性

《义务教育品德与生活课程标准（2011年版）》与《义务教育品德与社会课程标准（2011年版）》都强调了课程的开放性特点。本课程内容根据社会生活的发展变化和学生身心发展的需要，有弹性地吸纳鲜活的社会生活事件；教学空间从课内向课外延伸，从课堂向学校、家庭和社区扩展。在课程实施中，教师不能把学生的视野仅仅局限于校园、限制于课堂空间，而应积极挖掘真实生活案例的育人价值，要突破“书本知识是学生全部世界”的认识局限，让整个世界都成为学生成长的教科书。

课堂链接

《道德与法治》四年级上册第九课《正确认识广告》中《无处不在的广告》板块的第三个教学内容是让学生感知广告的重要功能，即传递信息、提高知名度、劝说购买。教师在本环节教学设计中设置了一个“设计广告”的情境，引导学生开展分组学习，成立一个个“广告设计公司”，从活动中自我总结广告的重要功能。

《无处不在的广告》教学设计片段

活动：卖不出去的板栗——设计广告

通过刚才的学习，我们知道了人们可以从广告中了解到衣、食、住、行等各方面的信息，满足生活的需求。但是，在某个贫困山区，因为信息不畅通，农民伯伯遇到了困难。这个地方盛产板栗，并且皮薄味甜，质量上乘，但是由于地理位置偏僻，无人知晓，销售受阻。

提问：为了响应国家的精准扶贫号召，我们怎样帮助他们呢？

有同学说，可以给板栗做广告。那么，请你结合生活中见到的广告形式，帮助农民伯伯设计一则广告吧。设计广告有三个要求：一是给板栗起一个品牌名字；二是设计一条广告词；三是给出促销方案。大家分组成立广告公司，开始吧。五分钟后请各组展示自己的广告作品。

过渡：刚才大家的展示都十分精彩，有些同学的广告词让人印象深刻，有些同学的销售方式新奇有创意。

提问：说一说你为什么要这样设计广告。通过刚才的活动，你发现广告都有哪些功能？

小结：看来大家都有开广告公司的潜力。通过这个设计广告的活动，我们了解了广告具有传递信息、提高知名度、劝说购买的功能。广告给我们的生活提供了很大的便利，同时也存在一定的问题，下节课我们将进行有关虚假广告的学习。

（首都师范大学硕士研究生支虹元提供）

从这个教学设计案例中我们可以看到，生活性、综合性、实践性、开放性的课程性质在教学活动中得以体现。老师并没有直接将书本上有关广告功能的知识灌输给学生，而是引导学生关注生活，从生活经验出发，开展小组合作学习。在这样一个问题驱动的真实情境中，学生在互动中主动建构知识，并且在这一过程中将学习的视野从课内拓展到丰富的社会生活。

第三节　道德与法治课程的理解框架

教育叙事

宽容还是放纵？

《道德与法治》六年级下册《学会宽容》一课中有这样一个案例："邻居家的橘子熟了，我忍不住摘了两个，正好被邻居看到。邻居并没有责怪我，而是提醒我摘橘子时要小心，不要被树上的刺扎伤了。"很显然，教材中这个案例的设置意图是作为一个学会宽容的正面案例。但是，有位同学对这位邻居的做法提出质疑："这位邻居当然是宽容的，但是，橘子是属于邻居的，这位同学未经许可摘橘子的行为是否触犯了道德底线，甚至侵害了他人财产权呢？邻居如果不加以管教，是否纵容了这位同学？邻居的宽容在这个事件中带来了好的结果，但结果好就一定表明这位邻居是正确的吗？"

面对同学对教材内容的质疑，老师会做出怎样的回应呢？如果从忠于教材的角度，老师可能会选择坚持书上的观点，对案例中邻居的做法加以肯定。但是从忠于课程的角度，这位同学通过六年级上册法治专册的学习，显然已经具备较好的法治思维，能够从法律的角度看待生活中出现的道德问题，而这正是道德与法治的整体课程目标所在。因此,从理解课程的角度出发,我给这位同学做出了这样的回应:"同学你好,很高兴看到你有自己的独立思考,并且不盲从教材和书本。很多问题我们无法判断绝对的正确与错误。每个人的处事风格和行为选择其实都是一个人的价值观和法治观念的体现。这位邻居能够不计较得失,宽容他人,体现了为人大度的处事风格。就像你说的,宽容的同时要注意避免类似情况再次发生。当然,这位邻居也可以选择直接指出这位同学的错误所在,制止这种随意侵害他人合法权益的行为,但是要注意方式方法,避免造成邻里矛盾。"

对课程理解的程度直接影响课堂教学效果。如果教师没有形成对课程的正确理解,会造成学生的实际获得偏离课程目标。课程理解的关键在于教师能够厘清课程与课堂、课程与教材、课程与学科之间的关系,并在此基础上,整体把握课程的"目标、内容、方法、评价"四个要素,不断彰显育人价值。

一、认识课程层次:课程理解的必要性

美国课程理论专家古德莱德对课程进行了层级划分,他认为,在教育实践中共存在五种形态的课程:"理想的课程""正式的课程""领悟或理解的课程""运作的课程""经验的课程"。

其中,"理想的课程"即教育研究机构、学术团体和课程专家提出的应该开设的课程。在我国课程改革的背景下,"理想的课程"可以追溯到2001年由课程改革专家起草、教育部颁布的《基础教育课程改革纲要(试行)》。随着课程改革的不断推进,我国于2016年颁布《中国学生发展核心素养》总体框架,引领新的课程改革方向。该框架以培养"全面发展的人"为核心,分为文化基础、自主发展、社会参与三个方面,综合表现为人文底蕴、科学精神、学会学习、健康生活、责任担当、实践创新等六大素养,具体细化为国家认同等十八个基本要点。根据这一总体框架,可针对学生年龄特点进一步提出各学段学生的具体表现要求。

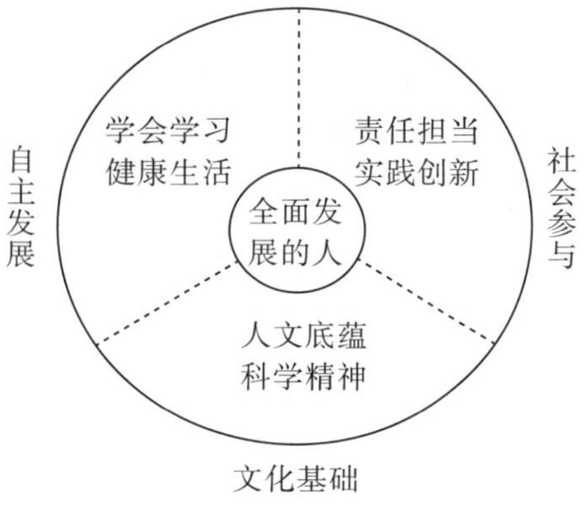

图2-1 学生发展核心素养

“正式的课程”是指被官方正式批准的课程计划、课程标准、教材等。以道德与法治课程为例，2011年由教育部颁布的品德与社会、品德与生活课程标准，以及参照课程标准开发的《道德与法治》教材可以视为这一课程在分层理论中的“正式的课程”。

“领悟或理解的课程”则指向课程实施的关键环节——教师，即教师根据自身的认知水平和教学经验，对“理想的课程”“正式的课程”的个人理解。这一层级的课程可以直观地表现为教师在授课之前形成的教学思考、教学设计等。由于不同教师对“正式的课程”有着不同的理解与解释的方式，所以他们对课程的领会与“正式的课程”之间会有一定的差距。

“运作的课程”是指课堂上实际实施的课程。受教学条件、教学环境及学生认知差异的影响，“运作的课程”也会呈现出不同的结果。“经验的课程”则指向学生在课堂学习中体验到的课程，即学生的实际课程体验，这一层级的课程关系到学生的实际获得。

古德莱德的课程层次划分从一个侧面揭示了课程从理论到实践的转变过程。从中可发现，教师对课程的理解程度关系着“理想的课程”的实现水平以及学生通过“经验的课程”的获得程度。正如我国课程专家施良方所说，课程改革的关键之处在于教师要进行理解性和创造性的工作。[①]如同“信息衰减”现象一样，如果缺乏对新课程理念的深刻理解，教师在课堂中实施、学生亲身体验的课程，和课程专家、教育行政部门所设想的“理想课程”或“正式课程”之间会存在较大的差距。

二、厘清核心概念：课程理解的关键点

《辞海》中对课程的解释是：“课程即教学的科目。可以指一个教学科目，也可以指学校的或一个专业的全部教学科目，或指一组教学科目。”[②]《中国大百科全书》把课程定义为：“课程有广义、狭义两种。广义指所有学科（教学科目）的总和，或指学生在教师指导下各种活动的总和。狭义指一门学科。”[③]在课程理解的过程中，一些关键概念需要厘清，例如课程与课堂、课程与教材、课程与学科。这些概念的厘清可以使教师对道德与法治的课程本质与课程性质产生更为深刻的理解。

（一）课程与课堂

真正理解课程，要求教师能够从课程的角度重新审视课堂，避免只管教学、不问课程的现象。关于课程与课堂概念的区分，学者们通常借助一些隐喻来帮助我们进行理解。例如：课程如果是一幢建筑的设计图纸，课堂教学则是具体的施工过程；课程如果是一场球赛的方案，课堂教学则是球赛进行的过程；课程如果是一首乐谱，课堂教学则是对这首

①施良方.课程理论——课程的基础、原理与问题[M].北京：教育科学出版社，1996：29.

②辞海编辑委员会.辞海·教育、心理分册[M].上海：上海辞书出版社，1980：5.

③中国大百科全书总编辑委员会《教育》编辑委员会，中国大百科全书出版社编辑部.中国大百科全书·教育[M].北京：中国大百科全书出版社，1985：207.

乐谱的演奏。以上这些隐喻把课程视为育人的意图,教学则是达到教育目的的手段。正如吴刚平所言,教学意识与课程意识的区别,如果要用一句话来讲,就是教学意识更多地关注教学的技术问题,而课程意识则更多地关注教学的价值问题。①作为学科老师,我们往往将自己的视野局限在课堂教学这一环节,而对课程设置的意图和育人方向有所忽略,难以对课程有一个总体的把握。对于道德与法治课程教师而言,在课堂教学设计中要不断追问"为何而教",明晰每个教学行为背后蕴含的价值导向,不要因为走得太远而忘记了当初为什么出发。

(二)课程与教材

对于道德与法治课程的更名,很多人只是从教材变革的角度理解,认为只是简单的教材版本替换,没有认识到其背后课程改革的价值取向。教材是依据课程标准研发的,体现为一种课程文本,需要教师注意的是,教材是实现课程目标的手段而非目的。教师在课堂教学中要有意识地辨别"教教材"和"用教材教",让教材和学生的生活实践发生联系,才能促使学习更好地发生。这是因为,教材只能从普遍经验出发进行设计,不可能兼顾每一个学生独有的生活经验。

课堂链接

《道德与法治》六年级上册《公民的基本权利和义务》一课,创设了一个如何看待外出就餐是否索要发票的情境,用孙园和爸爸的经历引发学生思考。如果教师在教学过程中拘泥于教材,只是"教教材",让学生依据法律条文对案例中的故事做简单的评判,很难引起学生的共鸣。笔者在这节课的教学中,秉承"用教材教"的原则,用问卷调研调动学生的生活经验。对"你和爸爸妈妈去餐馆吃饭,要不要发票呢"这一问题,69.44%的同学认为应该要发票。当问及索要发票的理由时,大部分同学把核对明细、留取凭证、报销依据作为发票最重要的功能。5.56%的同学认为不要发票,25%的同学对索要发票表示无所谓。可见,绝大部分同学还不能认识到索要发票与纳税义务的相关性。呈现问卷调研数据之后,再给学生呈现我国有关纳税义务的法律规定,让学生反思自我行为,从而激发自觉履行法律规定义务的情感。

(三)课程与学科

学科这一概念更为强调自成体系的符号系统、知识结构、基本观念。课程可以从狭义和广义两个维度来理解。从狭义上理解课程,即把课程等同于学科。例如,谈到课程,

①吴刚平.课程意识及其向课程行为的转化[J].教育理论与实践,2003(9):43-46.

很多人的第一反应是语文、数学、英语、音乐、美术、道德与法治等分门别类的学科。从广义上而言,课程是一个达成某种育人目标的学习过程,甚至可以是对学生所有学习科目的总称。诚然,在学校教学过程中,道德与法治这一课程也呈现为学生课程表格中的一门学科。但是,如果教师在教学中过于强调学科本位,就会将道德与法治丰富的课程内容与学生的整体学校生活割裂开来,不符合课程的开放性特点。因此,教师在教学过程中,不仅要考虑本学科的特点,使学生掌握道德与法治学科必备的知识与技能,还要考量这些知识与技能与课程目标之间的关联,要和学校整体的课程目标相契合。

课堂链接

以六年级下册《探访古代文明》一课为例,老师在课堂上引入国家博物馆馆藏资源——新石器时代的舞蹈纹彩陶盆,以"揭开舞蹈纹的秘密——古人是如何实现三等分排列的"进行问题驱动。这一问题的解决需要调动学生的数学知识、历史文化知识,并结合舞蹈及体育队列的学习经验,进行探究式学习。老师作为学生的引路人,帮助他们搭建知识学习与生活经验的桥梁,从中传递"责任"这一价值观念。在这样的教学活动中,随着学科边界的打破,育人的多种要素得以有效且无痕地融合。

三、把握课程四要素:课程理解的基本路径

有学者认为:"课程理解是对课程现象、课程'文本'、课程事件之意义的解读过程,其着眼点不在于课程开发的具体程序,而在于对种种课程与课程事件的历史、现状与未来之意义的理解。"①有的学者认为:"教师的课程理解是基于具体的课程情境,通过与课程文本的对话与交流,形成一整套合价值、合目的、合规律的教育理念和对课程问题最基本的判断。"②被誉为"现代课程理论之父"的泰勒提出了著名的"泰勒原理",即课程可以归结为确定课程目标、根据目标选择课程内容、根据目标组织课程内容、根据目标评价课程。随着课程理论的不断发展,这一课程理论也受到不少批判,但是在实际操作过程中,教师对课程的理解很难绕开"目标、内容、方法、评价"这四个要素。因此,我们可以按照这四个要素建立一个理解课程的基本框架。

(一)课程目标的整体设置

课程目标是指在一定的课程理念下,对于学生经过课程学习能够达到的品格、能力

①张华.走向课程理解:西方课程理论新进展[J].全球教育展望,2001(7):44-48.

②余娟,郭元祥.教师的课程创生:意蕴与条件[J].教育发展研究,2009(12):57-62.

等各方面素养的期望,即对于“培养什么样的人”的课程期待。可以说,课程目标是课程内容、课程实施、课程评价的基础,起到统领全局的作用,是一门课程的起点和归宿。

我们可以在国家颁布的课程标准中找到课程目标的准确表述。例如,《义务教育品德与社会课程标准(2011年版)》中提到课程总体目标是:品德与社会课程旨在培养学生的良好品德,促进学生的社会性发展,为学生认识社会、参与社会、适应社会,成为具有爱心、责任心、良好行为习惯和个性品质的公民奠定基础。本课程引导和帮助学生达到以下三个方面的目标:情感态度价值观、能力与方法、知识。

这种“情感态度价值观、能力与方法、知识”三位一体的课程目标表述方式是在新一轮课程改革中确立的,是新课改精神的集中体现。《基础教育课程改革纲要(试行)》中指出,基础教育课程改革的具体目标为:改变课程过于注重知识传授的倾向,强调形成积极主动的学习态度,使获得基础知识与基本技能的过程同时成为学会学习和形成正确价值观的过程。

三位一体课程目标的确立是对传统教学中过于关注“双基”(基础知识、基本技能)的一种修正,更为关注“双基”基础上育人价值的实现。德育课程的课程目标更应关注知识学习过程中基本能力、学习方法的培养,最终指向学生道德观念、道德情感、法治意识的养成。

随着《中国学生发展核心素养》总体框架的发布,教师在整体把握课程目标的过程中,也要有意识地从“情感态度价值观、能力与方法、知识”走向学科核心素养的培养。相对于三位一体的教学目标,“核心素养”更加强调面向整体的人确立育人方向,关注学生的必备品格和关键能力的养成,防止出现把“情感态度价值观、能力与方法、知识”三者割裂开来的倾向。

此外,作为课程编写的重要依据,《青少年法治教育大纲》也对法治教育的目标进行了具体阐述。教师在授课过程中,尤其是法治专题教学内容中,要把《青少年法治教育大纲》作为课程目标的重要参考。

知识卡

(一)总体目标

以社会主义核心价值观为引领,普及法治知识,养成守法意识,使青少年了解、掌握个人成长和参与社会生活必需的法律常识和制度、明晰行为规则,自觉尊法、守法;规范行为习惯,培育法治观念,增强青少年依法规范自身行为、分辨是非、运用法律方法维护自身权益、通过法律途径参与国家和社会生活的意识和能力;践行法治理念,树立法治信仰,引导青少年参与法治实践,形成对社会主义法治道路的价值认同、制度认同,成为社会主义法治的忠实崇尚者、自觉遵守者、坚定捍卫者。

（二）阶段目标

义务教育阶段。使学生初步了解公民的基本权利义务、重要法治理念与原则，初步了解个人成长和参与社会生活必需的基本法律常识；初步树立法治意识，养成规则意识和尊法守法的行为习惯，初步具备依法维护自身权益、参与社会生活的意识和能力，为培育法治观念、树立法治信仰奠定基础。

其中，小学阶段，着重普及宪法常识，养成守法意识和行为习惯，让学生感知生活中的法、身边的法，培育学生的国家观念、规则意识、诚信观念和遵纪守法的行为习惯。初中阶段，使学生初步了解个人成长和参与社会生活必备的基本法律常识，进一步强化守法意识、公民意识、权利与义务相统一观念、程序思维，初步建立宪法法律至上、民主法治等理念，初步具备运用法律知识辨别是非的能力，初步具备依法维护自身合法权益、参与社会生活的能力。

——《青少年法治教育大纲》

课程目标是教师制订单元教学目标和课时教学目标的依据。但是，在实施过程中要注意的是，课程目标是通过一系列的教学活动综合实现的，尤其是情感、态度、价值观目标和能力与方法目标要经过长期的培养才能达成。因此，教师要在把握整个课程目标的基础上，设计单元或课的教学目标，处理好长期目标和短期教学目标之间的关系，突出每一节课的重点和难点。

（二）课程内容的整体把握

课程内容是根据课程目标而组织的更为细化的学科知识、基本观点、价值观念等。课程内容，对教师而言意味着“教什么”，对学生而言则是“学什么”。

《义务教育品德与社会课程标准（2011年版）》确立了六个方面的课程内容：我的健康成长、我的家庭生活、我们的学校生活、我们的社区生活、我们的国家、我们共同的世界。以“我的家庭生活”这一课程内容为例，这一部分内容源自课程目标中的相关内容：“爱亲敬长，养成文明礼貌、诚实守信、友爱宽容、热爱集体、团结合作、有责任心的品质”“学会清楚地表达自己的感受和见解，倾听他人的意见，体会他人的心情和需要，与他人平等地交流与合作，积极参与集体生活”“理解日常生活中的道德行为规范和文明礼貌，了解未成年人的基本权利和义务，懂得规则、法律对于保障每个人的权利和维护社会公共生活具有重要意义”。可见，这一课程内容是对课程总体目标在家庭生活范畴的具体落实。依据课程目标，“我的家庭生活”这一课程内容分为五个部分，分布在不同的教学年级。只有明确了课程内容与课程目标的关系，教师才能够对授课内容有更加清晰的课程定位。

表2-1 课程内容示例——我的家庭生活

课程内容	教学活动建议
1.知道自己的成长离不开家庭，感受父母长辈的养育之恩，以恰当的方式表达对他们的感激、尊敬和关心（中）	1.向父母长辈了解他们养育自己成长的事例。可以结合有关的节日、纪念日，用写信或其他方式向父母长辈表达感激之情。还可以讲一则自己印象深刻的爱亲敬长的故事
2.学习料理自己的生活，养成良好的生活习惯。关心家庭生活，主动分担家务，有一定的家庭责任感（中）	2.观察和体会日常生活中父母的辛苦操劳，选择一些自己可以承担的家务劳动，坚持去做
3.懂得邻里生活中要讲道德、守规则，与邻里要和睦相处，爱护家庭周边环境（中）	3.交流自家与邻里相处的情况，讨论邻里怎样才能和睦相处。观察自家周边的公共设施，为合理使用和爱护它们提出建议，做力所能及的事
4.了解家庭经济来源和生活必要的开支。学习合理消费、勤俭节约的途径和方法（中、高）	4.向父母了解他们从事的工作、家庭经济来源，通过诸如水电、电信等费用了解家庭日常开支
5.知道家庭成员之间应该相互沟通和谅解，学习化解家庭成员之间矛盾的方法（高）	5.组织"与父母长辈沟通"的主题活动，请父母长辈一起参加。讨论怎样用平和的态度和正确的方法处理与长辈之间的矛盾

教师在组织课程内容时要把握好几个关系：

一是课程内容的规范性和个性化的关系。课程内容由国家教育行政部门通过课程标准的形式统一规定，并在教材中得以呈现，但这并不意味着教师在实施过程要拘泥于课标和教材的文本内容而没有个性化拓展。《义务教育品德与社会课程标准（2011年版）》中也提出："本课程内容为基本标准。在掌握课程标准的前提下，编写教材和开展教学活动，可根据各地区、学校和学生的实际有所拓展。"

二是课程内容统一性和生活化的关系。新课程改革的一个重要理念就是要改变课程内容"难、繁、偏、旧"和过于注重书本知识的现状，加强课程内容与学生生活以及现代社会和科技发展的联系，关注学生的学习兴趣和经验，精选终身学习必备的基础知识和技能。

三是课程内容标准性和开放化的关系。有效利用课程资源，对于丰富课程内容，增强课程的开放性、生成性和教学活力具有重要意义。因此，教师可以有意识地把校园之外的博物馆、社区、家庭都纳入课程资源的视野中来，作为课程内容的有效补充。

例如，《道德与法治》教材四年级上册第十一课《变废为宝有妙招》中，组织学生对家庭、班级和学校的垃圾状况开展调查研究，通过数据统计的形式让学生意识到绿色生活的重要性。此教学内容的安排遵循了兼具"课程内容标准性和开放化"的原则，将学生的视野从统一的课本内容转向更具个性化和开放性的真实世界。

（三）课程实施的育人取向

研究表明，课程实施有三个基本取向，即忠实取向、相互适应取向与课程创生取向。张华认为，忠实取向下的教师角色表现为课程专家所制订的课程变革计划的忠实执行者。教师就是课程的“消费者”,按照专家对课程的“使用说明”循规蹈矩地实施课程。相互适应取向下的教师则是主动的、积极的“消费者”,为了使预定课程方案适合具体实践情境,教师理应对之进行改变。课程创生取向下的教师角色表现为课程开发者,教师连同其学生成为建构积极的教育经验的主体。①课程实施的取向受课程对课程理念的体现程度及教师职业经验的限制。《道德与法治》统编教材是初次使用,在开始阶段,更多的教师可能会选择“忠实取向”来理解课程,把握教材。随着课程实施经验的不断丰富,相信有更多的教师会走向“课程创生取向”,形成课程实施的个人风格和特质。

值得强调的是,教师要注重发挥课程实施过程的育人功能。长期以来,对于教育道德性的理解,人们往往将焦点放在教育内容的价值上,忽视了教育过程本身也具有道德价值的问题。课程内容所蕴含的价值资源相较而言更为显性,更容易得到教育者的关注。教育活动的方式本身也应受到道德的规范,这就意味着,教育应排除那些诸如灌输等反道德的教学方式。②

可见,课程实施过程本身也具有育人功能。教师所选择的教学方法也是间接的道德教育和法治教育的过程。过于强调教师权威和书本权威的教师,教师“一言堂”的课堂文化,无法让学生“初步形成规则意识和民主、法制观念,崇尚公平与公正”。一个教师单向灌输、学生被动接受的课程实施过程是无法落实让学生“学会清楚地表达自己的感受和见解,倾听他人的意见,体会他人的心情和需要,与他人平等地交流与合作,积极参与集体生活”这一课程目标的。因此,课程实施过程中应该用道德的方法传递道德观念,用法治的方法培养法治思维。

(四)课程评价的育人导向

课程评价是通过一定的方式和手段,检验课程与教学计划达成度的价值判断的过程,并以此为依据进行课程的修订与改进。课程评价是检验课程改革理念是否落地、教师是否真正理解课程的“试金石”。教师只有真正理解了课程评价,才能实现对整个课程理解的“闭环”,才能实现古德莱德的“理想的课程”“正式的课程”“领悟或理解的课程”“运作的课程”“经验的课程”五个课程层次的内在统一。但是,对学生相对内隐的道德观念和法治思维进行外部评价存在一定难度。为了实现对课程的理解,教师应把握课程评价的育人导向,在评价过程中遵循如下原则:

一是认知和操行相统一。杜威在《教育中的道德原理》中明确区分了“道德观念”和“关于道德的观念”。“道德观念”意味着将相关的道德追求内化于心,成为个体所遵循的道德素养。“关于道德的观念”仅仅表现为外在的道德准则、条目,是一种非亲身获得的符号性信息。按照杜威的思路,我们在课程评价中也要区分“法治观念”和“关于法治的观念”。课程评价不能只关注学生对外在知识的掌握程度,更要挖掘其内心的“道德观念”

①张华.论课程实施的涵义与基本取向[J].外国教育资料,1999(2):28-33.

②王晓莉.“立德树人”何以可能——从道德教育角度的审思与建议[J].全球教育展望,2014(2):63-71.

和“法治观念”，及其表现出来的相关行为是否做到了知行合一，让学生从“知晓”走向“志行”，实现显性表现和隐性品行的统一。

二是过程性和总结性相统一。新课改要求改变以往课程评价过分强调甄别与选拔的功能，要发挥课程评价促进学生发展、教师提高和改进教学实践的功能。《义务教育品德与社会课程标准（2011 年版）》指出，本课程评价的根本目的在于积极促进学生发展，全面了解和掌握学生的道德和社会认知、判断、行为，以及发现和解决问题等方面的能力，以帮助教师改进教学，提高教学的实效性，保证课程目标的实现。《青少年法治教育大纲》指出，评价要全面考察青少年法治教育效果，有利于激发青少年学习法治知识、发展法治能力、提高法治素养、参与法治实践的自觉性。

我们不能简单地认为课程评价只是课程结束之后应该做的事情，相反，评价应该贯穿于教学的全过程。因此，在评价过程中，不能过于关注学生最终的知识掌握程度，从而走向“评价即纸笔测试”的误区，而应发挥评价过程的育人功能，通过观察记录、作品评价、描述性评语等评价手段，关注学生的成长过程，重视学生在课程中表现出的态度、情感、行为特征以及付出努力的程度。

三是既定性与生成性相统一。《义务教育品德与生活课程标准（2011 年版）》指出，本课程的评价应充分重视活动的生成性和儿童的实际表现，把预设与生成结合起来。课程评价过程中，如果过于关注既定课程目标的达成程度，就会让课程走向封闭。舍弃目标之外的一切实时生成和生长点，就违背了道德与法治课程开放性的特点。正如日本学者佐藤学所言，传统课程是阶梯型的，到达梯子的顶峰被视为最终价值。课程应是“登山型”的，其最大价值在于登山本身的体验及其快乐。因为课程实施过程中充满着未知和不确定性。既定的预设使课程变得机械化，甚至走向虚假。因此，在课程评价中，不能过于强调教学目标的唯一性，而更应聚焦学生学习的过程，注重课堂的真实生成，保护学生的好奇心，激发求知欲，引发学生的质疑与挑战。

课堂链接

笔者在《道德与法治》六年级上册《公民的基本权利和义务》一课的评价环节，对学生展开问卷调研。绝大部分同学对“作为公民，我们应该积极纳税”表示同意，但是有一位同学提出了质疑，认为不应该纳税。他提出：“有人贪污腐败，我们纳的税被贪污了怎么办，所以不要纳税了。”针对这一问题，我这样回应：“老师很高兴看到你对不良现象有着自己的思考。贪污腐败是国家发展过程中出现的一些个案，我们要相信在宪法和其他法律的制约下，我们国家会逐渐消除腐败现象。但是腐败现象的存在并不意味着我们就不用纳税了，纳税是我们的基本义务。”这样就有效抓住了课堂生成，更好地体现了本课程的育人价值。

本章小结

理解课程是道德与法治教师的首要任务。首先，教师要充分认识到道德与法治课程设置的意义：既是国家治理体系和治理能力现代化的现实需要，又是提升学生法治意识和道德自觉的内在要求。其次，教师要明晰课程的性质：它是一门彰显国家意志和育人价值，以学生生活为基础、以提升学生良好道德品质和法治素养为核心、促进学生社会性发展的综合性课程。最后，教师要厘清课程与课堂、课程与教材、课程与学科之间的关系，并在此基础上，整体把握课程的"目标、内容、方法、评价"四个要素，不断彰显育人价值，真正实现对课程的理解。

【知识导图】

- 理解道德与法治课程
  - 设置背景
    - 历史沿革
    - 时代背景
  - 性质追问
    - 国家意志：课程的政治属性
    - 德法共融：课程的育人属性
  - 理解框架
    - 认识课程层次
    - 厘清核心概念
    - 把握课程四要素

【理解反思】

1. 为何道德与法治课程兼具"政治属性"与"育人属性"这两个课程属性？

2. 根据美国课程理论专家古德莱德的课程层级划分理论，如何避免"经验的课程"与"理想的课程"出现较大的理解偏差？

【实践作业】

请选择一份自己或他人的课堂教学设计，对应本课程的政治属性和育人属性，全面审视该教学设计的"目标、内容、方法、评价"各个课程要素是否合理，并提出修改意见。

【推荐阅读】

1. 佐藤学．静悄悄的革命——课堂改变，学校就会改变［M］．李季湄，译．北京：教育科学出版社，2014.

2. 约翰·杜威．民主主义与教育［M］．王承绪，译．北京：人民教育出版社，1990.

第三章
理解《道德与法治》教材

法律是显露的道德，道德是隐藏的法律。

——林肯

核心观点

全面理解《道德与法治》教材，可从对教材的整体理解、单元逻辑和课题特征三方面入手。了解教材编写的主要依据、基本理念以及内容简述是读懂教材的基础与先决条件，在此基础上，通过理解主题教育与单元设计之间的关系能够更好地掌握教材编写逻辑。充分理解教材的显性、隐性与活动性特征，能更加自如地应用教材，以达到最终的育人目标。

学习目标

1. 了解《道德与法治》教材编写的基本理念、内容体系及主题教育特征。
2. 把握《道德与法治》教材单元编写逻辑与突出特点。
3. 理解《道德与法治》教材各板块特征及育人价值。

思考问题

1.《道德与法治》教材的编写依据和理念是什么？
2.《道德与法治》教材的主题教育目标是怎样呈现的？
3.《道德与法治》教材的板块设计是如何适应学生学习的？

教材是教师进行课堂教学不可或缺的要素之一，是教师的“教”和学生的“学”的蓝本和依据。教师解读教材的角度、使用教材的效度，会直接影响教师实践时的教学理念、教学策略和教学效果。

《道德与法治》教材是以马克思主义为指导思想，满足少年儿童思想道德成长需要，促进小学生基本文明素质的养成，反映人类文化成果，充分体现中华优秀文化传统的教材，对于实现“立德树人”这一教育根本任务，具有十分重要的意义。理解和把握教材的核心观点与基本理念，决定了教学目标的高度；把握教材的编写逻辑和特点，决定了教学策略的效度；熟悉教材的内容分布规律，决定了教学内容的梯度。只有站在课程的高度去把握教材，才能在教学中有效落实课程目标，实现育人价值。

第一节　教材的整体理解

教育叙事

与时俱进的教材

2019年秋季开学后，潘老师和王老师一起参加了《道德与法治》教材培训会。会后，大家一起讨论关于统编教材为什么要将“道德”与“法治”进行组合的问题。

潘老师说：“随着依法治国的深入推进，法治教育也纳入国民教育体系之中，最明显的体现，莫过于将《品德与生活》《品德与社会》改为《道德与法治》。我认为，道德与法治如同国家与社会的德治与法治一样，像鸟儿的两只翅膀，缺一不可。如果遇到了道德无法解决和评判的问题，我们就可以用法律进行规范；如果法律没有明确规定的，我们就需要用道德进行弥补，二者相辅相成、相得益彰。所以，我觉得德与法都很重要，课程名称及内容的改变和调整也代表着一种与时俱进。”

王老师说：“对一个合格公民来讲，应该既拥有高尚的道德，又拥有敬畏法律的精神。法律是最底线的道德，道德是最高标准的法律。所以，从小培养公民的道德与法治意识，对广大少年儿童来讲，十分有益。”

从以上两位教师的讨论中，我们发现课程更名为道德与法治后，不仅明确了课程定位，而且更加凸显了“德润心灵，法护成长”的育人理念，然而对于课程名称更名后这一理念是如何在教材中体现与落实，还有待于通过不断学习与实践去理解与领悟。

（北京市通州区宋庄中心小学潘玲玲提供）

为落实党的教育方针，做好连接宏观教育理念、培养目标与具体教育教学实践的中间环节工作，2014年教育部印发了《关于全面深化课程改革 落实立德树人根本任务的意见》，提出了学生发展核心素养体系。同年，党的十八届四中全会提出了在中小学设立法治课程的总体要求。教育部2016年专门拟定颁布了《青少年法治教育大纲》，提出义务教育阶段关于法治教育的相关要求。

教育部根据以上文件精神，将义务教育阶段原品德与生活、品德与社会调整为道德与法治课程，可见国家认为立德树人要从广大少年儿童的道德教育抓起，更要从法治素养的培育抓起。《道德与法治》教材中，道德与法治相互融合，鲜明体现了党的十八大提出的"用道德滋养法律，用法律支撑道德"的主体思想。对义务教育阶段的学生而言，从小学习并养成良好的行为习惯、完善的品格和具备法治理念、法治意识与法治信仰等法治素养一样重要。

一、教材编写的主要依据

（一）以课程标准为导向

《道德与法治》教材以2011年版品德与生活、品德与社会课程标准为依据，构建道德与法治课程内容体系。

2001年启动的基础教育课程改革明确指出，课程标准是我国教材编写的法定依据。《道德与法治》教材的编写，依据和遵循2011年教育部修订的《义务教育品德与生活课程标准（2011年版）》和《义务教育品德与社会课程标准（2011年版）》设计课程思路，确定内容框架和育人目标。内容框架中包括：我的健康成长、我的家庭生活、我们的学校生活、我们的社区生活、我们的国家、我们共同的世界。

知识卡

品德与社会课程设计思路

本课程以学生的生活为基础。家庭、学校、社区、国家、世界是学生不断扩展的生活领域，社会环境、社会活动、社会关系是存在于这些领域中的几个主要因素。学生的品德与社会性发展是在逐步扩展的生活领域中，通过与各种社会要素的交互作用实现的。

本课程的设计思路是：一条主线，点面结合，综合交叉，螺旋上升。"一条主线"即以学生的生活发展为主线；"点面结合"的"点"是社会生活的几个主要因素，"面"是学生逐步扩展的生活领域，在面上选点，组织教学内容；"综合交叉，螺旋上升"指的是每一个生活领域所包含的社会要素是综合的，在不同年段层次不同，螺旋上升。

——《义务教育品德与社会课程标准（2011年版）》

在遵循内容框架设计思路的基础上，各单元及主题教学也力求参照课程标准的要求去制订和实施课程教学目标。以小学《道德与法治》五年级上册第三单元内容为例，通过对比可以看到，《道德与法治》教材基本延续了《义务教育品德与社会课程标准（2011年版）》的设计思路和内容体系，进行本课程各个单元的内容体系建构。第三单元主题是“我们的国土 我们的家园”，这个单元主要包括两个主题：“我们神圣的国土”和“中华民族一家亲”。“我们神圣的国土”主要包括“辽阔的国土”“好山好水好风光”“一方水土 一方生活”三个话题；“中华民族一家亲”主要包括“中华民族大家庭”“各民族谁也离不开谁”“互相尊重 守望相助”三个话题。本单元凸显了国家认同、主权意识、文化自信、民族认同和民族团结的育人价值目标，与《义务教育品德与社会课程标准（2011年版）》的相关领域内容要求对应关系如下：

教材嵌入

五年级上册第三单元内容结构

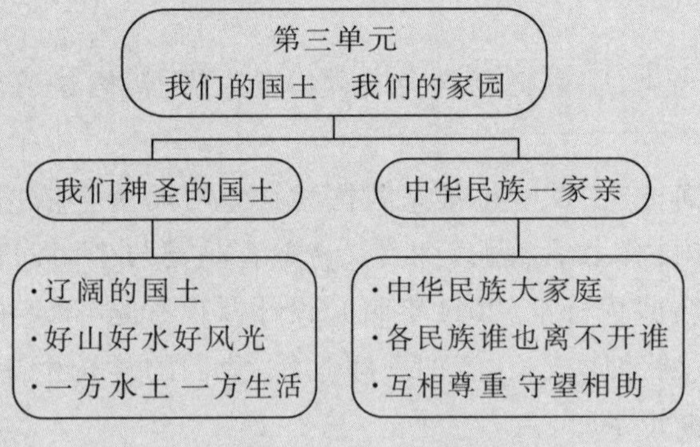

本单元对应课程标准内容

三、我们的国家

课程内容

1. 知道我国的地理位置、领土面积、海陆缰疆域、行政区划。知道台湾是我国不可分割的一部分，祖国的领土神圣不可侵犯。
2. 知道我国是一个统一的多民族国家，各民族共同创造了中华民族的历史和文化。了解不同民族的生活习惯和风土人情，理解和尊重不同民族的文化。
3. 了解我国不同地区自然环境的差异，知道并理解这些差异对人们的生产和生活方式的影响。
4. 知道我国是一个地域辽阔、有着许多名山大川和名胜古迹的国家，体验热爱国土的情。

图3-1　教材单元内容与课程标准内容对应关系图

（二）紧扣《青少年法治教育大纲》

道德教育始终是小学道德与法治课程的核心，培养法治精神是本课程的重要目标。由于课程名称的改变，教材编写除了依据上述两个课程标准外，还依据了教育部、司法部和全国普法办联合颁布的《青少年法治教育大纲》。可以说，统编《道德与法治》教材紧扣《青少年法治教育大纲》，构建系统完整的法治教育体系。

《道德与法治》教材在编写过程中，以社会主义核心价值观为主线，以宪法教育为核心，以增强规则意识、程序意识、责任意识、诚信意识等为重点，明确学习要求；以权利义务教育为本位，以贴近青少年实际、提高教育效果为目的，以构建系统完整的法治教育体系为途径，建构本课程体系。

知识卡

《青少年法治教育大纲》相关要求

建立对宪法的法律地位和权威的初步认知。了解人民代表大会制度，初步认知主要国家机构，国家主权与领土，认知国防的意义，增强民族团结意识。

初步了解公民的基本权利和义务。简要认知重要民事权利，了解法律对未成年人的特定保护；初步理解权利行使规则，树立依法维权意识，树立有权利就有义务的观念，建立对校园欺凌行为的认知和防范意识。

（三）落实《完善中华优秀传统文化教育指导纲要》

《道德与法治》教材的编写，凸显了《完善中华优秀传统文化教育指导纲要》，构建了中华优秀传统文化教育体系。《义务教育品德与社会课程标准（2011年版）》重在强调提升民族自豪感，指出对中国传统文化重视不够。2012年以后，国家发展定位开始变化，对中国传统文化的认识不断深化。2014年，教育部印发了《完善中华优秀传统文化教育指导纲要》（以下简称《纲要》）。《纲要》指出：面对新形势、新要求，中华优秀传统文化教育还存在不少突出问题，对中华优秀传统文化教育重要性的认识有待进一步提高；教育内容的系统性、整体性还明显不足；重知识讲授、轻精神内涵阐释的现象还比较普遍；课程和教材体系有待完善；教师队伍整体素质有待提升；全社会共同参与的教育合力有待加强。《纲要》强调了加强中华优秀传统文化教育的重要性和紧迫性，为贯彻落实党的十八届三中全会关于完善中华优秀传统文化教育的精神，落实立德树人根本任务，进一步加强新形势下中华优秀传统文化教育提供了保证。2017年，中共中央办公厅、国务院办公厅又印发了《关于实施中华优秀传统文化传承发展工程的意见》。

这两个文件的出台，为《道德与法治》教材的编写提供了重要依据。随着年级从低到高，教材中的中华优秀传统文化教育内容层层递进，逐步深化，有主题、成系列。既注重了传统节日、民俗、传统礼仪、积极的民间文化等方面的教育，也注意使用古代诗歌、传统格言及谚语等题材对儿童进行传统文化教育，如“快乐过新年”“团团圆圆过中秋”

等主题。同时,教材还专门设置“骄人祖先 灿烂文化”单元,集中进行优秀传统文化教育,使教材富有中国文化风格和精神气息,帮助学生建立起社会主义核心价值观与中华优秀传统文化相承接的精神链条,在完整的历史文化脉络中涵养当代中国少年儿童的良好品德。

(四)依据《关于培育和践行社会主义核心价值观的意见》

2013年12月23日,中共中央办公厅印发的《关于培育和践行社会主义核心价值观的意见》明确提出,把培育和践行社会主义核心价值观融入国民教育全过程。《道德与法治》教材的编写以此为依据,将社会主义核心价值观教育贯穿始终。

知识卡

培育和践行社会主义核心价值观要从小抓起、从学校抓起。坚持育人为本、德育为先,围绕立德树人的根本任务,把社会主义核心价值观纳入国民教育总体规划,贯穿于基础教育,覆盖到所有学校和受教育者,不断完善中华优秀传统文化教育,形成爱学习、爱劳动、爱祖国活动的有效形式和长效机制,努力培养德智体美全面发展的社会主义建设者和接班人。深化未成年人思想道德建设的思想政治教育,创新中小学德育课,推动社会主义核心价值观进教材、进课堂、进学生头脑。

——《关于培育和践行社会主义核心价值观的意见》

教材总主编鲁洁说,社会主义核心价值观内涵丰富,教材编排设计的特点主要体现在:一是依据学生心理发展水平和认知特点,引导学生由浅入深地认识核心价值观;二是联系学生的生活经验,由近及远,结合学生不断增长的年龄和阅历,促进核心价值观逐步形成;三是采取循环往复、螺旋递进的呈现方式,强化教育效果,引导学生对核心价值观的认同层层推进;四是设计多种活动形式,促进学思并举、知行合一,引导学生从不同角度、不同侧面感悟和践行核心价值观,努力做到“内化于心,外化于行”。

除此之外,《道德与法治》教材还参照了《关于全面深化课程改革 落实立德树人根本任务的意见》,以及十八大以来中央有关德育的其他文件,力求使教材客观、全面、准确地体现国家意志,加强社会主义核心价值观在意识形态领域的渗透。与此同时,《中国学生发展核心素养》框架内容也是教材育人目标设置的重要依据。

二、教材编写的基本理念

小学《道德与法治》教材编写的基本理念，可以概括为："道德与法治相互融合""以人为本，关注儿童成长"和"平等对话，陪伴引领"。

（一）道德与法治相互融合

对于道德与法治课程的更名，很多人认为只是简单的教材版本的更替，并没有认识到其背后课程改革的价值取向。其实，教材更注重的是道德与法治的相互融合。

从国家发展的角度看，良好的道德素养和法律素养是公民素养的核心。从社会和个人发展角度看，具有良好的公民素养也是现代人的内在要求。当前我国公民的道德素养和法律素养亟待提高，加强公民的道德教育与法律教育势在必行，而中小学阶段正是公民的道德素养和法律素养整体提升的关键时期。因此，在中小学阶段开设道德与法治课程，并将道德教育与法律教育进行融合，是符合未来社会发展需求的。

《道德与法治》教材的编写，凸显了道德与法治相互融合的理念，有利于促进公民素养的整体提升。在一定程度上，要想培养儿童自觉的法律意识，就必须重视道德教育。这是因为，当道德与法律背后的精神共通时，道德教育可以促进人们自觉守法。从价值层面看，凡是法律所禁止和制裁的行为，也是道德所反对和谴责的行为；凡是法律所要求和肯定的行为，也是道德所倡导和颂扬的行为。道德是法律的内在理论基础，是法律公正性得以维护和法律得以自觉遵守的必要条件，因此道德教育的深入开展有助于法律教育的进行，而法律教育的深入也能推动道德教育的进一步发展。①

那么，教材是怎样实现两者融合的？

首先，是对接儿童真实生活需求，激发他们的法律意识。比如，在三年级上册第六课《让我们的学校更美好》中，编者在一个山区儿童失学的真实情境中，嵌入《中华人民共和国义务教育法》中保障儿童受教育权利的法律条文。这种设计使得法律教育不再是远离儿童生活的法律条文，而是嵌入现实生活中的重要保障，从而让儿童觉得法律可以帮助他们过上更好的生活。

其次，教材注重深层的、隐性的融合。比如六年级上册法治教材《我们受特殊保护》一课，在让学生认识法律对儿童的特殊保护的同时，引导他们学会用法律来维护自身的合法权利，并树立起"法律红线不可碰"的法律意识。这种设计其实就是在法律教育中渗透了法治意识培养和法治精神教育。

最后，教材还注重引导学生过有道德、有智慧的生活。六年级上册法治教材中《用好法律 维护权利》一课，设计了广场舞扰民的生活案例，旨在引导学生思考：在人情与法律之间，如何抉择更有智慧？处理广场舞事件很容易，但有智慧地处理，需要学生在多种方法当中权衡利弊。学习了法治专册教材之后，学生更懂得依法维权了，在生活中也会积

①高德胜，章乐，唐燕."接上童气"——小学《道德与法治》统编教材研究[M].北京：人民教育出版社，2019.

极地借助法律解决问题。但在法律之前，尚有人情和道德的存在，选择有温度地去处理事情，未尝不是一种明智之举。

课堂链接

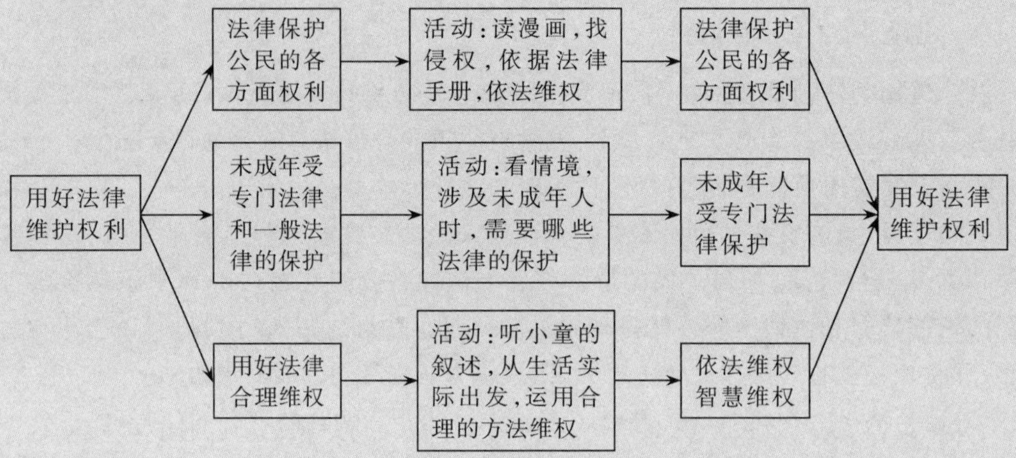

图 3-2 《用好法律 维护权利》课堂教学活动设计

综上所述，《道德与法治》教材编写中所凸显的道德与法治相互融合的理念，更好地实现了德法兼修的课程育人价值。

（二）以人为本，关注儿童成长

教材编写更加凸显以人为本的教育理念，聚焦儿童的生活与成长，着眼于儿童成长中的各种问题，以具有教育意义的生活事件作为建构教材内容的原材料。帮助学生回归生活，反思生活，建构更好的生活，这是教材编写的出发点。

如四年级下册第三课《当冲突发生》，教材开宗明义提出了“校园生活充满快乐，但也会出现一些冲突。”为了帮助学生解决校园冲突问题，教材首先选择了校园中真实的冲突事件作为切入点。用学生真实的生活场景代入，进而引导学生思考冲突为什么会发生、如何避免冲突发生等问题，引发学生产生共情，使学生乐于在真实场景中反思过往，不断改进，为建构未来更美好的生活打下基础。

（三）平等对话，陪伴引领

以同龄人的身份呈现一种民主、平等、陪伴、引导的姿态，通过与学习者对话，将教育目标隐含在儿童感兴趣的话题背后，达到润物无声的育人效果，这是教材设计和建构的基本模型。

如四年级下册第五课《合理消费》，在《那些我想要的东西》板块中我们可以看到，教材以陪伴者的身份，带领、陪伴教室中的儿童。“你特别想让父母给你买的东西有哪些？”“猜想一下，心愿卡的哪些东西父母是不会同意购买的？为什么？”“你觉得她的父母会同意购买吗？为什么？”这一系列问题以及与之相应的真实生活场景，处处体现了民主、平等、陪伴和引领的姿态。通过这样的引领和陪伴，教材让孩子们在自主、自觉、自愿的情感中解决自己购物中的一些问题，逐步学会合理购物。

三、教材内容简述

小学《道德与法治》教材内容的编写，体现了尊重儿童生活、尊重儿童认知和主题教育螺旋上升的基本特点。

（一）尊重儿童生活

课程与教材是国家意志和教育意图的体现。《道德与法治》教材在整体设计中，将国家要求渗透于儿童德育中，使二者有机结合起来，力图实现国家要求的有效落实。整套教材的设计思路是以儿童生活为基础，沿着儿童生活不断变化与发展的逻辑展开。教材的架构是根据不同阶段儿童的发展，凝练出相应的主题，构成相互联系的主题域。①

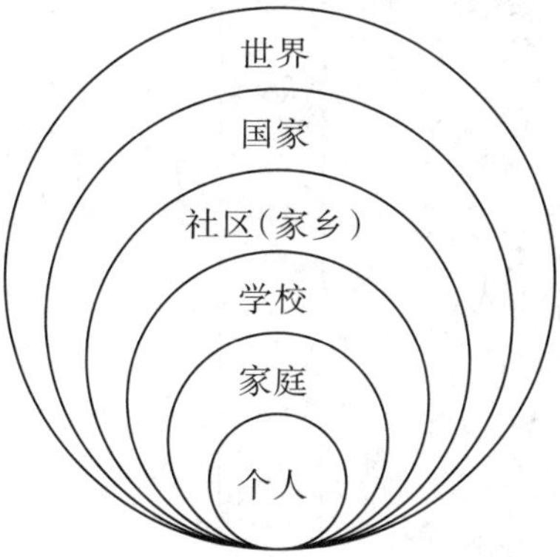

图3-3　由远及近的六大生活领域内容

小学《道德与法治》教材共十二册，四十七个单元。依据儿童不断拓展的生活空间安排了六大生活领域，按照我的健康成长、我的家庭生活、我们的学校生活、我们的社区生活、我们的国家、我们共同的世界的顺序，由近及远，以同心圆的方式逐步拓展。同一生活领域的内容，按照学习、认知程度的不同，采用螺旋上升的编排方式。在图3-4中，我们可以看到各年级的主题设置与分布情况。

①小学道德与法治教材编写组．服务于儿童的思想道德发展——理解小学《道德与法治》教材的十个要点[J]．人民教育，2017(18)：14-18.

一年级	二年级	三年级	四年级	五年级	六年级
我是小学生啦	我们的节假日	快乐学习	与班级共成长	面对成长中的新问题	我们是守护者
校园生活真快乐	我们的班级	我们的学校	为父母分担	我们是班级的主人	我们是公民
家中的安全与健康	我们在公共场所	安全护我成长	信息万花筒	我们的国土 我们的家园	我们国家机构
天气虽冷有温暖	我们生活的地方	家是最温暖的地方	让生活多一些绿色	骄人祖先 灿烂文化	法律保护我们健康成长
我的好习惯	让我试试看	我和我的同伴	同伴与交往	我们一家人	完善自我 健康成长
我和大自然	我们好好玩	我在这里长大	做聪明的消费者	公共生活靠大家	爱护地球 共同责任
我爱我家	绿色小卫士	我们的公共生活	美好生活哪里来	百年追梦 复兴中华	多样文明 多彩生活
我们在一起	我会努力的	多样的交通和通信	感受家乡文化 关心家乡发展		让世界更美好

图3-4　统编《道德与法治》单元框架目录

这些主题在各年级是怎样分布的？教材是如何依据学生不同的成长阶段，选取与学生生活关系密切的内容领域和范围分年级设置的？具体在各个年级又是怎样呈现的？我们可通过图3-5到图3-10的年级内容框架图以及具体说明进行比较和分析。

一年级上册

第一单元　我是小学生啦
1. 开开心心上学去
2. 拉拉手，交朋友
3. 我认识您了
4. 上学路上

第二单元　校园生活真快乐
5. 我们的校园
6. 校园里的号令
7. 课间十分钟
8. 上课了

第三单元　家中的安全与健康
9. 玩得真开心
10. 吃饭有讲究
11. 别伤着自己
12. 早睡早起

第四单元　天气虽冷有温暖
13. 美丽的冬天
14. 健康过冬天
15. 快乐过新年
16. 新年的礼物

一年级下册

第一单元　我的好习惯
1. 我们爱整洁
2. 我们有精神
3. 我不拖拉
4. 不做“小马虎”

第二单元　我和大自然
5. 风儿轻轻吹
6. 花儿草儿真美丽
7. 可爱的动物
8. 大自然，谢谢您

第三单元　我爱我家
9. 我和我的家
10. 家人的爱
11. 让我自己来整理
12. 干点家务活

第四单元　我们在一起
13. 我想和你们一起玩
14. 请帮我一下吧
15. 分享真快乐
16. 大家一起来

图3-5　统编《道德与法治》一年级内容框架

从以上的框架图中我们会发现，低年级学生生活范围比较小，教育主题相对比较集中。

一年级上册：基于学生的生活范围，从学校和家庭两个领域，帮助小学生适应学校新生活，建立学校生活的规则意识，懂得健康生活，感悟家的温暖，突出适应新生活的主题教育。

一年级下册：从“我的健康成长”领域出发，关注学生好习惯的养成，包括与自己、与同伴、与家庭、与大自然建立良好的关系。

二年级上册

第一单元 我们的节假日
1.假期有收获
2.周末巧安排
3.欢欢喜喜庆国庆
4.团团圆圆过中秋

第二单元 我们的班级
5.我爱我们班
6.班级生活有规则
7.我是班级值日生
8.装扮我们的教室

第三单元 我们在公共场所
9.这些是大家的
10.我们不乱扔
11.大家排好队
12.我们小点儿声

第四单元 我们生活的地方
13.我爱家乡山和水
14.家乡物产养育我
15.可亲可敬的家乡人
16.家乡新变化

二年级下册

第一单元 让我试试看
1.挑战第一次
2.学做“快乐鸟”
3.做个“开心果”
4.试种一粒籽

第二单元 我们好好玩
5.健康游戏我常玩
6.传统游戏我会玩
7.我们有新玩法
8.安全地玩

第三单元 绿色小卫士
9.小水滴的诉说
10.清新空气是个宝
11.我是一张纸
12.我的环保小搭档

第四单元 我会努力的
13.我能行
14.学习有方法
15.坚持才会有收获
16.奖励一下自己

图 3-6 统编《道德与法治》二年级内容框架

二年级上册:从公共生活中的节日、学校、社区、家乡等领域,帮助学生初步建立公共规则意识,奠基公共生活基础。

二年级下册:通过自我健康成长、与同伴游戏、环境保护、努力学习等主题,帮学生学会有创意地生活。

三年级上册

第一单元 快乐学习
1.学习伴我成长
2.我学习,我快乐
3.做学习的主人

第二单元 我们的学校
4.说说我们的学校
5.走近我们的老师
6.让我们的学校更美好

第三单元 安全护我成长
7.生命最宝贵
8.安全记心上
9.心中的“110”

第四单元 家是最温暖的地方
10.父母多爱我
11.爸爸妈妈在我心中
12.家庭的记忆

三年级下册

第一单元 我和我的同伴
1.我是独特的
2.不一样的你我他
3.我很诚实
4.同学相伴

第二单元 我在这里长大
5.我的家在这里
6.我家的好邻居
7.请到我的家乡来

第三单元 我们的公共生活
8.大家的“朋友”
9.生活离不开规则
10.爱心的传递者

第四单元 多样的交通和通信
11.四通八达的交通
12.慧眼看交通
13.万里一线牵

图 3-7 统编《道德与法治》三年级内容框架

三年级：随着学生生活领域的逐步拓展，主题内容也逐步增加。除了一、二年级已有的主题外，在三年级下册增加了社会、国家领域的内容，即“通信”和“交通”。

四年级上册

第一单元　与班级共成长
1. 我们班四岁了
2. 我们的班规我们订
3. 我们班 他们班

第二单元　为父母分担
4. 少让父母为我操心
5. 这些事我来做
6. 我的家庭贡献与责任

第三单元　信息万花筒
7. 健康看电视
8. 网络新世界
9. 正确认识广告

第四单元　让生活多一些绿色
10. 我们所了解的环境污染
11. 变废为宝有妙招
12. 低碳生活每一天

四年级下册

第一单元　同伴与交往
1. 我们的好朋友
2. 说话要算数
3. 当冲突发生

第二单元　做聪明的消费者
4. 买东西的学问
5. 合理消费
6. 有多少浪费本可避免

第三单元　美好生活哪里来
7. 我们的衣食之源
8. 这些东西哪里来
9. 生活离不开他们

第四单元　感受家乡文化 关心家乡发展
10. 我们当地的风俗
11. 多姿多彩的民间艺术
12. 家乡的喜与忧

图 3-8　统编《道德与法治》四年级内容框架

四年级：范围更加宽广，增加了信息网络、绿色消费、各行各业、传统文化等内容，从不同领域感悟家乡、祖国的变化，拓展了社会责任的相关主题和内容。

五年级上册

第一单元　面对成长中的新问题
1. 自主选择课余生活
2. 学会沟通交流
3. 主动拒绝烟酒与毒品

第二单元　我们是班级的主人
4. 选举产生班委会
5. 协商决定班级事务

第三单元　我们的国土 我们的家园
6. 我们神圣的国土
7. 中华民族一家亲

第四单元　骄人祖先 灿烂文化
8. 美丽文字 民族瑰宝
9. 古代科技 耀我中华
10. 传统美德 源远流长

五年级下册

第一单元　我们一家人
1. 读懂彼此的心
2. 让我们的家更美好
3. 弘扬优秀家风

第二单元　公共生活靠大家
4. 我们的公共生活
5. 建立良好的公共秩序
6. 我参与 我奉献

第三单元　百年追梦 复兴中华
7. 不甘屈辱 奋勇抗争
8. 推翻帝制 民族觉醒
9. 中国有了共产党
10. 夺取抗日战争和人民解放战争的胜利
11. 屹立在世界的东方
12. 富起来到强起来

图 3-9　统编《道德与法治》五年级内容框架

五年级：增加了国家领域的内容，从国土资源、中华优秀传统文化、革命传统教育等方面进行了拓展，其他主题内容逐步加深。比如，班级、家庭、公共生活等方面，随着学生进入高年级阶段，其主题教育进一步深化。

六年级上册

第一单元　我们的守护者
1.感受生活中的法律
2.宪法是根本法

第二单元　我们是公民
3.公民意味着什么
4.公民的基本权利和义务

第三单元　我们的国家机构
5.国家机构有哪些
6.人大代表为人民
7.权力受到制约和监督

第四单元　法律保护我们健康成长
8.我们受特殊保护
9.知法守法 依法维权

六年级下册

第一单元　完善自我 健康成长
1.学会尊重
2.学会宽容
3.学会反思

第二单元　爱护地球 共同责任
4.地球——我们的家园
5.应对自然灾害

第三单元　多样文明 多彩生活
6.探访古代文明
7.多元文化 多样魅力

第四单元　让世界更美好
8.科技发展 造福人类
9.日益重要的国际组织
10.我们爱和平

图3-10　统编《道德与法治》六年级内容框架

六年级上册:法治专册着重进行法治观念、法治思维意识的培养。

六年级下册:"开放的国际视野"包括保护地球、探秘世界文明、感受多彩文化、感悟和平与发展的重要意义。

通过对比各年级目录,我们不难发现,《道德与法治》整套教材的设计思路是以儿童生活为基础,沿着儿童生活不断变化与发展的逻辑展开,并根据不同阶段儿童的发展需求,凝练出相应的不同主题,构成相互联系的主题域,伴随着儿童的道德成长。

(二)尊重儿童认知

教材以生活主题的方式整合、编排学习内容,围绕主题选择知识、创设情境,将学习内容有机融入学生不断扩大的生活领域、日渐形成的社会关系以及逐步丰富的实践活动中,通过活动唤醒经验、反思生活,运用经验探究和解决问题,达到情感体验和行为参与的目的。通过对一年级上册第一单元《我是小学生啦》的观察,我们可以发现这一特征。

表3-1　一年级上册第一单元《我是小学生啦》学习内容

课	板块
1.开开心心上学去	爱新书,爱书包
2.拉拉手,交朋友	与同伴相处
3.我认识您了	与老师交往,学校行为规范
4.上学路上	交通信号,交通规则

对刚刚入学的一年级小学生而言，一个重要的活动领域就是学校，此时的事件就是新生活的开始。比如，书包会成为这一时期的儿童生活中的一个重要标志与伙伴；学校的铃声是生活中无形的指挥；教室是学校生活空间里最主要的活动场所；上课与课间是学校生活的主要内容和形式；等等。这些都是儿童新生活中的重要事件。教材遵循学生的新生活展开的路径，并找到这一路径上的典型事件，引导学生了解和认识新生活，逐步产生出亲近感，并在与新生活场域中的人进行交往以及相互作用中成长。[①]由此我们会发现，教材所选取的生活场景，来源于学生当下的生活，是学生认知发展必须经历的生活遭遇，教材适应学生所需，选取了儿童必须经历的生活事件，用这些事件把他们带回到自己的生活情境之中，去再现、反映他们在成长中体会到的美好与困惑，引发学生对生活的思考与感悟，进而引领学生过更好的生活。[②]

（三）主题教育螺旋上升

小学《道德与法治》教材依据学生心理发展水平和认知特点，联系学生的生活经验，将价值观引领贯穿始终，将“日常生活中的基本文明素养教育；规则意识和民主法治教育；爱国爱党教育和革命传统教育；中华优秀传统文化教育；爱自然（生态伦理）教育；国家领土主权教育；开放的国际视野教育”这七大主题教育融入十二册教材、四十七个主题单元的内容中，由近及远，由浅入深，逐步引导学生认识和践行社会主义核心价值观，做到“内化于心，外化于行”。

1. 主题教育突出核心价值观的引领与践行

《道德与法治》教材的编写，在原有的主题教育基础上，加强了中华优秀传统文化教育、革命传统教育、法治教育、国家主权意识教育、民族团结教育等主题内容，突出了核心价值观的引领。

（1）法治教育的内容和形式突出创新性。

在法治教育方面，有机融入法治知识，注重培养法治意识，根据党的十八届四中全会提出的“在中小学设立法治知识课程”的要求，把小学六年级上册设置为法治专册，内容集中于宪法，强化系统性。在低年级加强规则养成教育，其他册教材结合相关内容分散嵌入，确保法治教育贯穿始终，全程不断线。

六年级法治教育专册教材的编写，探索了以案例为依托，将法治思维、法治意识渗透其中的内容呈现方式。突出案例的作用，让学生直接面对法律事实，然后带着问题去学习法律知识，再用法律知识来解决问题。所选案例能够引发学生共情，本身具有震撼心灵的教育意义和育人价值，能够很好地将法治教育与道德教育结合起来。

（2）中华优秀传统文化教育突出亲切感。

中华优秀传统文化是有生命力的。教育需要做的就是将这些优秀传统文化挖掘出

①小学道德与法治教材编写组.服务于儿童的思想道德发展——理解小学《道德与法治》教材的十个要点[J].人民教育，2017(18)：14-18.

② 高德胜，章乐，唐燕.“接上童气”——小学《道德与法治》统编教材研究[M].北京：人民教育出版社，2019.

来，通过从自在到自觉的过程，提高学生认识的程度和学习的效率，增强学生对中华优秀传统文化的亲切感和认同感。因此，教材在中华优秀传统文化教育方面，设置了传统节日、民歌民谣、传统美德、民族精神、古代辉煌科技成就等内容，提高学生对中华优秀传统文化的亲切感和感受力，以此引导学生感受自身成长与中华优秀传统文化的关系，增强文化自信。

（3）爱国爱党革命传统教育突出实效性。

在爱国爱党革命传统教育方面，重视培养学生热爱祖国的情感。例如，通过升国旗、唱国歌等生活细节以及我国经济社会发展成就来培养学生的爱国情感；选取近现代中国历史上的重要人物和史实，突出“井冈山精神”“长征精神”“延安精神”“西柏坡精神”“两弹一星精神”“载人航天精神”等，培养学生爱党、爱国、爱社会主义的情感。

（4）社会主义核心价值观教育突出生活性。

社会主义核心价值观不是抽象的概念，而是有生活基础、有生命力的。找到社会主义核心价值观的生活基础，教育的效果才能得到保障。在此基础上，再结合具体教育主题，包括中华优秀传统文化、法治、国情等，由近及远，由浅入深，引导学生认识和践行社会主义核心价值观，让价值观教育做到“可见、可信、可感”。[①]

2. 同一领域教学内容逐渐加深，主题教育螺旋上升

结合图3-4中的框架，通过纵向比较可以发现，在全套教材内容中，不同年级的主题，是学生不同时期遇到的困惑，或者不同发展阶段中的问题。

教材的七大主题既不是按照年级划分的，也不是按照领域划分的，有时会在同一生活领域中融合几个主题教育。例如，一年级下册《我和大自然》主题单元中，既凸显热爱大自然、感恩大自然的生态伦理教育，同时又涉及环境保护等规则意识和民主法治教育。

最为突出的是，同一主题按照儿童在不同阶段所面对的具体问题，在不同年级做出了既有联系又有发展的安排。这样的结构处理，实现了教育主题的前后衔接、螺旋递进。这是教材编写的显著特点之一。

二年级上册 我们的班级	四年级上册 与班级共成长	五年级上册 我们是班级的主人
5. 我爱我们班	1. 我们班四岁了	4. 选举产生班委会
6. 班级生活有规则	2. 我们的班规我们订	5. 共同商定班级事务
7. 我是班级值日生	3. 我们班 他们班	
8. 装扮我们的教室		
初步树立集体意识、规则意识	强化集体意识、规则意识、民主意识	民主意识、规则意识、集体意识、平等意识的培养

图3-11　“我们的班级”主题在不同年级的教学安排

①小学道德与法治教材编写组. 服务于儿童的思想道德发展——理解小学《道德与法治》教材的十个要点[J]. 人民教育，2017(18)：14-18.

例如，“我们的班级”这一主题，教材所呈现的主题教育呈现了螺旋上升的特点。

二年级上册《我爱我们班》这一课，强调的是初步树立集体意识、规则意识，帮助学生更好地融入班级公共生活空间；进行集体生活感的培养；遵守班规，承担班级事务，培养参加班级活动的能力。

四年级上册《与班级共成长》这一单元，强化了集体意识、规则意识、民主意识；感悟班级与自我成长；班规的制订与执行；群体之间应如何相处，克服狭隘的小团体思想。

五年级上册《我们是班级的主人》这一单元，强调的是民主意识、规则意识、集体意识、平等意识的培养；对学生进行班级民主生活的教育；强调集体中民主意识的培养。

通过比较，我们明显感觉到在同一内容领域，主题教育会针对学生在不同时期遇到的问题和学习需求，内容逐步加深，主题教育不断提升。

再如“我的家庭生活”领域内容，教材所呈现的主题教育螺旋上升的特点也非常明显。

一年级上册 我爱我家	三年级上册 家是最温暖的地方	四年级上册 为父母分担	五年级下册 我们一家人
9.我和我的家	10.父母多爱我	4.少让父母为我操心	1.读懂彼此的心
10.家人的爱	11.爸爸妈妈在我心中	5.这些事我来做	2.让我们的家更美好
11.让我自己来整理	12.家庭的记忆	6.我的家庭贡献与责任	3.弘扬优秀家风
12.干点家务活			
突出理解家人和家庭爱的情感	强调对家长的理解和对家人爱的行为和能力，对家庭历史的了解	强调对父母的体谅和家庭中应承担的责任	强调家庭民主、家庭和谐及家风

图3-12　“我的家庭生活”内容领域在不同年级的教学安排

“我的家庭生活”领域内容，一年级下册《我爱我家》这一单元，强调理解家人和家庭爱的情感；三年级上册《家是最温暖的地方》这一单元，强调对家长的理解和爱家人的行为和能力，对家庭历史的了解等；四年级上册《为父母分担》这一单元，强调对父母的体谅和在家庭中应承担的责任；五年级下册《我们一家人》这一单元，强调家庭民主、家庭和谐及家风。由此我们可以发现，教材的同一领域，是按照内容层次逐渐加深、主题教育螺旋上升的特点来编写的。

第二节　教材的单元逻辑

课堂链接

主题教育进行时

2019年秋季一开学，徐老师和贺老师拿到统编《道德与法治》五年级教材。他们迫不及待地打开目录，与五年级《品德与社会》教材对比，想看看新旧教材在结构和内容上有什么差异。

通过对比，两位老师发现新教材的单元和主题目录发生了很大变化。《品德与社会》五年级上、下两册教材中，用五个单元所呈现的那些系统、完备的地理、历史知识，在《道德与法治》教材中仅仅用了两个单元、五课内容予以呈现。徐老师对此很是不解：难道是因为增加了法治专册，并在每课中都渗透法律知识的缘故，就削减了地理、历史知识的容量了吗？难道地理、历史知识就不重要了吗？

贺老师则认为，从表面上看，新教材的地理、历史内容的确减少了，但保留下的内容经过梳理、归纳，更加注重知识的综合性，以主题教育的形式出现，大大增强了育人价值！

看到两位老师的对话，很多老师都会有同感，对教材内容呈现形式的变化，我们该如何站在课程育人的角度去理解和把握每个单元的主题教育逻辑，才能落实育人目标，需要不断思考和实践。

（北京市通州区永顺小学贺思婕提供）

《道德与法治》教材依据《义务教育品德与社会课程标准（2011年版）》《青少年法治教育大纲》《中国学生发展核心素养》等文件编写而成。教材单元设置的作用是将六大领域、七大主题的相关知识，进行大概念与大主题的统一整合与归纳，最终落实相关的核心素养。

从教学的角度说，单元教学是从知识到素养的桥梁。维果茨基认为，单元是不能再分解的整体的活的组成部分，具有整体所固有的一切基本特性。核心素养是人格品质和关键能力的总体描述，是对今天公民时代的公民素养的高度概括。核心素养的下位是学科素养，再下位是单元设计，最下面一层是课时计划。一线教师需要基于这些环节，展开日常教学。

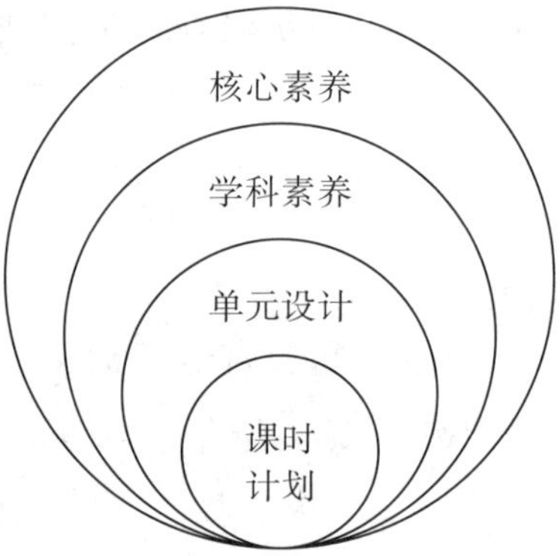

图3-13 核心素养、学科素养、单元设计、课时计划的关系

对教材单元的解读是实现课程育人目标与每节课教学目标的关键环节。对教材单元整体内容的理解程度,直接影响到对教材中每个主题、每个话题的理解和把握。

一、主题教育与单元设计相结合

从单元总体设计来看,《道德与法治》教材是根据儿童成长中遇到的重要事件、问题,情感态度价值观的形成,社会技能和探究技能的发展而设计的,单元设计的背后指向一个个教育主题。

(一)单元是学生学习活动所指向的问题域

《道德与法治》教材每册一般包括四个相对独立的单元主题,其内容符合学生年龄特点和认知需求,体现了儿童化、生活化和法治化。这些单元主题在教材中具有非常重要的作用。

根据教材的教育属性,《道德与法治》教材框架改变了以往偏重于知识逻辑的教材单元结构,探索以学生学习活动所指向的问题域作为教材的基本结构。针对学生面临的重要生活事件与要解决的发展性问题,教材设置了相对集中的教育主题。这些教育主题蕴含在不同生活领域的话题之中,通过各册相对集中的单元设计来实现。

首先,六大领域的主题内容,在不同年级、不同册次均有不同程度的体现。例如,"我的健康成长"这一领域内容,在不同册次就是螺旋上升的。这说明教材的单元主题设计是基于学生成长需求考虑的。学生在自我成长过程中,会经历许多问题,而教材的单元设计就是根据学生在不同成长时期所遇到的问题,设计了一个个能够引导学生参与活动的单元问题域。比如,一年级提出"我的好习惯";二年级提出"让我试试看";三年级提出"快乐学习";四年级要面对"同伴交往";五年级会"面对成长中的新问题";到了六年级需要"完善自我,健康成长";等等。教材通过一个个指向鲜明的探究活动,引导学生对不同时期的成长问题进行探究和反思,最终实现不断完善、健康成长的教育目标。

其次，当教材把单元定位在学生参与活动所指向的问题域时，教材的单元架构不再以系统知识作为编写逻辑，而是更加注重体现知识背后的育人价值。以四年级下册教材为例，共有四个单元，分别是《同伴与交往》《做聪明的消费者》《美好生活哪里来》《感受家乡文化 关心家乡发展》。

四年级下册涉及的生活领域和学习主题

第一单元　同伴与交往
1 我们的好朋友
2 说话要算数
3 当冲突发生
自我成长领域
同伴交往主题

第二单元　做聪明的消费者
4 买东西的学问
5 合理消费
6 有多少浪费本可避免
社区生活领域
理性消费主题

第三单元　美好生活哪里来
7 我们的衣食之源
8 这些东西哪里来
9 生活离不开他们
社区生活领域
各行各业主题

第四单元　感受家乡文化　关心家乡发展
10 我们当地的风俗
11 多姿多彩的民间艺术
12 家乡的喜与忧
社区生活领域
家乡文化主题

图3-14　四年级下册涉及的生活领域和学习主题

从单元目录中我们会发现，这四个单元的主题名称设计凸显这一特征。单元主题向师生展示的不再是关于同伴交往、理性消费、各行各业、家乡文化四个领域的知识体系，而是学生进行自主探究所指向的四个问题域。

四年级的学生处于从中段向高段转换的时期，将有自主和独立交往的需求和能力了。与此同时，他们在同伴交往中会面临朋友交往、矛盾冲突等诸多问题，需要掌握交友技巧，学会辨别益友和损友，同时还要学会化解矛盾和冲突。教材的第一单元《同伴与交往》就是这种探索所指向的问题域，包括珍惜友谊、善交益友、言而有信、包容理解，学会用正确的方法化解冲突、应对欺负等。

其他三个单元，也都是按照这样的思路设计和建构的。

（二）单元主题凸显教育的价值导向

单元作为学生学习活动所指向的问题域，是学生参与学习活动的外在情境，其背后所要达到的目的是教育的价值导向。

就上述四个单元来说，第一单元《同伴与交往》的价值导向是对个人成长中“掌握交往技能、具备交往品质”的探索，落脚点是“我的健康成长”；第二单元《做聪明的消费者》中的“聪明”就是价值导向，是对社区生活领域中“理性消费、文明节俭”的探索；第三单元《美好生活哪里来》所体现的价值导向，是对“尊重各行各业的劳动者以及他们的劳动成果，认识到劳动是美好生活的源泉”的探索；第四单元《感受家乡文化 关心家乡发展》的价值导向是对“知家乡、爱家乡的公共参与意识”的探索。

《道德与法治》教材的单元主题具有鲜明的价值导向，但这种价值导向的给予不是生硬灌输，而是隐藏于学生学习探索的问题之中的。

(三)单元主题教育凸显时代精神

《道德与法治》教材的单元主题目标凸显了时代精神，社会主义核心价值观贯穿始终。以五年级下册教材为例，我们会明显发现这一特征。

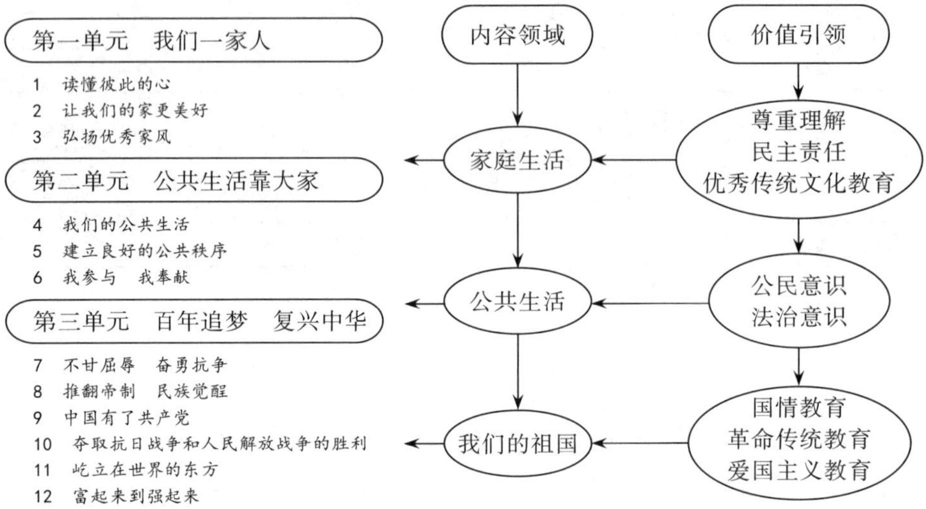

图3-15　教材单元主题与时代精神关系图

五年级下册第一单元《我们一家人》，除了围绕家庭这一主题呈现“尊重、理解、民主、责任”外，还增加了关于家风建设的内容，这也与当今的时代要求更加契合。家风是优秀传统文化教育的一个载体。《关于实施中华优秀传统文化传承发展工程的意见》中提出：“广泛开展文明家庭创建活动，挖掘和整理家训、家书文化，用优良的家风、家教培育青少年。”

本单元增加的这一主题教育内容，目的是帮助学生体会优秀家风蕴含着中华传统美德，理解优秀家风是国家发展、民族进步、社会和谐的基础，从思想上树立起学习和传承家风的自觉意识。

第二单元《公共生活靠大家》是公共生活的问题，在低段和中段更多强调规则意识，但是到了五年级更加凸显公共空间、公共秩序、共建共享、共同承担等。在公共生活空间，我们应该做些什么？我们能做什么，不能做什么？不论课程标准角度还是核心素养角度，都指向如何更好地提升学生的社会参与意识，而社会参与意识直接指向核心素养中的社会责任这一重要元素。不仅如此，本单元主题将规则教育、公民教育、法治教育、权利与义务教育融为一体，育人价值鲜明地体现了社会主义核心价值观教育。

第三单元是《百年追梦 复兴中华》。这一单元以历史为载体，更多强调的是革命传统教育、爱国主义教育。教材通过众多历史事件和英雄人物故事，呈现的是不同时期的精神，如“红船精神”“长征精神”“两弹精神”等，无不凝聚着以爱国主义为核心的民族精神和改革创新为核心的时代精神，这些都是中国精神的显性体现。

在六年级法治专册教材中，这一特色更加凸显。

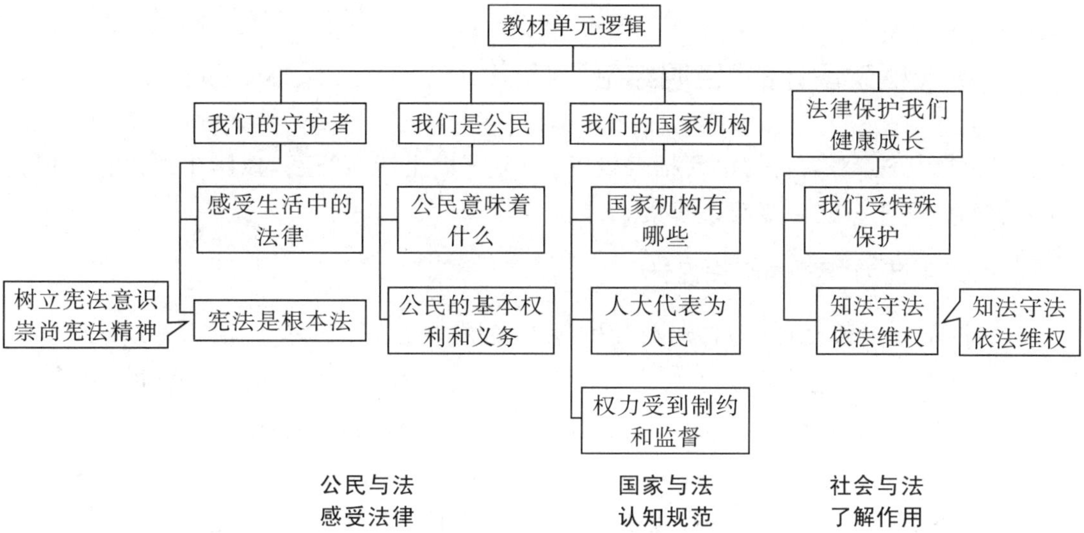

图3-16 六年级上册法治专册教材结构图

六年级法治教材以专册的形式聚焦法治主题，以宪法教育为核心，以增强规则意识、程序意识、责任意识、诚信意识等为重点，以建构系统完整的法治教育体系为途径，设置了四个单元。

第一单元《我们的守护者》，以学生熟悉的日常生活为切入点，感受身边的法律，认识我国的法律体系，感受公民与法的关系，了解法律在生活中的作用，从而引导学生树立宪法意识，崇尚宪法精神。

第二单元《我们是公民》，由“公民身份”与“公民的基本权利和义务”构成逻辑主线，促进学生公民意识的提升，增强作为中国公民的责任感和荣誉感，激发爱国情感，让他们懂得自觉维护中国公民的声誉和形象。这些内容直指社会主义核心价值观的内容，也是时代发展的需求。

第三单元《我们的国家机构》设置了三个主题，突出以宪法精神为主线，将公民的基本权利和义务、国家基本制度、国家机构等内容串联起来。通过本单元的学习，引导学生树立制度自信，增强国家认同，培养学生积极参与公共事务、关心国家发展的国家观念。这些内容是社会主义核心价值观的显性体现。

第四单元《法律保护我们健康成长》是法治专册学习的落脚点。本单元更加注重法律的实际应用，培养学生运用法律解决实际问题的意识，引导学生进一步树立规则意识、敬畏法律，养成遵纪守法的行为习惯。在此过程中，学生对依法治国、依法办事产生更深层次的认同，这也是提升国家认同的重要途径。

在整套教材中，社会主义核心价值观贯穿始终，有的主题教育的核心观点是显性的，有的则是隐性的。通过无数个主题的渗透，社会主义核心价值观教育融入了育人过程中。

二、单元框架设计的“经明纬暗”

《道德与法治》教材的单元框架设计，凸显了以生活为“经”、以学生的内在发展为“纬”的逻辑，突出一明一暗两条线索。

（一）以生活为“经”的明线设计

教材的单元框架设计，即各册单元的逻辑安排，突出了以学生生活为主线的明线设计。具体表现在，其内容编排主要通过时间或空间线索交织呈现的各种事件和问题展开。这里的空间主要指自我、家庭、学校、社区、国家和世界这六大领域。

每册教材一般分为四个单元，这四个单元有时是一个主题，有时是多个主题；有些联系紧密，有些相对独立；也有些看似独立，但并非毫不相关，四个主题之间往往有一些承接或者铺垫的关系。但每个单元分别为独立领域，按照学生生活的线索来设计编排。

如一年级上册的教育主题是“适应新生活”，围绕这一主题设计了四个单元，每个单元随着学生生活的不断变化，不断转换空间和时间。

第一单元的空间逻辑是从家庭到学校，主要针对学生“学校生活的开始”这一重大事件展开。第二单元的逻辑是由学校生活的空间向学校生活的形式与内容转移，主要围绕“上课”和“课间”展开。第三单元的空间逻辑又转到了家庭生活，主要围绕有学校生活介入后家庭生活的变化展开。第四单元的空间逻辑转到大自然中的季节变化，主要围绕季节变化对生活的影响以及新年这一重要节日展开。在空间逻辑的变化和时间的推移中，始终围绕新生活进行拓展和延伸，隐含着学生身份的重大转变，引导学生以积极的心态适应学校生活这一新的生活形式。

（二）以学生内在发展为“纬”的暗线设计

教材的单元主题教育设计，突出了以学生内在发展为主线的暗线设计。具体表现在，每个单元相对集中的主题教育隐含于教材内容的设计中。这里的主题教育主要指：日常生活中的基本文明素养教育；规则教育和民主法治教育；爱国爱党教育和革命传统教育；中华优秀传统文化教育；爱自然（生态伦理）教育；国家领土主权教育；开放的国际视野教育。

比如六年级下册教材四个单元的构成逻辑，从范围上看，是从小到大、从个人成长到了解国家和世界的多元发展；从内容上看，是从自然世界到人文世界；从时间上看，是按照了解过去、面对现在、创造未来的顺序排列的。就学生内在发展的线索来看，第一单元

《完善自我 健康成长》中蕴含着尊重、宽容、反思的教育主题，这也是后面单元主题学习和理解的基础。同时，后面三个单元在价值上有一个共同的落脚点，就是人与自然、人与环境、人与社会生活的关系，提示人类要尊重、欣赏多样的环境和文化，反思人类行为的种种后果，注重可持续发展。这一落脚点符合学生的社会发展需求，目的是引导学生将目光放到自己所面对的生活世界，了解过去，探究现在，初步形成价值判断，并指导行为实践。

三、主题教育在单元中层层落实

教材每个单元一般设置两到四个课题。除五年级下册仅三个单元外，其他每册教材均为四个单元。每个单元中的各课承担着不同的任务，实现层层递进、逐步落实的教学目标。因此，我们在理解教材的过程中，一定要从单元的角度，去研读每一节课。

（一）落实主题，层层递进

以五年级下册第一单元的内容为例，单元目标是：懂得用心体会家人的爱，理性面对问题，主动与家人交流沟通；懂得家庭中的责任分担与民主协商，逐渐形成家庭主人翁意识；了解并理解家风背后的中华民族传统美德以及中华民族精神，懂得家风对个人成长、国家发展、民族进步、社会和谐的重要意义，并借助各种形式宣传优秀家风。

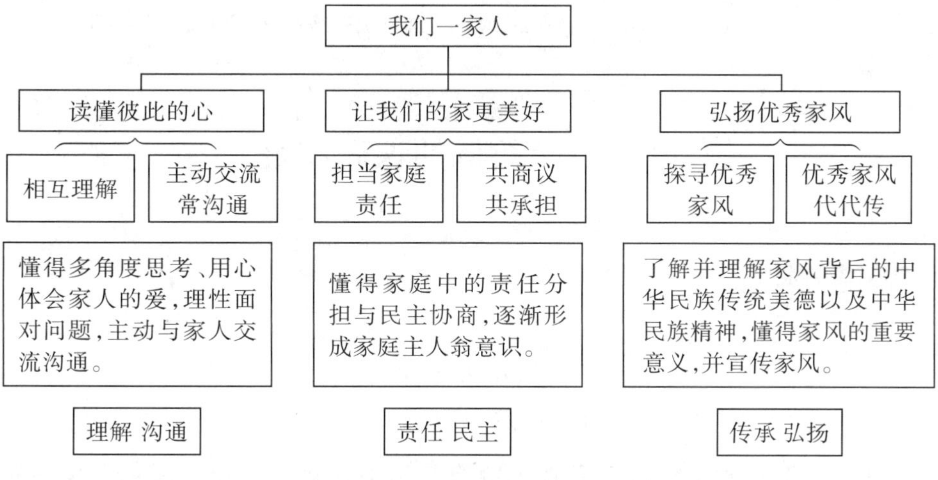

图 3-17　五年级下册第一单元《我们一家人》主题结构图

本单元通过三个主题，引领学生经历从小家庭到社会再到国家的认知提升。主题一重在培养学生与家人之间理解和沟通的能力与情感；主题二重在落实家庭责任的分担与民主协商；主题三是在前两课学习的基础上进行更高层次的探索学习，即对家庭文化的思考与探索，重在家风的传承与弘扬。教材通过三课引导学生建立起家庭生活与社会生活、国家发展的联系，从理解沟通到责任担当、民主协商，最终陶养家国情怀。纵观整套教材，很多单元的课题编排都体现了主题教育在单元中层层递进的逻辑特点。

（二）聚焦主题，各有侧重

以下是四年级下册第二单元的内容，单元目标是：学习并掌握购物的知识与技巧；培养良好的购物习惯，做文明的消费者；认识到消费者要维护自己的合法权益，有一定的维权意识。

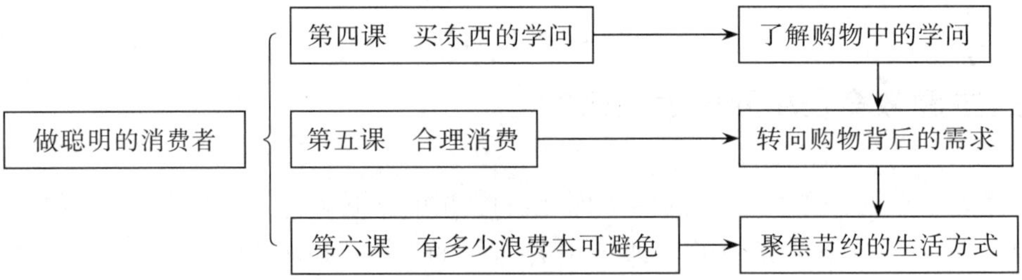

图3-18　四年级下册第二单元结构图

本单元共安排了“买东西的学问”“合理消费”和“有多少浪费本可避免”三个主题，目标分别指向购物知识、规则以及消费观念。与此同时，主题三“有多少浪费本可避免”又承接了第三单元主题“美好生活哪里来”，为其做好铺垫。三个主题从不同角度展开，但最终目标都指向生活中的智慧。

单元是一个整体，教师应依据单元目标，分析单元内各组成部分的内容应承担的教学功能以及相互之间的关系。同时，结合城乡儿童的生活实际，确定教学内容。

第三节　教材的课题特征

教育叙事

主角与配角

一如既往充实而又忙碌的周一，张老师和徐老师打开《道德与法治》教材，准备着一周的教学任务。在你一言我一语的交流中，两位老师对《道德与法治》教材中不同板块的功能展开了一次讨论。

张老师说：“我觉得教材里的正文部分最重要，是主角。教学的时候，一定要让学生认真用笔标记出来，并像背课文一样背下来，因为正文往往都是重要的结论和育人观点，都是提炼出来的精华内容。至于其他板块嘛，就像配角，无须花费太多精力，重点关注正文这个主要角色就可以了。”

但徐老师并不认同，他说："我觉得《道德与法治》教材的板块设计和以往教材有很大不同，每个板块都有不同的功能。无论主角配角，都是推动情节发展的重要环节，甚至有的配角可以为整部作品增光添彩，主角配角都在，才是一个完整的作品。因此，我们在备课的时候一定要认真研读整课教材内容。特别是'活动园'里的活动设计，给我们提供了组织学生活动的方法。我还发现'活动园'里的内容很贴近学生生活，引出的问题也是学生现实生活中出现的真问题，能够更快地引起学生共鸣，展开讨论与思考。这些活动环节就像出彩的配角，让整本教材更加立体、生动。所以我觉得新教材在教学中使用起来很顺手，也更精彩。"

对于两位老师活跃地讨论，你是否有同样的感想，是否认为德育教材的正文都是重要观点和结论？教材设计了哪些板块，其功能和特征又是怎样体现育人价值的，需要我们在每个主题中去深入了解。

（北京市通州区西集镇中心小学徐潇提供）

2019年秋季，小学《道德与法治》统编教材全面进入课堂。这套教材在总体架构、单元主题以及内容呈现等方面都有所创新，其中之一就是贴近学生生命成长需求的学习活动设计。这种设计打破了以往德育教材的灌输、说教结构，实现了教与学的互动共生，为学生生命的投入创造了条件。既建构了基于儿童生命经验的道德学习方式，也为教师的教和学生的学搭建了桥梁。我们在研读教材的过程中，在整体把握教材和了解单元主题逻辑之后，还要把握教材的板块特征。

一、学习活动：教材的显性特征

学生是学习活动的主体。为了实现这种定位，本套教材显性呈现了学生的各种学习活动，而对教师的教则做了隐性处理。教材的显著特征是围绕学习活动来设计。单元不再是德目体系，而是学习活动所指向的问题域；课文题目不再是灌输、说教的主题，而是学习活动的主题；二级标题不再是知识框，而是学习活动的名称；正文不再是需要灌输的思想观点、说教的内容，而是学习情境的引入，学习活动的导入，活动间的连接、过渡与转换，观点的自然生成、总结提升，是学习活动的有机构成。板块不再是说教的补充材料，而是不同类型的学习活动。

（一）教材正文：学习活动的有机构成

教材，尤其是德育教材，都是有正文的。一般德育教材的正文都是观点表达。常用的正文模式是课文开头亮明一个总体论点，然后从几个分论点进行论证，最后则是归纳总结。这样的正文，体现的是内容逻辑、论证逻辑、劝说逻辑。而这样的逻辑，将学习逻辑、教学逻辑排斥在外，不但招学生反感，更违背了教材的教育属性。本次教材的正文是学习活动的有机构成，教材编写重新界定、设计了正文的功能。①

我们以四年级上册第七课《健康看电视》为例来看教材正文功能的具体呈现。

教材第一板块“神奇的‘宝盒’”这一标题，也是一个活动名称，将电视比作神奇的“宝盒”，激发学生学习的兴趣，一起探索这个神奇的“宝盒”有多神奇，明确指出我们可以从电视这个“宝盒”中取得多样的收获。

正文从电视这个神奇的“宝盒”中变幻的世界入手，其作用是：将学生引入一个新奇有趣的学习情境之中，引导学生回顾平时看电视的日常生活经历，并思考电视中还存在哪些神奇的世界，目的是让学生认识到电视在成长中的积极作用，启发学生在分享内容中获取信息，找寻“宝盒”里的“宝贝”。

教材第二板块，“眼睛的‘抗议书’”这一标题也是一个活动名称，站在眼睛的角度发出抗议，明示了这部分内容是让学生体会久看电视时，眼睛受到的各种伤害。

正文以问题的形式出现，其作用是：让学生体会眼睛受伤害后的真实感受，并站在眼睛的角度思考，由此导入学习探究活动“自己写一封眼睛的抗议书”。

教材第三板块的标题“别让它抢走太多”也是一个活动名称，明示了这部分内容就是让学生围绕“我们被电视抢走太多”这一观点进行学习。

正文以叙述的形式呈现，其作用是：从回顾丰富多彩的电视节目，过渡到“别让它抢走我们太多”这一新的学习探索活动，引导学生思考、讨论电视都抢走了我们什么。目的在于让学生进行反思，并做到自己主宰自己的生活。

在学生思考、讨论“电视都抢走了我们什么”这一问题后，教材中所呈现的第二段和第三段正文，所起的作用又有不同。

正文让学生更加直接地认识到，看电视不能影响正常的学习和生活，由此引入活动“动画片风波”，让学生更加深刻地理解电视的利弊。第一句话起到总结提升的作用，让学生清楚地认识到看电视有约定的重要性，并学会发扬电视的利，避免电视的弊。第二句话则是“看电视的约定”这一活动的导入，更是一种行为指导，引导学生通过小组合作，制订“看电视的约定”。

（二）栏目丰富，指向鲜明

教材设置的栏目十分丰富，如“活动园”“交流园”“阅读角”“故事屋”等，各栏目指向鲜明，各具功能，相得益彰。

1.“活动园”

“活动园”是主导性的栏目，数量、种类最多，为了节省版面，诸多本来属于“活动园”这一栏目的设计，直接与正文连接在一起，不再用“活动园”这一栏目来标识。

归在“活动园”栏目下的活动，既包括班级内的现场活动，也包括课外社会学习活

①高德胜．以学习活动为核心建构小学《道德与法治》教材［J］．中国教育学刊，2018（1）：1-8.

动。班级内的现场活动，既可以是小组、全班性的群体活动，也可以是指向个人的个体活动。指向个体的活动，可以是外化的、动手的活动，也可以是内在的静默、反思活动。①

2.“交流园”

“交流园”既包括经验、观点交流和思想分享活动，也包括观点碰撞活动。在这里，对同一问题，不同的人有不同的经验，每个人贡献出自己的经验，也可分享他人的经验，从他人的经验中获得启发。如三年级上册第六页的“玩要对我们来说是很重要的学习途径。说说自己在玩要中学到了什么？”就是关于玩要经验的交流与分享。

对有争议的问题，大家立场、观点不同，可以进行讨论、辩论，可以小组讨论、辩论会的形式出现。

“交流园”与“活动园”有交叉的地方。经验、观点、办法的分享与交流，甚至是观点的讨论与争辩，其实也是一种学习活动。“交流园”也可归在“活动园”之下。将“交流园”与“活动园”区分开来，是因为“交流园”里的活动主要是借助话语进行，而“活动园”里的活动虽然也有话语交流，但还需有其他感官的参与。

3. 阅读栏目

教材中设计了“阅读角”“故事屋”“美文欣赏”等栏目，这些都属于阅读栏目。

“阅读角”是知识的拓展和延伸，让学生在独立阅读中去体悟、反思，增加对所学内容的理解与拓展，所起到的作用也是不容忽视的。“阅读角”选择的阅读材料类别比较多，或者是来自同龄人的作品，或者是适合儿童阅读的寓言、童话，或者是带有哲理性的文章，或者是突出主题及核心观点的拓展性内容。

教材五年级上册第九课《古代科技 耀我中华》，在《改变世界的四大发明》中设计的“阅读角”以图文的形式呈现了造纸术的传播这一重要内容，旨在引导学生通过阅读，了解中国古代造纸术在世界的传播和影响，引导学生更加深刻地体会中国古代的四大发明对人类社会发展和世界文明进步产生了深远影响，做出了巨大的贡献。

“故事屋”里的材料则是故事性强的文章，例如小学《道德与法治》三年级下册《我很诚实》一课的“故事屋”栏目。

教材在《我很诚实》这一主题学习中，呈现《明山宾卖牛》的故事，向学生进一步表明诚实还表现在不对当事人隐瞒事情的真相，哪怕自己的个人利益受到一些损失，也应当实情实报，实话实说。

这个故事不但深层次地揭示了诚实的具体行为表现，也间接说明诚实是中华民族的传统美德，既可激发学生兴趣，增强教材的亲和力，又将抽象的道理蕴藏在有情节的故事之中。

再有，“美文欣赏”里的文章多是来自名家的经典作品。如三年级下册的《同学相伴》一课。教材呈现了陈文芳的美文《温情的大雁》，旨在通过大雁的群体意识，引导学生进

①高德胜.以学习活动为核心建构小学《道德与法治》教材[J].中国教育学刊，2018(1)：1-8.

一步体会同伴之间要互相帮助、不让一个人落下的集体意识。

阅读本身就是一种活动，阅读栏目也是学习活动的补充。同龄人的经验、遭遇和命运，可以通过“阅读角”进入课堂；人类思想文化的成就、通俗易懂的哲理，则是对现场活动、社会学习活动、班级交流活动的指引或提升；人类情感体验的精华，可以与学生的情感体验相互印证、共鸣。

4. 资料性栏目

教材中的“知识窗”“相关链接”“小贴士”属于资料性栏目，它们共同的定位是学习活动的辅助。学习活动也需要知识性准备，“知识窗”则是知识性内容的拓展。“相关链接”是与学习活动相关的事件、事实的呈现，目的在于为学生的学习活动提供参考、范例和借鉴。“小贴士”主要是学习探索活动中注意事项的提示，尤其是方法和安全方面的提示。如教材中有不少调查类活动，伴随调查活动的“小贴士”就是调查方法的提示和安全事项的提醒。

知识窗 有下列行为之一的，处五日以下拘留或者五百元以下罚款；情节严重的，处五日以上十日以下拘留，可以并处五百元以下罚款： …… （三）盗窃、损毁路面井盖、照明等公共设施的。 ——《中华人民共和国治安管理处罚法》第三十七条	教材三年级下册《大家的“朋友”》中“知识窗”的内容，是与本课内容相关的法律条文《中华人民共和国治安管理处罚法》第三十七条
小贴士 在我们的生活中，并不是所有的要求都能得到满足。我们可以做到： 1. 体贴父母，想想父母的辛苦和难处，不提让父母为难的要求。 2. 不赶时髦，不要攀比。	教材四年级下册《合理消费》中的“小贴士”，引导学生学会合理消费

图 3-19　教材中的资料性栏目

二、“统一”与“结合”：教材的隐性特征

（一）生活逻辑与知识逻辑相统一

杜威认为，教育就是儿童现在生活的过程，而不是将来生活的预备。他说：“生活就是发展，而不断发展，不断生长，就是生活。”因此，最好的教育就是“从生活中学习、从经验中学习”。教育就是要给儿童提供保证生长或充分生活的条件。

任何教育活动都不能脱离真实的生活，德育课程更是如此。为此，《道德与法治》教材在内容呈现上，注重贴近学生生活，反映儿童生活。整套教材的设计思路是以儿童的

生活为基础的，沿着儿童生活不断变化与发展的逻辑展开。

如四年级上册《这些事我来做》一课，就是通过这样的设计来关注学生的真实生活的。

教材在《不让做 怎么办》中，第一个环节是一个活动。编写者试图通过家人出于担心不让孩子做家务的各种阻拦的现实情境，引导学生从他们遇到的真实情况出发（从关心和关注自己的生活开始）；同时，结合教材中提出的问题，即“大人为什么不让我们做家务呢？你有过类似的苦恼吗？说给大家听听”来引发学生对自己所遇到的问题进行思考（反思自己的生活）。

在此基础上，教材接着通过讨论他人的信，呈现他人解决同类问题的智慧，以“从这封信中，你学到了哪些与父母沟通的智慧呢”引导学生借鉴别人的沟通技巧，反思自己平日里是如何与家长沟通的（价值引领）。

随后，教材提出了一个引发学生付诸实践的问题，即“如果你也遇到这样的情况，你准备写一封怎样的信与大人沟通，使他们理解你呢？”教材中给学生留白，让学生能够写出自己说服家长的理由（价值践行）。

最后，教材设计了“送魔石”的环节，引导学生通过三块魔石，即“道理魔石”“恒心魔石”“巧思魔石”，学会说服家人让自己做家务的策略。在满足学生心理需求的同时，引导他们意识到，做家务要有意识、有恒心、有技巧（价值认同）。这是心理策略和行为策略的指导环节，引导学生在生活中真正做到愿意做家务，有机会做家务，学习做家务（改变自己的生活）。

从以上案例分析中，我们发现，教材的编写是沿着学生已有的生活，引发反思，在不断解决问题中提升价值认知、价值认同，最终达到价值践行的。教材自始至终强调学生的生活逻辑与教材的知识逻辑的和谐统一，在真实的生活情境中提升学生的道德水平，促进社会化发展。

（二）价值引领与生活实践相结合

关注学生的真实生活，不仅要从学生的真实生活出发，还要关注知行统一的教育。因为教育只有落实到学生真实生活的转变上，才能算是真正提升了实效性。因此，本套教材非常重视通过对学生的价值引领，转变学生原有的生活，引导学生过更好的生活。

如在四年级上册《变废为宝有妙招》一课中，编写者不仅从价值引领的角度，引导学生了解垃圾增多的危害和垃圾中的资源浪费，还通过回到学生的具体生活中，引导他们从自己的家庭生活、班级生活和学校生活等领域实践垃圾分类、变废为宝的生活方式，实现了从价值引领到践行的过程。

又如五年级下册第一单元《我们一家人》设置了三课，分别是《读懂彼此的心》《让我们的家更美好》和《弘扬优秀家风》。第一课有两个板块：《相互理解》和《主动交流常沟通》。

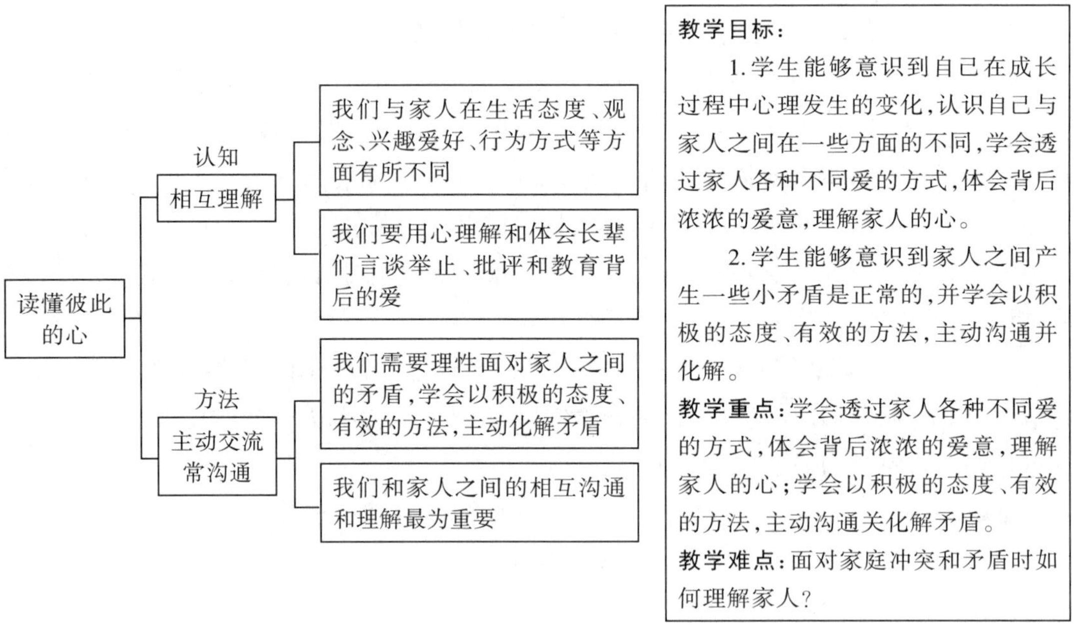

图3-20 《读懂彼此的心》结构、内容分析图

《相互理解》中，更多的是认知层面的内容，目的是帮助学生意识到自己在成长过程中心理发生的变化；认识自己与家人之间在某些方面的不同；学会透过家人表达爱的各种方式，体会背后浓浓的爱意，理解家人的心。

《主动交流常沟通》更多的是实践和方法层面的内容，目的是引导学生意识到家人之间产生一些小矛盾是正常的，并学会以积极的态度、有效的方法，主动沟通并化解矛盾。

第二课《让我们的家更美好》同样也是两个板块：《担当家庭责任》和《同商议 共承担》。《担当家庭责任》更多呈现的是认知层面的内容，《同商议 共承担》体现的则是价值践行。

教材在同一板块中也凸显这一编写逻辑。《同商议 共承担》中，教材首先通过“表达对家人的关爱”和“学习别人的具体做法”两个活动，引导学生初步形成价值判断和认知，达成对“排忧解难方能帮亲”这一核心观点的认同；接下来，教材通过“家人商讨事情时，你会参与吗？会发表自己的意见吗”的活动，引导学生进一步学会价值选择，认识到在家人意见不一致的时候，要一起商量并发挥好“润滑剂”的作用；最终，教材设计了“召开家庭民主生活会”的活动，引导学生的价值践行。

通过以上分析，我们发现《道德与法治》教材的课题编写，大部分依据“价值认知—价值选择—价值认同—价值实践”的逻辑顺序，符合学生的认知特点，也符合德育课程的教育规律。德育课程的教学，是“育德”的教学。育德的关键是要让学生达成价值认同，只有让学生认同了价值观点，他们才愿意去践行。道德践行是德育的难点，也是德育课程的落脚点。因此，教材的编写，在很大程度上为学生的德育践行铺设了情感之路。

三、“儿童经验”与“真问题”：教材的活动性特征

小学《道德与法治》教材作为静态的文本课程，在把知识呈现给儿童时，不仅要考虑他们对知识、技能的需求，还要考虑价值建构、道德逻辑、任务呈现方式等。

（一）基于儿童经验的活动设计

围绕学习活动设计的教材，总体上是基于学生经验的。各种类型的活动，着眼点就在于对学生已有经验的唤醒、利用、加工、丰富、提升。基于这一理念，《道德与法治》教材通过“活动园”这一栏目，设计了大量的活动。这些基于儿童经验和未来发展的活动设计，为学生的自主体验和探究创设了空间和路径。这样的活动设计让学生感觉不到预设的德育目标，但育人价值却在活动中自然生成，达到润物无声的德育效果。

教材整体设计处处体现出活动设计的理念。以五年级下册为例，我们可以看到，教材的单元题目是学习活动所指向的问题域；课文题目是学习活动的主题；二级题目也称为话题，是学习活动的名称；正文是学习活动的引入、过渡和转换；栏目是学习活动的活动设计。

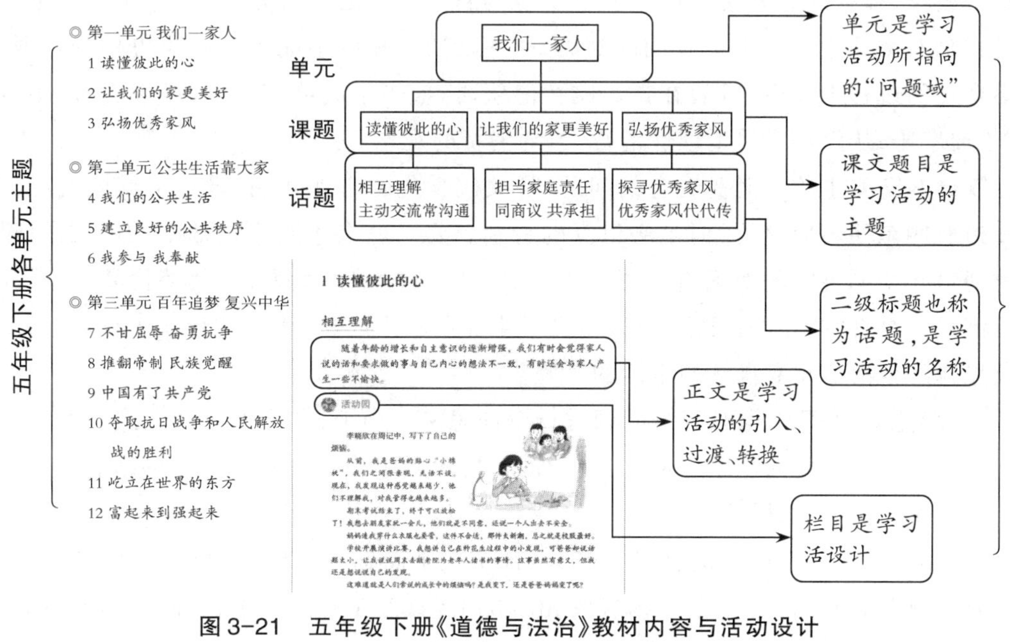

图3-21　五年级下册《道德与法治》教材内容与活动设计

所以，有的教师说新教材好教，就在于教材已经把学生学习的场域、问题以及活动都设计好了。教师应更多地思考如何结合学情，设计班本化教学内容和学习策略。

教材每一课往往是以“活动园”的方式进行内容的导入和呈现的。“活动园”是贴近学生生活而创设的问题情境和活动场域，有些来自学生生活中已发生或正在发生的真实问题、真实事件；有些是存在于学生学习和生活中的普遍现象。以这样的方式切入，拉近了

教材内容与学生生活之间的距离，更好地将教材的知识逻辑和学生的生活逻辑统一起来。历史和地理等单元，因为内容离学生生活较远，教材除了通过以贴近儿童生活的真实案例、丰富的活动去切入外，还会在有些内容中连接过去和现在，拉近学生生活和所学内容的距离。

这是全套教材倡导的和共有的特点，就是用尽可能丰富多样、开放综合的内容和方式，引领学生在活动中去观察、思考、发现、体验、感悟，如讨论交流、故事分享、实验和行为指导等活动，帮助学生在活动中体验和感悟。

（二）聚焦真问题的活动引领

要想提升小学德育课程的实效性，不仅要关注学生的真实生活，还要聚焦学生真实生活中的真实问题。只有聚焦学生生活中的真实问题，德育课程才对学生的发展真正有价值。本套教材很重视对每个学习主题之下学生真实问题的研究，并据此设计教材，引领教学。

教材关注对学生真实问题的分析和指导。教材不仅要研究并把握学生的真实问题是什么，还要对他们的真实问题给予恰当的指导。比如，在四年级下册《合理消费》一课的第一板块《那些我想要的东西》，教材从填写自己的心愿卡开始，引发学生去思考真实问题："面对生活中许多吸引我们的商品，哪些能要？哪些不能要？"在反思哪些合理、哪些不合理的过程中懂得：日后在提出购买愿望时，应当学会体谅父母，换位思考；不赶时髦，不要攀比，从而培养学生理性消费、节约消费的观念。

教材不仅关注学生消费观念的问题，还关注学生的心理问题，设计了具体情境："我也知道有些东西不应该要，但是心里真的特别想要。怎么才能让我忍住，不那么想呢？"教材通过几个同龄人的对话进行了心理疏导，比如：转移注意力；寻找替代品；冷静几天延迟满足。对真实问题的讨论，可以帮助学生克服心理问题，将认知落实于行动中，实现由反思自己生活到改变自己的生活的过程。

教材关注了引导学生对两难问题进行辩证思考。当下，儿童的生活方式、学习方式、生活追求都产生了新的命题。例如：儿童被新技术所包围，他们对电视、网络有着特别的情感和操作的欲望，怎样让儿童使用好这些"双刃剑"是个难题。

四年级上册第三单元《信息万花筒》设计了三个课题，分别是《健康看电视》《网络新世界》《正确认识广告》。本单元内容紧扣时代主题，旨在提高学生正确对待新媒体的能力。当今儿童生活在新媒体时代，从小与电视、互联网等众多媒介接触。他们不仅需要体会到新媒体给生活带来的便利，也要学会如何安全、有效地使用新媒体，做到健康看电视，合理利用网络，正确识别广告，从而提升媒介素养和信息素养。

以《健康看电视》为例。教材首先在《神奇的"宝盒"》板块里，提出"电视是个神奇的'宝盒'，里面装着许多精彩纷呈的节目。想一想，在这个'宝盒'里你找到过什么样的'宝贝'？与大家分享自己喜欢的精彩内容"这一问题。通过分享，学生体会到电视可以增长知识、开阔眼界、娱乐身心，对人们的生活具有积极的意义和作用。接下来在《眼睛的“抗议书”》板块中，教材又提出了“想一想平时你是怎么看电视的。如果你的眼睛也给你写信，会说些什么呢”这一问题。通过对问题的讨论，学生认识到过度看电视会对眼睛、身体、心理造成影响，要调整自己看电视的行为，做到健康看电视。最后在《别让它抢走太多》这一板块中，提出了“电视在我们的生活中，除了抢走时间，还抢走了什么呢”这个问题。在思辨中，学生懂得过度看电视除了会导致亲情、友情淡漠，还会抢走运动、休闲、阅读的时间。

通过一系列问题的设计，这一课教会学生要辩证地看问题。一方面，要认识到电视开阔了人们的视野，丰富了人们的生活，影响着人们的思想观念和生活行为；另一方面，如果人们过度观看电视，会引发很多“电视病”，如“电视眼”“电视胃”“电视颈”“电视孤独症”等。

儿童正处于价值启蒙期，需要帮助他们对价值进行辨别、选择、区分，从而实现价值建构。本套教材引导学生在更广阔的时代背景和世界文化背景下建构中华传统美德价值文化、社会主义核心价值观文化，同时，“走向公民、走向法治、走向生活、走向多元”也是我国青少年德育课程的走向和超越。

本章小结

德育教材是为儿童编制的，是为儿童的思想道德发展服务的。《道德与法治》教材，是为全面落实党的十八大及十八届三中、四中全会精神而编写的，在落实全面推进依法治国、全面提高公民道德素质中具有重要作用。新教材的编写和使用，对坚持立德树人、加强社会主义核心价值观教育和完善中华优秀传统文化教育具有重要作用。

深刻理解和把握教材，是德育课程教师必备的专业素质，是提升道德与法治课堂教学质量的前提。小学道德与法治课程教师，只有站在课程的高度去把握和解读教材，才能在课堂上有效实施教学。

【知识导图】

- 理解《道德与法治》教材
  - 教材的整体理解
    - 教材编写的主要依据
    - 教材编写的基本理念
    - 教材内容简述
  - 教材的单元逻辑
    - 主题教育与单元设计相结合
    - 单元框架设计的“经明纬暗”
    - 主题教育在单元中层层落实
  - 教材的课题特征
    - 学习活动：教材的显性特征
    - “统一”与“结合”：教材的隐性特征
    - “儿童经验”与“真问题”：教材的活动性特征

【理解反思】

1.《道德与法治》教材更名的深层含义是什么?

2.道德与法治课程为何要将儿童生活、儿童发展作为教材编写的基本理念?

3.《道德与法治》教材是怎样将主题育人目标渗透其中的?

【实践作业】

1.请从小学《道德与法治》统编教材中选择一个主题内容,进行各年级教材的横向分析。

2.选择一个单元列出单元主题目标和每一课的目标,谈谈你对单元与主题之间关系是怎样理解的。

3.请结合教材某一个板块的"活动园"设计,谈谈你对《道德与法治》教材活动设计理念的认识。

【推荐阅读】

中小学学科教学渗透法治教育课题组.中小学多学科协同实施法治教育教学指导用书·理念与方法[M].北京:中国民主法制出版社,2017.

第四章
规则教育

不以规矩，不能成方圆。

——《孟子》

核心观点

规则教育对学生生命健康成长具有重要价值和意义，是道德与法治课程的重要内容。其内容主要涉及家庭规则、学校规则、社会公共规则、安全规则、生态环保规则五个方面，分布在各年级、各领域中。在教材编排上，表现出显性呈现与隐性融合相结合、规则教育与法律教育相融合、隐含于社会性话题之中等特点。道德与法治课程教师要深入理解教材中规则教育的编排特点，充分挖掘教材中的规则因素，有效实施规则教育，引领学生知规则、懂规则、守规则。

学习目标

1. 了解规则教育的重要价值与意义。
2. 理解小学《道德与法治》教材中规则教育的内容。
3. 掌握小学道德与法治课程中规则教育的策略与方法。

思考问题

1. 在遵守规则方面，为什么学生“知行不一致”？

2. 目前小学生规则教育的实效性如何？其原因何在？

3. 规则教育有何特点？

4. 在教学中，有哪些优化教学效果的好方法、策略？

规则是人们在日常生活、学习、工作中必须遵守的行为规范和准则。规则作为一种社会契约，是人类社会的道德基准和文明底线，是个体实现自由幸福生活的保障，也是维系社会秩序的基石。遵守规则是每个社会成员都应具备的基本品质。小学阶段是一个人规则意识形成的奠基期，这一时期的规则教育为一个人成长为遵规则、守秩序的合格公民奠定了基础。

第一节　规则教育的意涵

教育叙事

“老虎咬人事件”：你还敢忽视“规则”吗？

2016年7月，八达岭野生动物园，一位女子因与丈夫争执，狂怒中下车，最终被老虎拖走，酿成重伤；下车营救的妈妈更加惨，因此丧命。

现场视频记录了这一过程。私家车在动物园停车之后，她怒气冲冲地从副驾驶位下来，跑到驾驶位要拉她丈夫下来。就在他们接触的一瞬间，一只老虎冲出来抓走了女人。丈夫从驾驶位冲出来解救，但犹豫了一下又返回车里，据说是因为车内还有孩子。后座的老太太跑出来搭救女儿，结果被咬身亡。

因为一时愤怒，无视规则，瞬间一死一伤，这样的意外真的是“意外”吗？

无独有偶，八达岭野生动物园老虎伤人事件时隔不到半年，又见老虎伤人。2017年1月，在浙江宁波雅戈尔动物园，一位男子为逃票强行翻墙进入动物园，结果命丧虎口。

生活中缺乏规则意识的人不在少数，比如随意横跨护栏的行人，在红灯亮时飞速通过的汽车，在地铁上吃东西的乘客，等等。只不过，平日里看似无伤大雅的“不守规则”，遇到“守规则”的“老虎”，就给当事人带来了致命伤害。面对社会上不守规则的现象，我们不能只是批评、谴责，而应理解制定规则的社会意义，在全社会培育规则意识，反思教育存在的问题。

一、规则教育的含义

(一)什么是规则

规则是人们在社会活动中必须遵守的、合理合法的行为规范和准则,主要包括法律规范、道德规范、政治规范、团体规范、风俗习惯、行业规范和各项制度等。《说文解字》对“规”字的解释为“有法度”。《汉语大词典》对“规则”的释义为:(1)仪范,规范;(2)规章,法则;(3)整齐,合乎一定的方式。《辞海》的解释为:(1)规范;(2)合乎一定的方式,整齐;(3)就某一或某些事项所制定的书面文件。《现代汉语词典》则解释为:(1)规定出来供大家共同遵守的制度或章程;(2)规律,法则;(3)合乎一定的方式,整齐。通常来说,规则有两种表现形式:

一是没有明文规定,只是一些约定俗成、共同认可和遵守的行为规范,是人们在长期的公共生活中形成的道德经验与行为习惯。例如乘车、购物要排队,在公共场合不能大声喧哗,不能随地吐痰,不乱扔垃圾,不随意践踏草坪,等等。

知识卡

《礼记·乐记》说:“五年视博习亲师”,学者解释其中的“习”字含义是“常也”。常即经常、惯常。经常、惯常自然成为习惯,这便是习俗的“习”字的基本定义。《说文解字》说:“俗,习也。”这是用转注的方法来解释“俗”字的含义,表示“俗”与“习”在意义上具有同一性的一面。《辞海》中对“习俗”的解释是“某地区内的人们长期养成的习惯、风俗”。

二是有明文规定,是社会公共生活中的一些公约、规则、规章、制度、纪律,通常带有一定的强制性,有的甚至与法律法规衔接。例如交通规则、公园游客须知、学校学生守则、考勤制度、考试纪律等。

知识卡

《伦理学大辞典》对纪律的解释是:一定社会或集体组织要求其成员必须共同遵守并赋有组织强制力的行为规范,是维系生产劳动、集体和社会生活的基本准则之一,也是调整个人之间、个人与集体和社会之间关系的重要方式。《现代词典》对纪律的解释为:一定社会或集体组织要求其成员必须共同遵守并赋有组织强制力的行为规范。《简明文化人类学辞典》对纪律的解释为:指一个社会或组织要求其成员共同遵守的行为准则。内容包括履行自己职责、执行命令和决议、遵守制度、保守秘密等。

（二）规则的社会意义

社会有众多的大大小小、形形色色的规则。人的行为受规则的约束，同时也享受规则带来的保障。

人是社会性动物，离不开规则，只要在社会中生活、工作、学习，就得遵守社会成员共同制定或公认的行为规范和准则。遵守规则、按规则办事是每一个公民立足于社会所应具备的一项基本素质。2020年3月疫情期间，有这样一个案例又一次引发人们对规则的思考：

一名澳大利亚籍华人女子，返京后不按规定居家隔离，外出跑步且不戴口罩。面对社区防疫人员的劝说，该女子不但不听劝告，还大喊“救命”“骚扰”。随后民警赶到对其发出了警告，必须按规定居家隔离十四天，不允许外出。该女子的行为在网上曝光后，引发社会关注，女子所在拜耳公司对其做出辞退处理。3月18日，北京市公安局出入境管理局依据《中华人民共和国出境入境管理法》第六十七条等规定，决定依法注销该女子工作类居留许可，限期离境。

此案例中女子不守规则的行为，不仅影响了正常的防疫工作秩序，而且影响了自己的幸福生活，因其失德行为被公司辞退并限期离境。规则是道德的基准，是文明的底线，每一个社会成员都必须遵守。

规则是社会稳定的基石，也是个体安居乐业的保障，遵守规则是每个人必备的品质。一方面，维持社会秩序主要是靠规则，可以说没有规则就不可能有秩序。社会中的个体要融入社会，就必须感知并遵守规则，遵守规则是个体社会化不可或缺的要素。另一方面，规则也是我们实现自由幸福生活的保障。规则让社会中每一个人明白“什么事可为，什么事不可为”，让每个人心中都有杆行为的秤，从而能够有效地控制自己的生活，并且积极主动地塑造自己的生活。

现代社会发达的信息渠道、多元化的价值追求和复杂的交往关系，更需要相对统一的普遍性规则来约束人们的行为。不然，就难以实现严谨有度、自由和谐的社会秩序。

（三）规则教育的含义

个体对规则的遵守并不是自发形成的，需要教育的催化。个体遵守规则的良好品质并不是一朝一夕养成的，而是要经过长期、反复的培养和教育。

对于规则教育的含义，不同的研究者从自身的研究角度出发有着不同的解释。如房玮将规则教育看作培养规则意识的教育，认为其包含传授规则知识、理解规则本质、培养学生参与规则建设的意识和能力三个层面的内容。①宁慧鸿认为规则教育就是通过教育活动对学生施加有关规则方面的影响，从而使学生能够自觉使用规范的模具框定自己的行为，消除个人随意性。②宋坤指出，规则教育是为了儿童成为自由自主的社会人，儿童习得规则的过程并非对规则的完全复制，而是基于一种内在的需要和秩序的重新建

①房玮.社会科中的规则教育研究[D].华东师范大学，2010:5.

②宁慧鸿.小学低年级规则教育的内容及实施研究——基于部编版《道德与法治》教材分析[D].湖南师范大学，2019:16.

构。①规则教育既具有人文关怀,又具有建构社会普遍伦理的价值。

培养规则意识是学生健康成长的需要,是学生适应未来社会生活的需要,也是小学道德与法治课程的重要内容。小学是培养学生规则意识的关键期,由于学生认知有限、自控能力低,常常不自觉地触碰规范底线,加强对学生进行规则意识的教育引导非常重要。

二、规则教育的价值与意义

规则教育是全社会共同的事业,需要家庭、学校和社会三方联动,共同努力。学校是规则教育的主要场所,培养学生的规则意识,作为规则教育主体之一的学校责无旁贷,而且应高度重视、积极构建规则教育的培养策略,为未来社会培养合格的公民。

(一)促进学生社会化发展

小学阶段的儿童,道德观念处于萌芽状态,道德行为尚未定型,在这个阶段进行规则教育,能够帮助小学生认识社会生活中基本规范的意义,了解什么是可以做的,什么是禁止做的,从而更好地参与、适应社会生活。

目前,我国大部分儿童在六个长辈的宠爱中长大。如何对他们进行教育?历史上鲜有经验可循。有时不是我们不愿管教孩子,而是不知如何管教。由于教育的缺席,很多孩子我行我素,不按规矩办事,让家长、教师头疼不已。国家的未来在下一代,如果一个孩子小时候不遵守规则,长大后必然不尊重法治。研究表明,大多数成年人的问题行为都源于童年时期。如果一个人在童年没有形成良好的规则意识,将来就会有许多坏习惯。

小学阶段不仅是长身体、长知识的时期,也是形成良好思想道德品质和文明行为习惯的时期。从这个意义上说,小学阶段形成的品德对儿童一生都具有重要作用。因此,小学阶段重视规则教育,有利于培育合格的、有良好规则意识的未来公民。

(二)推进社会和谐发展

规则作为一种契约,是维系社会个体和谐共处的纽带,也是稳定社会秩序的基石。和谐社会的实现不仅需要具有普遍约束力的规则,更需要每个社会个体自觉地遵守规则。规则教育是良好社会秩序赖以存在的重要基础,内在地反映了一个国家或群体的文化取向。

十九大报告明确提出建设富强、民主、文明、和谐的社会主义国家,不管时代如何变迁,和谐社会依旧是人类理想的朝向。当人人都了解规则并遵守规则时,必将减少与其他社会关系者的矛盾,进而推进和谐社会向更高层次迈进。可以说,规则教育是实现社

---

①宋坤.论基于儿童自由的规则教育[J].当代教育科学,2015(10):3-6,14.

会改造的一个途径,通过对儿童进行规则教育,可以实现对未来更民主、更文明社会的创造。今天学校有什么样的规则教育,未来社会就有什么样的文化秩序和精神文明。

(三)推动法治社会的建设

规则教育是建设法治社会的诉求,全面依法治国是我国推行的一项战略方针,建设社会主义法治国家是我们不断努力的方向。

《中共中央关于全面推进依法治国若干重大问题的决定》(以下简称《决定》)中强调"实现科学立法、严格执法、公正司法、全民守法,促进国家治理体系和治理能力现代化""加强公民道德建设,弘扬中华优秀传统文化,增强法治的道德底蕴,强化规则意识,倡导契约精神,弘扬公序良俗"。

《决定》强调的"强化规则意识,倡导契约精神"与强调"全民守法"有内在的一致性与逻辑性,良好的规则意识是全民守法的基础。规则意识作为法治文化的一部分,是法治社会形成的心理基础,深刻影响着社会个体对法律规则的认知、情感和态度,更是社会个体与整个社会的法律意识与宪法意识养成的关键。社会个体规则意识的强弱,反映了社会成员对社会规则与法律规则的服从和遵守程度,也内在地制约着法治社会、法治国家与法治政府的构建。规则教育与法治建设有着内在的一致性,能够推动整个社会的法治建设向更高水平发展。

三、规则与文明的关系

文明总是与规则、规则意识紧密联系在一起的。从一定意义上说,人类的文明史就是一部人类规则意识的变化史。具体地说,就是人类通过认识客观事物发展的必然性以制定并遵守相应的人类活动规则的历史,就是通过认识客观事物的变化以修改、废止、重建规则的历史。人类的历史就是一部从较少规则到较多规则、从较粗疏规则到较精细规则、从被迫遵守规则到自觉遵守规则的历史。我们可以说,一定时期人们的规则意识所达到的程度,也就是这个时期社会文明所达到的程度。①

(一)规则是文明社会的基石

规则是文明社会的基石。文明是社会进步的状态,文明的标志是冲突减少、社会和谐。人类文明不断提高的过程,就是人类不断认识自然规律,不断认识社会规律,从而不断制定、修改自己行为规则的过程。

规则是构筑文明大厦的基础,这种基础越牢固,对文明社会的作用越大。文明的巩固和发展需要规则作为支撑,不遵守规则、无视道德和法律就没有文明可言。不守规则的行为一旦肆意蔓延,最终将导致社会文明的瓦解。因此,为了培育和维系文明,需要树立遵守规则、法律的观念,将尊重规则视为文明的体现,将遵守规则作为文明的底线。

---

①焦国成.现代规则意识与社会文明[J].伦理学与德育研究,2006(1):27-36.

（二）规则是文明社会的“晴雨表”

规则是一个社会文明表征的“晴雨表”。透视一个国家、一个地域的文明程度，可以有多个角度、多个方法，最根本的一点就是规则的建立和执行情况。发达的国家，文明的国家，其实就是整个社会（不管是政府还是民间）都遵守规则。历史上的文明国家，虽然很多都衰败了，但在其昌盛时，整个社会必定是遵守规则的。一个国家，人们生活、工作、交流、发展的各个方面，一切活动都按照一定的规则进行，秩序井然，就是文明。

（三）规则是人们享受现代文明的保障

规则，人人共守共享。我们每个人都不可能和这个社会没有关系。试想，一个家庭，一个社区，再大到一座城市，如果人人都为所欲为，只想着一人之利、一己之欢，那么，我们的生活环境将变成什么样子？规则能鞭策我们老老实实奋斗，也保护我们平平安安回家，给我们一个安全和谐的生活和工作环境。守规则要从我做起，从小事做起。只有我们每个人都注意自己的一言一行，文明之风才能汇成一股浩荡的东风，吹遍社会的角落！我们才能真正拥有和谐、文明、美好的城市环境，而受益的正是这座城市的每一位居民。

第二节　教材中的规则教育内容

教育叙事

这样渗透法治教育合适吗？

在统编版《道德与法治》教材推行之时，我听了一位新教师的道德与法治课。这位新教师讲授的内容是一年级下册第二单元《我和大自然》中第七课《可爱的动物》，在探讨“怎样才是真喜欢”这一教学环节中，教师组织学生讨论“这些行为是爱护动物的行为吗？怎样才是对动物的喜欢呢？”学生批评了追打伤害小动物的行为，认为这是不对的，是不爱护小动物的表现，并讨论了在动物园里乱给动物投喂的行为也是不对的，是不遵守动物园规则，同时也会给动物带来伤害。学生讨论后，教师小结：“如果不爱护小动物，伤害它们，是一种违反动物保护法的行为。”

这个小结让我产生了疑问：课上一直在讨论规则问题，教师的小结为什么要落脚在法律上？课后我询问了教师，她解释说，道德与法治课要凸显法治教育，在教学中适时融入法治教育，才能体现道德与法治课程的学科特点。而我认为低年级儿童尚未形成法律概念，没必要融入法律教育，而且本课内容只涉及保护动物的相关规则和规范，不涉及违法行为。

规则教育与法律教育之间有着密切的关系。《青少年法治教育大纲》对小学低年级(1—2 年级)的要求是“初步建立规则意识,初步理解遵守规则、公平竞争、规则公平的意义与要求。初步建立法律面前人人平等的观念。了解消防安全知识、基本交通规则,知晓常用公共服务电话。初步了解自然,爱护动植物,为节约资源、保护环境做力所能及的事。”可见,《青少年法治教育大纲》将规则教育归于法治教育领域。规则教育也可称为“前法律教育”。①

规则教育更多的是指“道德规则”教育,而法治教育更多的是指“法律规则”教育。道德规则是人们在长期的社会生活中自发形成的,存在于社会成员的道德意识中,往往没有特定的法律后果的规定;法律规则是由国家制定和认可的,有具体的法律条文,要承担一定的法律后果。②

因此,本章的规则教育以前法律教育、道德规则教育的视角区别于法治教育章节。

一、教材呈现了五个方面的规则教育内容

生活处处有规则。按照学生不断扩大的生活领域,基于道德与法治课程围绕“自我—家庭—学校—社区(家乡)—国家—世界”的编写思路,教材中的规则教育内容可分为家庭规则、学校规则、社会公共规则、安全规则、生态环保规则五个方面。

(一)家庭规则

我们常说“国有国法,家有家规。”家规就是家庭规则,是用以指导家庭成员的行为,调整家庭成员关系的内部规则。家庭规则不仅包括社会上约定俗成的亲情伦理和家庭美德,如不同辈分的家庭成员之间的尊老爱幼,兄弟姐妹之间的相互照顾,家庭成员之间的互相体谅等;还包括家庭自主制定的家庭内部规则,如每天晚上睡觉的时间、每天放学后必须先写作业、外出归来后必须洗手等。家庭内部规则通常由父母协商制定,当规则是针对家庭中有一定沟通能力的儿童时,也可能与儿童共同协商制定,或在听取儿童的意见后制定。

一年级下册第三单元《我爱我家》是家庭生活领域的教育内容。家庭是儿童基本的生活空间,儿童道德发展源于家庭。本单元引导学生从了解自己的出生给家人带来的喜悦开始,进而了解自己与家人间的血缘关系和法律关系以及家庭的结构,最后落实到对家庭的爱与责任,引导学生学会主动表达自己对家人的爱,学会自己的事情自己做,主动承担力所能及的家务,最终使学生成长为温馨家庭生活的自觉建构者。其中,第十一课《让我自己来整理》就是对学生进行“自己的事情自己做”的规则教育,使学生形成“自己的事情自己做”的意识,学会整理方法,养成整理习惯,知道这是承担家庭生活责任、照顾家人的表现。

①高德胜,章乐,唐燕.“接上童气”——小学《道德与法治》统编教材研究[M].北京:人民教育出版社,2019:9.

②马长山.法治教育教师读本(义务教育阶段)[M].上海:华东师范大学出版社,2019:3.

(二)学校规则

在儿童走出家庭、走入社会之前,从小学算起,至少需要经历九年的学校生活。在这期间,儿童需要认识和遵守有关校园学习生活的各种规则。学校规则是为了实现教育目标而制定的学生和教师都必须遵守的规则,是维持学校各项活动正常运行的保障。学校规则中最具有普遍性的是《中小学生守则(2015年修订)》,它是由政府行政部门根据教育和学生健康成长的需要而制定的,是每个学生都应该遵守的规则。

除了《中小学生守则(2015年修订)》这个普遍的规则之外,学校还有很多具体的有关学习、生活方面的规则。这些规则是每所学校结合自身情况,根据国家规范性文件以及社会一般道德观念所制定的规则,通常称作校规。

学校规则还包括每个班级结合自身情况制定的起补充作用的具体规则,我们称之为班规,比如上课时应专心听讲,发言应先举手,课间休息时不在教室里打闹奔跑,自觉维护教室的美好环境等。

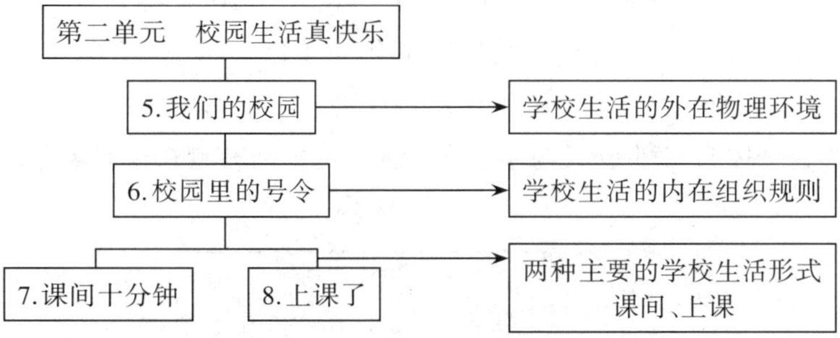

图4-1　一年级上册第二单元结构图

一年级上册第二单元《校园生活真快乐》围绕一年级新生在学校生活这一新的生活空间中的重要事件展开。前两课内容是从学校生活的外在物理环境到内在组织规则的逻辑推进,后两课内容则是对学校中的两种主要生活形式开展引导,整个单元含有丰富的规则教育内容。

表4-1　第六课《校园里的号令》活动表

主题目标	活动话题	活动内容
培养学生学校生活的规则意识	神秘的指挥	初步感知和了解校园里的各种铃声,认识到铃声指挥大家按照一定的安排,有序地进行校园生活
	铃声告诉我	学会分辨不同铃声的含义,要根据不同的提示音开展活动,养成遵守学校规则的好习惯
	升国旗了	懂得升旗的要求,知道听到国歌声响起时要立正站好,面向国旗行注目礼,学唱国歌
	保健节拍	掌握眼保健操和广播体操的要领,知道这也是遵守学校规则的表现

其中第六课《校园里的号令》主要是引导学生认识校园中各种号令背后的规则意义，第七课《课间十分钟》和第八课《上课了》是引导学生熟悉课间与上课这两种主要学校生活形式中应遵循的各种规则。如课间不追跑打闹，做好各种课前准备，课堂上回答问题要举手，别人回答问题时要学会倾听，等等。通过规则教育，促使学生尽快适应并融入新的校园生活。

（三）社会公共规则

社会公共规则是指公众在社会生活中需要共同遵守的规则。社会公共规则是人与人交互活动的产物，具有公共性特征。它是社会个体在社会公共生活中应遵循的基本道德，是调节公共利益和公共关系的有效手段。社会公共规则，通常是人们在长期社会实践过程中逐渐形成的，表现为约定俗成的民间习惯，是通行于整个社会的道德准则。例如，当人们出行时需要遵守交通规则，等候公交车时需要遵守排队规则，在电影院、博物馆不能大声喧哗，不能乱扔垃圾，不能破坏公共设施等，这些都是社会公共规则。

随着年龄的增长，学生参与公共生活的领域不断扩大，就会接触到各种社会公共规则。小学生是未来的社会成员，其社会公共规则意识会影响整个社会公共规则的建立和遵守，也关系到个体自身的成长与生活。因此，在规则教育中，社会公共规则的培养应得到普遍关注。

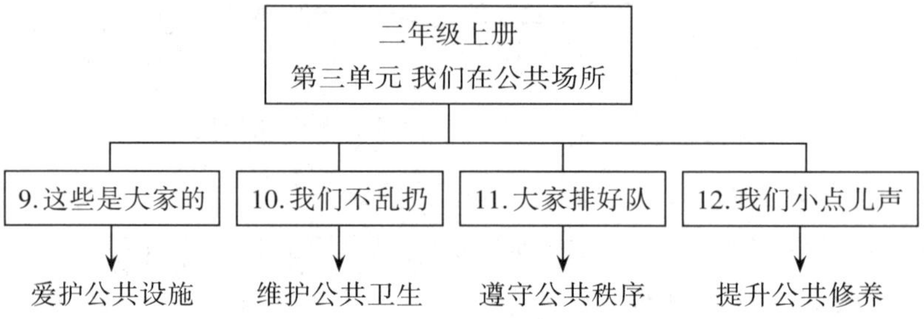

图 4-2　二年级上册第三单元《我们在公共场所》结构图

二年级上册第三单元《我们在公共场所》是聚焦社会公共场所文明行为的基本规则教育，四个主题内容分别涉及爱护公物规则、公共卫生规则、公众场合排队规则、公共场合小声说话规则。通过本单元教学，让学生形成初步的社会公共规则意识，提升学生的文明素养。

（四）安全规则

安全规则是指人们在社会活动中，为保障生命财产不受损失而必须遵守的、合理合法的行为规范和准则。

安全是个体生命存在的基础，是个体生活的基本需求。个体的安全没有保障，人的生存就面临问题。近年来，交通事故、溺水事故、食品安全事故、踩踏事故等意外事故时时发生，这对个体的生命安全构成了严重的威胁，尤其是对小学生来说，其在意外事故中是最容易受伤害的。由于小学生自身的安全意识薄弱，安全规则践行不足，对身边潜在危险的分辨能力弱，因此成为安全事故的多发群体。所以说，帮助学生理解安全规则，强化安全意识，提升自护自救能力，养成遵守安全规则的自觉性尤为重要。

小学《道德与法治》教材中涉及交通安全规则、消防安全规则、防溺水安全规则、卫生食品安全规则、自然灾害防护规则，以及防触电、防跌落等各类生活安全规则。

《别伤着自己》是一年级上册第三单元《家中的安全与健康》中的安全教育内容。本课以漫画为主、语言表述为辅的形式，列举了家庭生活中一些危险事件，如用湿手触摸插座、随便食用药品、使用尖锐的工具等，让学生基于自身经验判断这些事件是否正确，从而引导学生了解防触电、药品安全等规则。本课按照“在家会有危险吗—危险是怎么发生的—受伤了怎么办”的逻辑思路，让学生明白在家时的安全隐患，以及危险发生后如何采取正确的方法将危害降到最低。

安全与个体生活息息相关。对学生实施安全规则教育，使学生了解哪些行为可为，哪些行为不可为，能够增强学生的生命意识，获得基本的安全意识和保护自己的能力，从而健康、安全地成长。

（五）生态环保规则

生态环保规则是指人们在社会活动中为保护环境所必须遵守的、合理合法的行为规范和准则。

人类在发展过程中，曾以经济发展为主而忽视了生态环境保护，导致了严重的环境问题。随着人类对人与自然环境关系认识的觉醒，人与自然的关系从征服与被征服转变为人与自然和谐相处。为避免“先污染后治理”的老路，我国将保护环境确定为基本国策，保护环境是全体公民应尽的义务。

知识卡

党的十九大报告指出，建设生态文明是中华民族永续发展的千年大计。必须树立和践行绿水青山就是金山银山的理念，像对待生命一样对待生态环境，形成绿色发展方式和生活方式，坚定走生产发展、生活富裕、生态良好的文明发展道路，建设美丽中国，为人民创造良好生产生活环境，为全球生态安全做出贡献。实现这样的变革，必须依靠制度和法治，为美丽中国建设提供强有力的制度保障。

小学《道德与法治》教材中蕴含着丰富的环保规则。如一年级下册第二单元《我和大自然》中《花儿草儿真美丽》《可爱的动物》《大自然 谢谢您》几个课题中，要求学生学会关心身边的动物、植物及大自然，能够珍惜大自然所赋予的一切，在生活中遵守爱护动植物的环保规则。

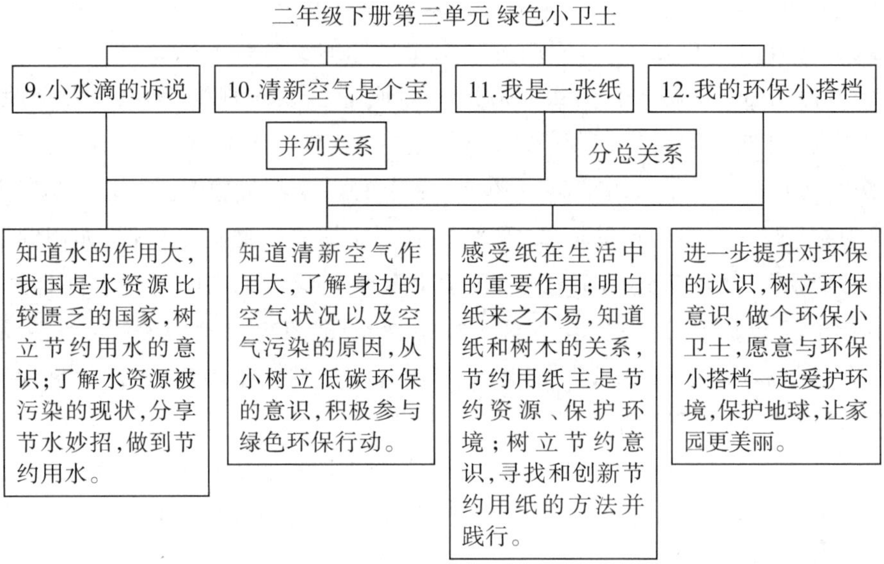

图4-3　二年级下册第三单元《绿色小卫士》逻辑结构图

再如，二年级下册第三单元《绿色小卫士》是以树立环保意识、自觉保护环境为教育主题。教材从日常生活中感受和体验到的问题入手，选择水、空气、纸三个主题，引导学生从自己身边可触可感的资源出发，理解时代的主题——绿色与环保，做到节约用水、不浪费纸张、低碳出行，并遵守相关法律法规，保护环境、文明生活，通过自己的智慧改善环境，成为“绿色小卫士”。

二、规则教育内容在教材中的分布

小学《道德与法治》教材的编写是以学生不断扩大的生活领域为基础的，不同生活领域与不同教育主题的结合，构成了教材的主要内容。不同生活领域内的教育主题不断深入，呈现螺旋上升的特点。生活中处处有规则，学生在每个生活领域都会遇到规则问题，所以规则教育在教材中分布比较广泛。

（一）分布在各生活领域

规则教育内容广泛地分布在各生活领域的教学中，家庭领域、学校领域、社会公共生活领域、自然环境领域都有所涉及。在国家领域和世界领域的教学中，同样也包含规则教育。

在五年级上册第六课《我们神圣的国土》中，《辽阔的国土》包含的规则教育内容有保护文化遗产，遵守旅游文明公约；《一方水土 一方生活》涉及的规则教育内容是尊重不同地方人们的生活习惯。

六年级下册第七课《多元文化 多样魅力》则强调了“尊重文化多样性，与来自世界不同文化背景的人和平相处”的规则教育。

(二)分布在各年级

由于规则教育广泛分布在各生活领域中，而小学《道德与法治》教材中不同生活领域的教育主题又是不断深入、螺旋上升的，所以，规则教育内容在各年级都有分布。下面以学校规则教育内容的分布为例来说明。

表4-2 学校规则教育分布表

册次	单元	主题	规则教育内容
一年级上册	第二单元 校园生活真快乐	5.我们的学校 6.校园里的号令 7.课间十分钟 8.上课了	遵守学校各种设施的使用规则；学校的各种铃声要求；课间十分钟的活动规则以及上课相关规则
一年级下册	第四单元 我们在一起	13.我想和你们一起玩 14.请帮我一下吧 15.分享真快乐 16.大家一起来	遵守游戏规则；同学之间相互帮助、分享以及合作规则
二年级上册	第二单元 我们的班级	5.我爱我们班 6.班级生活有规则 7.我是班级值日生 8.装扮我们的教室	热爱班集体；遵守班级规则；遵守值日生值日规则；承担班级责任；为班集体做贡献
三年级上册	第二单元 我们的学校	4.说说我们的学校 5.走近我们的老师 6.让我们的学校更美好	尊敬老师；遵守学校各种规章制度；为学校发展做贡献
三年级下册	第一单元 我们在一起	1.我是独特的 2.不一样的你我他 3.我很诚实 4.同学相伴	尊重同学；与同学相处做到诚实不说谎；同学间要团结友爱
四年级上册	第一单元 与班级共成长	1.我们班四岁了 2.我们的班规我们订 3.我们班 他们班	民主制定班级规则；主动遵守班级规则；能够欣赏尊重他班，主动合作，公平竞争
四年级下册	第一单元 同伴与交往	1.我们的好朋友 2.说话要算数 3.当冲突发生	珍惜友谊，不做有损同学之间友谊的事；与同学相处要做到说话算数；不欺负同学，受欺负时要采取正确的应对方法

续表

册次	单元	主题	规则教育内容
五年级上册	第二单元 我们是班级的主人	4.选举产生班委会 5.协商决定班级事务	要民主选举班委会;要尊重他人的选择;班委要履行职责,同学们要积极参与班级事物
六年级下册	第一单元 完善自我 健康成长	1.学会尊重 2.学会宽容 3.学会反思	尊重和宽容他人

从表格中不难发现,学校规则教育内容在各年级都有分布。其他领域也是如此,家庭规则、社会公共规则、生态环保规则等在各年级也有分布。丰富的规则教育内容在教材中呈现出分布广泛的特点。

三、规则教育内容的编排特点

广泛而丰富的规则教育内容在小学《道德与法治》教材的编排体系中呈现出怎样的特点呢?通过对1—6年级教材中规则教育内容的提炼与归类、分析与对比,我们发现其编排有如下特点。

(一)各年级内容不断深入且螺旋上升

同一领域的规则教育在不同年级出现,不是教育内容的简单重复,而是随着学生年龄的增长、能力的提升、视野的开阔而不断提升教育内容的深度和广度,呈现出螺旋上升的特点。

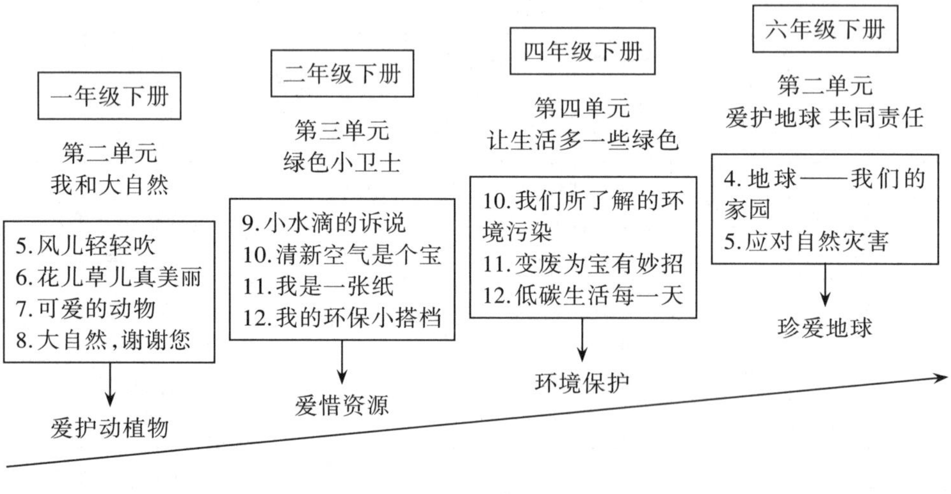

图4-4 生态环保规则教育内容螺旋上升式编排

小学一年级的生态环保规则教育,重在引领小学生多亲近大自然,关注身边的动植物,在感受与大自然和谐共生的美好时,对学生进行爱护动植物、爱护自然的规则教育。

二年级的生态环保规则教育重点是引领学生关注生活中常见的资源问题,将水、纸、空气以生动的拟人化的形象呈现，与学生展开对话，引领学生关注这些资源的不幸遭遇，进而对学生进行爱惜资源、保护资源的规则教育。

随着年龄的增长，学生参与社会生活、关注社会的能力不断提升。四年级的生态环保规则教育则聚焦生活中的环境污染现象，如白色污染、垃圾问题等，让学生在调查探究中认识到环境污染给人们生活和社会发展带来的重大危害，进而培养学生的环保意识，提升学生环保生活的能力。

六年级的生态环保规则教育内容，将视野拓展到整个地球家园的可持续发展，对学生进行爱护地球家园的责任教育。

其他领域的规则教育内容都是这种由近及远、由具体到抽象不断深化的螺旋上升的编排，符合小学生的认知成长过程，有利于学生将规则内化。

（二）隐含于生活性话题之中

小学《道德与法治》教材以学生生活为中心进行内容建构，因此，规则教育内容的编排不是死板的规则教育条目化的呈现，而是隐含在生活性话题之中，与生活相融合，将刚性的规则约束转变为柔性的内在自觉。

在二年级上册第三单元《我们在公共场所》中，社会公共规则教育内容就隐含在学生的生活性话题之中。如第九课的标题是“这些是大家的”，而不是“爱护公共设施”；第十课的标题是“我们不乱扔”，而不是“爱护公共卫生”；第十一课的标题是“大家排好队”，而不是“遵守公共秩序”；第十二课的标题是“我们小点儿声”，而不是“禁止大声喧哗”。这种生活化的编排更适合学生的情感接受和内在自觉。

（三）显性呈现与隐性融合相结合

规则教育是隐含在学生的生活性话题之中的。有些规则教育内容是比较显性地呈现于教育主题之中，有些规则教育内容则是隐性融合在教育主题之中的。

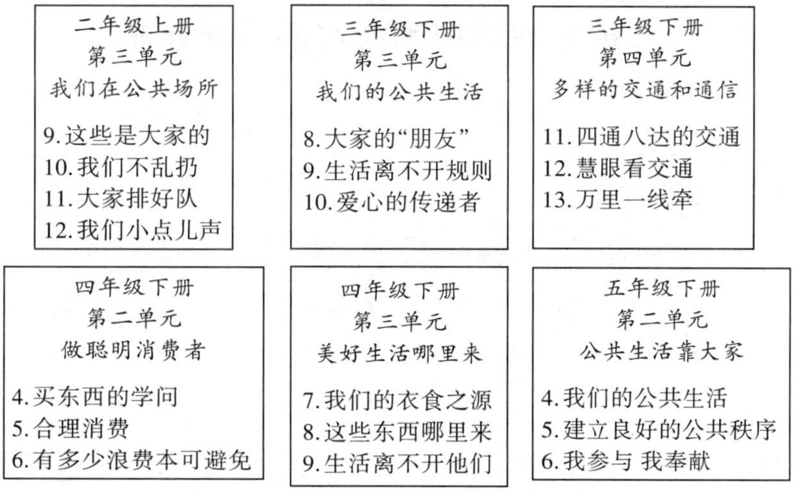

图4-5　社会公共规则教育内容编排

在社会公共生活领域中，规则教育内容在编排上就具有显性呈现和隐性融合相结合的特点。由图4-5可知，二年级上册《我们在公共场所》单元、三年级下册《我们的公共生活》单元、五年级下册《公共生活靠大家》单元，就比较显性地呈现了社会公共规则教育的内容。另外三个单元则是比较隐性地融入社会公共规则教育内容。如在三年级《多样的交通和通信》单元中，融入了遵守公共交通规则、尊重交通人、遵守通信文明礼仪的规则教育；在四年级下册《做聪明的消费者》单元中，融入了遵守购物文明礼仪、合理消费、不浪费资源的规则教育；在四年级下册《美好生活哪里来》单元中，融入了尊重各行各业劳动者的规则教育。

(四)规则教育与法治教育相互融合

小学《道德与法治》教材相较于之前的德育教材而言，最大的特色在于法治教育的融入。基于小学低年级学生尚不能完全理解法律概念的特点，一、二年级的教材主要呈现的是规则教育，从三年级开始逐步出现规则教育与法治教育相融合的内容。

在三年级下册第八课《大家的"朋友"》中，教材不仅将公共设施拟人化，以富有童趣的方式培养学生对公共设施的爱护意识，还通过《中华人民共和国治安管理处罚法》的法律条文，让儿童明白破坏公共设施会受到不同程度的惩罚。前者唤起的是爱护公共设施的规则意识，后者则提示了具体明确的法律底线。

再如，在三年级下册第十三课《万里一线牵》中，关于儿童通信交往，教材既呈现了遵守通信文明的规则教育，也融合了信息安全的法律教育。前者是规则教育，是一种软性要求，而信息安全是刚性要求，它既是对儿童的保护，也是一种限制。

中高年级教材中规则教育与法治教育相融合，使教材从规则的约束逐步过渡到法之严肃，不仅适合学生的发展特点，也有利于以规则意识促进法治教育。

第三节　规则教育的教学实施

教育叙事

规则教育的尴尬之境

对于什么是规则，很多小学生能够做出清晰的表达。但在实际学习生活中，大部分学生不能做到言行一致。在平时的学校生活中，经常能够捕捉到这样一些镜头：

自习课的时候，老师要求学生不要说话，不要讨论，自己独立做作业，但是很多学生依旧与其他同学说话并讨论问题。

课堂上老师布置小组讨论任务，有的组员总是喜欢打断别人的讲话，组员之间相互指责，导致任务无法完成。

放学排队，很多学生没有按照要求排成两排行走，而是三人一群、五人一堆，说说笑笑，不紧不慢地走着。

运动会上，裁判员老师要求观赛的学生不要站在赛道上，但很多学生违反了这一规则，不仅挤在赛道上，还在跑道周围与参赛者一起跑。

学校中设立了诸多规则，老师也会反复强调规则的重要性，因而小学生并不缺乏对规则的认识和了解。然而，在小学中，总能遇见因违反规则而被惩罚的学生，这说明他们没有真正意识到规则的重要性。

一、规则教育的原则

（一）规则教育要关注学生年龄和心理特点

对小学生进行规则教育，要遵循学生的年龄和心理特点，让孩子觉得经过努力是能够达到的。让学生从他们喜欢的游戏活动中体会规则的重要性，是小学道德与法治教学中行之有效的方法。学生在游戏中体会规则的意义，知道不守规则就会被淘汰出局，懂得一个游戏如果没有规则做保证，就没办法顺利进行，从而让学生明白规则的用处。可以让学生想一想，如果不遵守规则会怎样，引导他们认识执行规则的意义。这样，学生就不是被迫执行规则，而是自觉自愿地执行。再由遵守游戏规则过渡到到遵守校园生活、家庭生活、社会生活的方方面面的规则，这样才能让教育更有实效。

家长也需要保持底线，当孩子不守规则、投机取巧时，应及时引导，切不可轻视，更不能鼓励。有的家长看到孩子在游戏中投机取巧，还得意扬扬地夸他聪明，这将导致孩子养成不守规则的坏习惯。

（二）规则教育要循序渐进

规则意识的形成是循序渐进的，要经历一个从被动到主动的过程。要先由父母、老师进行管理和约束，最终帮助孩子实现自我管理并形成习惯。结合孩子的年龄特点，小学阶段培养学生遵守规则的能力应从以下几个方面入手：(1)要注重日常性，从小处着手、小事着眼，从日常生活习惯、学习态度抓起，达到塑造思想、矫正行为、养成良好习惯的目的；(2)重视长期性，规则养成的日常性特点，决定了养成的长期性，良好规则意识的养成不可能一蹴而就，往往伴随终身；(3)重视反复性，由于环境的发展变化、身边人群的影响等因素，良好规则意识的养成会受到多种因素的影响，因此规则意识需要在生活、学习实践中不断培养和提高。

（三）规则教育要树立榜样

父母是孩子的第一任老师，教师是学生启蒙教育的领路人。在对学生进行规则教育的过程中，成人的一言一行、一举一动，都是孩子模仿的内容，因而家长和教师要注意为学生树立榜样，在遵守社会规则方面做孩子的表率。例如：教师要求学生上学不要迟到，自己进课堂就不要迟到；家长要求孩子遵守交通规则，自己在走路或开车时就不能闯红灯。无论家庭生活规则还是社会生活规则，家长都应带着孩子一起遵守，给孩子树立起学习的榜样，让学生感受到规则是生活中的常态，引领学生从小养成遵守规则的习惯。

（四）规则教育要从第一次抓起

遵守规则不仅要循序渐进，还要持之以恒。教师和家长都要有恒心，不论何时何地，都要坚持不懈地支持和鼓励孩子向既定目标努力，直到养成规则习惯。有些家长或教师对学生进行规则培养时，会说："这次算了，下次别这样了。"殊不知，这无形中就让规则教育打了折扣。抓好第一次、把握关键点非常重要。因为第一次往往印象深刻，具有导向作用，第一次错了，不及时纠正，就会接二连三地错。所以，孩子第一次执行某项规则时，家长和教师一定要注意引导，帮助孩子达到目标，并及时给予鼓励。否则，一旦坏习惯养成，就需要花更多的力气来扭转。还会让孩子认为不遵守规则也可以，对今后的教育形成阻碍。因此，教师和家长一定要注意，对学生进行规则教育要及时和持之以恒。

二、规则教育的教学实施策略

（一）立足生活，发现规则

统编版《道德与法治》教材在内容设计上很尊重受众群体，课本中的案例都是从小学生的生活实际出发，选取的都是儿童的生活经历，还原了真实的生活面貌。这对教师提出了更高的要求。在教学中，教师的讲解方式应该关注和尊重这一特点，通过鲜活的教学方式，让学生自己在真实生活中发现规则，感知规则的重要性。

1.利用身边的生活案例

教材是课堂内容的来源之一。教师应该立足于《道德与法治》教材，灵活地利用教材，根据所教学生的真实情况，把来源于生活的案例转化为儿童真实生活中的素材，用这样的方式进行教学资源的选用，更能吸引学生的注意力，并通过设计真实有趣的活动来激发学生自主思考的兴趣，去思考生活中与自己息息相关的现象，由此真正做到"立足教材，利用教材，升华教材"。

课堂链接

新入学的一年级学生对学校生活还不是很熟悉，还不知道如何合理地安排课间生活。一年级上册《课间十分钟》的教学中，教师首先要用课间活动的图片、视频等唤起学生对课间活动的真实体验和感受，引导学生关注自己的课间生活，比如自己是怎样过课间生活的，一般都会做哪些事情，最喜欢做什么事情，有没有遇到尴尬或者不开心、不顺利的事，等等。然后，在这些真实生活体验之上，引导学生反思怎样过课间生活才健康、安全、快乐。学生在交流、讨论、分享的过程中形成新的认识和态度，比如，课间要先做好下节课前准备，然后再去玩；课间总是用来读书、画画并不好，大脑和眼睛得不到放松，会影响课堂学习；课间要和同学愉快地相处；等等。这些新的认识会影响学生接下来的课间生活，实现对生活的改变，养成良好习惯。

备课时不能只关注教材，停留在怎样把教材内容教给学生，而应在了解学生上多下功夫，根据所教班级学生的具体情况和真实需要，进行有针对性的教育引领。

2. 融合课外实践活动

生硬、刻板的教学内容难以吸引小学生的兴趣和注意力，所以在课堂之外，教师还应该为学生选取和设计来源于生活的实践活动。实践活动首先要保证科学性、趣味性、互动性，而且要符合他们的生活实际。这对教师来说是一个挑战，因为只有了解学生的身心特点、认知规律，才能设计出科学、有益的活动，让学生把规则内化于心。

课堂链接

在学习一年级上册《上学路上》一课时，一位教师在教学时引导学生扮演上学路上可以偶遇的角色。比如当小交警的活动，引导学生关注警察的工作，体会交通规则的重要性；认识交通信号和标识，懂得交通规则；等等。这样的活动设计，可以让学生真正理解交通规则的重要性。

（二）更新理念，重视规则

在课程改革的大背景下，教师需要在课程内容、形式等方面具有与时俱进的思想观念，还要进行教学观念的更新。教师应该主动做好自身角色的转换，在课堂上，教师不是课堂的支配者，而应该尊重学生的主体地位，调动学生的积极性，做学生学习的合作者、指导者，把课堂交给学生。尤其是道德与法治课程，只有通过生动、有趣的课堂活动形式才能帮助学生理解和掌握知识，所以教师要更新教学理念，及时转换角色，才有利于培养学生的规则意识。

规则意识的培养非常重要。它能够提升小学生的综合素质,帮助他们更好地适应社会的发展和运作模式。小学生作为未来社会建设的主力军,肩负着重要使命。教师应该立足当下,放眼未来,针对具体教学内容构建良好的教学情境,引导学生自主探究学习,让他们能够突破思维定式,在思考、感知以及实践等一系列活动中内化知识,从而形成良好的规则意识。

(三)创设情境,感知规则

小学生年龄小、生活阅历少,因而在学习过程中会有诸多困难。因此,教师在课堂上要不断激发学生的学习兴趣,吸引他们的注意力,创设情境进行教学,通过可以感知的情境让学生分清是非对错。正如我们常说的,兴趣是最好的老师,只有教师主动进行创新和改变,学生才能够兴趣盎然地学习。

课堂链接

二年级下册《安全地玩》一课中,一位教师大胆地把课堂移到教室外,创设真实情境,在玩滑梯等活动中,让学生真切地感受到安全地玩和不安全地玩的区别。这样的方式能让学生了解规则的真实意义。教师还可以给学生播放一些正面的或者负面的视频,加深学生对规则的印象。

(四)关注热点,反思规则

随着信息技术的高速发展,许多时事会很快成为人们关注的焦点,而这些焦点问题会对小学生的道德产生深刻的影响。道德与法治教师必须树立良好的媒体观,具有敏锐的生活洞察力,运用正确的方式将这些焦点问题引入到教学中,对学生进行时事教育。近年发生的多起乘客抢公交车方向盘、高铁霸座等事件,都是因为缺乏规则意识引起的,教师要积极捕捉事件中具有教育价值的因素,将这些事件当作教育契机对学生展开教育。

课堂链接

一位教师在讲三年级下册《生活离不开规则》这一课时,给学生播放了重庆公交车坠江事件的视频之后,引导学生展开交流:这起导致15人丧生的公交车坠江事件是怎么发生的?学生在交流中认识到:到站下车是坐公交车的规则,而乘客刘某因坐过了站,强行要求司机停车,司机不答应便打骂司机,后刘某与司机互殴行为导致公交车失控,最后坠入江中。悲剧的源头是乘客刘某没有遵守规则。

教师又补充了相关的资料。救援队副队长周小波的父亲也在这辆车上，76岁了，是一名退休教师。出事的时候，老人家还有2分钟就到站了。周小波参与过无数次救援，这一次，他打捞出了父亲的遗体。他说："我多么希望父亲还是好好的，还能微笑着和我说话，叮嘱我注意安全。"在打捞的过程中，一名潜水员打捞出一个3岁孩子的遗体，当场失声痛哭，说："孩子，水下太冷，我带你回家……"

了解到这些信息，很多学生眼眶里满是泪水，有的学生甚至轻轻抽泣起来。他们对这起事件进行了深入的反思：如果人人都遵守规则，就不会有类似的悲剧发生。

教师引导学生设身处地地体验他人处境，感受和理解他人的情感，引发学生对悲剧根源进行反思，提高道德判断能力，增强了规则意识。通过社会热点问题对学生进行规则教育，更能加深对规则的认识。

（五）培养习惯，践行规则

要培养学生自觉遵守规则的好习惯，教师就要依据学生的年龄特征，使学生能够从自身需求出发，自主制定规则。只有在具体情境中落实规则，学生的规则意识才能够真正得到提升，形成遵守规则的良好习惯。

教师可以和学生一同讨论并制定上课、班级卫生、课间活动、午餐等规则，并根据实际情况及时修正。如果所有学生都能遵守规则，同学之间就会和谐相处，班级活动也会有序进行，校园生活才会更加美好。这一切美好愿望的前提就是遵守规则，虽然规则像一个无形的圈在束缚、限制着我们，但有了它，校园生活和学习才能够更加有序。

课堂链接

一位教师在讲二年级上册《班级生活有规则》一课时，引导学生从上课、路队、卫生、同学交往、午餐、课间游戏、上下楼梯等方面开展班级规则的制定。每个小组选择一个方面，小组同学一起商议，制定班级同学应该遵守的规则，然后集体交流补充完善。学生们交流之后，教师继续追问：如果我们都能遵守规则，我们的班级会怎样？学生们纷纷表示，如果全班同学都能遵守班级规则，班级会更加美好，同学相处更加和谐，班级活动更加有序，每位同学也会更加幸福地享受学校生活。

教师又进一步引导：你们展望的美好的一切都是同学们自觉遵守规则带来的。所以，规则虽然是个无形的框，表面上看起来束缚了我们，限制了我们的自由，但换个角度想一想，正因为有了这个框，我们的学习生活才更有序、更安全。这个框为我们营造的是和谐的氛围，让我们生活得更加幸福。这个框也是一份爱的保障！国家制定了《中小学生守则(2015年修订)》，这是国家给我们的一份爱的保障；学校制定了《学生生命成长指导手册》，这是学校给我们的一份爱的保障；刚才同学们制定了在班级中大家应该遵守的规则，这是同学们给彼此的一份爱的保障。在这个爱的怀抱中，同学们才能茁壮、幸福地成长！

制定规则，认同规则，用规则指导自己的生活，让规则内化为具体行为，在践行规则中不断规范、修正自身行为，能够让规则意识深深地烙在生命成长的脚印之中，实现由“他律”向“自律”的转变，养成良好的行为规范。

三、规则教育的教学评价

(一)教师教学评价

1. 立足学情，制订适合学生发展水平的教学目标

教师在制订教学目标时，必须考虑到学生的身心发展水平，只有符合学生接受能力的教学目标才是可行的。在实际教学中，由于教师对教学内容把握不准，常常出现教学目标过高或趋低的现象。

课堂链接

二年级上册《这些是大家的》

教学目标：

1. 知识：知道什么是公物。认识到身边的公物为大家的生活带来了便利。体会损坏公物带来的影响。

2. 能力：反思自己行为，学会正确使用公物。

3. 情感态度与价值观：激发爱护公物的意识，在日常生活中自觉地爱护公物。

教学重点：从观察、对比中，唤起学生爱护公物的积极情感；学会正确使用公物的方法。

教学难点：能够在今后的生活中，坚持做到爱护公物。

三年级下册《大家的“朋友”》

教学目标：

1. 认识什么是公共设施，体验公共设施给人们生活带来的便利，了解损害公共设施会给人们生活带来不便甚至危害生命。

2. 知道公共设施受法律保护，了解相关法律条文，了解公共设施的管理部门

及电话号码。

3.掌握正确使用公共设施的方法，爱护公共设施。

教学重点：体验公共设施给人们生活带来的便利；掌握正确使用公共设施的方法。

教学难点：反思自己行为，能够自觉地爱护公物。

这是两位教师分别制订的二年级上册《这些是大家的》、三年级下册《大家的“朋友”》的教学目标。仔细观察就会发现，除了第二条之外，两课教学目标基本雷同。同一内容在不同年级的目标相似，这肯定是有问题的。

二年级上册《这些是大家的》主要呈现的是校园中的公物，根据学生的年龄特点，二年级教材聚焦学校这个学生熟悉的公共场所，到了三年级才拓展到社会公共场所。二年级的教师没能贯通年级读教材，所以教学目标显然拔高了。教学目标定位不准确，教学一定会出现问题。所以，评价教师教学首先要看教学目标的制订。

2.研读教材，抓住教材多层次内涵

小学《道德与法治》教材以学生活动为中心，强调学生自主建构，在编排逻辑和内容呈现上有很大的改进。教材内容更加简洁，课文整体采取图文结合的形式，通过简洁的图画加通俗易懂的文字呈现。形式虽简单，但是内涵丰富，具有很大的解读空间。有时候一个话题下面有几处图文，每一处图文表示一个层面的意思。教师在进行规则教育时，应充分理解教材中各要素的教育价值，从不同视角、不同维度对教材进行多层次的解读，充分发挥引导点拨作用，帮助学生掌握规则内容，从而践行规则要求。

教育叙事

有一位教师在讲《爱护花和草》时，让学生观察书上的图片，说说图中人物的行为是否正确。学生一边倒地认为“践踏草坪是不对的，采摘花朵是不对的！”老师认为这些观点学生都知道，就简单总结而结束了这个话题。

然而，这样的教对学生毫无意义可言！

第一，真的是所有的花都不能摘吗？教材中上面两幅图展现的是不让踩公共草坪，公共场所的花不能摘，而下面一幅图可以让学生展开思考：野外的野花、野草，采来编成花环可不可以呢？当然是可以的！

为什么有的教师没有注意到这一点呢？

首先，没有深入解读教材，体会教材的编写意图。教材中每一幅图、每一句话都有着特定的含义，不是无缘无故摆在那里做样子的。有的教师没能理解下面那一幅图（在野外玩耍、采花）所传达的意思。教材呈现的这一场景，是引导学生进入真实生活中，在生活中去辨别，不是所有的花草都不能摘。

其次，教师缺少对真实生活的关注，缺少对学生的引领。生活是复杂的，我们一定要具体情况具体分析，不能紧盯着教材传授德育知识。

第二，简单的对错评判方式可取吗？

在公共场所踩草坪、摘花是不对的，但是我们的教育不能止步于此。为什么不对呢？我们一定要引导学生深入认识规则背后的原因，学生才能够理解、认同，进而形成良好行为习惯。

首先，这是对花草树木的伤害；其次，摘了公共场所的花，他人就没有办法欣赏花带来的美景，这是认知上的提升；最后，还要引导学生，爱花、想摘花的心情是可以理解的，但我们要学会节制，因为它是公共场所的，是有生命的，不能随便摘。这才是教育所要达成的目标，是一步步地逐渐深入，而不是打钩和叉就行了，我们的教学不能止步于此。

（北京市第二实验小学通州分校孟然提供）

教材中的每一处图文都蕴含一定的主旨，教师一定要深入研读教材，抓住多层次内涵，才能挖掘规则教育的价值，实现对学生的有效引领。深入研读教材，抓住教材多层内涵，是评价教师教学的一个重要方面。

3. 密切联系生活，挖掘生活资源

向生活学习是小学《道德与法治》教材主导的学习方式。对规则的学习也必须是在生活中学习。对小学生而言，他们对自己熟悉的生活场域有更多的体会和认知，因此教师要努力寻找课本知识与学生生活的连接点，搭建文本与生活的桥梁，将规则教育与学生的实际生活联系起来，从学生已有的生活经验出发设计教学活动，从而帮助学生更好地理解教材知识，引导学生适应生活，享受生活。因此，密切联系学生生活也是评价教师教学的一项重要指标。

课堂链接

《大家排好队》教学片段

环节三：实践活动“怎样排好队”

1. 过渡提问：在我们的生活中，除了在学校要排队，还有哪些公共场所需要排队呢？

预设：医院缴费、超市购物、商场结账、参观博物馆、公交车站、地铁站、扶梯……

2. 引导：只要是在公共场所，我们就要自觉排好队。可是排队还是一门学问呢！不同场所排队的方式也是不一样的，有时还会有一些小标志来提示我们怎么排队。

3. 出示一米线、箭头、标线。你认识这些标志吗？

预设：认识，说含义。

4. 图片说明：一米线标志、地铁排队箭头、公交车排队标线。

5. 实践活动：

（1）通过学习，我们知道在不同的场所应该如何排队。下面老师要考一考大家了。谁敢挑战？这些场所如何排队呢？你们的任务来了。

（2）用手里的小脚丫图片，在这些地方排排队，演一演。

（3）分组活动。

①去银行办事，在哪儿等候？（用小脚丫给大家做出提示）

②怎样乘坐扶梯呢？（用小脚丫给大家做出标记）

③乘坐地铁时，我们怎样排队等候？（用小脚丫做出标记）

④坐552路公交车在哪儿排队等候呢？（用小脚丫做出标记）

6. 各组汇报表演，教师补充。

（1）学生表演。

（2）师生表演。为什么要站右侧？

(3)(出示图片)两个人要排队吗?说说理由。教师:一米线既是文明线,也是规则线。

7.总结:在生活中,买东西,坐汽车,人多拥挤,排队总是少不了。无论有没有标志提示我们,只要人多大家就要排好队,遵守公共秩序,做一个讲文明的好孩子。

(北京小学通州分校高明月提供)

在《大家排好队》这一课的教学中,教师充分挖掘生活中的教育资源,并把这些资源合理地运用到课堂活动中来,把生活场景搬到了课堂上。学生通过参与这些体验活动,对生活中在公共场所排队的文明规则有更深入的理解和认识,并能在自己的心中生根发芽,落实到自己的生活实践中。

4.关注对话,注重价值引领

规则教育作为小学低年级德育教学的重要内容,目的在于传递给学生遵守规则的理由,引领学生理解规则背后的价值。只有这样,才能将规则的种子播种在学生的心中,从而内化于心,外化于行。但是在规则教育中,有些教师还存在着"说教管制"的教育理念,将规则教育简单化,认为只要将规则相关的知识传递给学生,就完成了教育任务,教学中重知识传授而忽视学生道德情感的激发和道德价值的引领。因此,教师是否关注价值引领,是否能够与学生进行有效的对话,也是评价教师教学的重要因素。

课堂链接

《不让溺水悲剧发生》教学片段

(一)导入课题,激发兴趣。

1.教师:同学们,课前老师收集了一些游泳、戏水的照片,我们一起来看看。(学生观看照片,体会戏水带来的快乐)

2.教师提问:你喜欢玩水吗?

学生:喜欢,因为(玩水很快乐……);不喜欢,因为(害怕呛水、被淹……)

(二)探究溺水的原因,树立安全意识。

1.教师:就像同学所说,水带给我们快乐的同时,也可能发生溺水危险。在我们身边就有这样的事情发生,我们一起来看一则新闻。

2.教师提出问题:这是发生在我们家乡的溺水事件。请各小组交流一下,他们为什么会溺水?(探究溺水的原因)

小组讨论:他们独自下水,不遵守规则,去陌生的地方戏水……

(三)探究防止溺水悲剧发生的办法,培养学生的问题解决能力和创新思维能力。

教师提出问题:刚才我们分析了溺水的原因,那我们怎么做才能不让溺水悲剧发生呢？

学生交流聚焦四个方面：遵守规则；做热身运动；去正规场所；有家长陪同。教师针对四个方面组织学生深入交流探讨。

1.遵守规则。

(1)学生：看到水边有警示牌，我们就不能下水。

教师：对，我们国家有相关的措施，在水边危险地点设立警示牌。你在生活中有没有看到过这样的警示牌呢？

学生联系自己的生活经历，介绍在哪些地点看到过类似的警示牌。

(2)追问：那为什么有这些警示牌，有些人还下水啊？

学生交流：因为他们存在侥幸心理，没有安全意识。

教师：正因为他们没有安全意识，违反规定，所以发生了溺水事件。那我们看到这些警示牌的时候，应该怎么做？

学生：应该遵守规则，远离水面。

教师：遵守规则，远离水面，这样才能保证我们的生命安全。板书：遵守规则。

(3)进一步追问：野外没有警示牌的地方，我们可以去戏水吗？

学生交流：能/不能。(因为……)

(4)教师播放视频(小孩去河边捞鱼，掉到水里淹死了)。提问：看完视频，你有什么想说的？

学生：就算没有警示牌，我们也不应该去河边玩耍。

教师：尽管他妈妈哭得撕心裂肺，她的孩子还能醒过来吗？

学生：生命只有一次，不能重来。(体会生命的意义)

(5)教师：假如发生危险的是你，想想你的父母会怎样？

学生：父母会很伤心，会哭……

总结：生命只有一次，不能重来。下水游泳有危险，去野外水边玩耍同样有危险。老师希望咱们班孩子一定珍爱自己的生命，遵守规则，不接近陌生水域，时刻把安全放心中。

(北京市通州区台湖镇中心小学姚雪提供)

在《不让溺水悲剧发生》这一课的教学中，教师并没有进行规则教育的灌输、说教，直接告诉学生应该遵守的规则是什么，而是通过精心设计的层层深入的教学活动和真实案例，结合学生的生活经验进行引导，这样不仅使学生认识到遵守安全规则的重要意义，而且把防溺水的安全教育上升到生命教育的高度。我们可以感受到，课堂中教师的引导、教师与学生的对话是有温度的，是目标明确且遵循教育规律的，让学生从生命不可重来的角度讨论安全的话题，讨论遵守规则的重要意义，进而引导学生热爱生命、珍惜生命，润物无声地对学生进行了价值引领。

（二）学生学业评价

1.做好课堂评价，记录学生发展轨迹

课堂学习是学生获取知识、形成能力的主要方式。教学实践中，我们应充分发挥课堂评价的评定功能、诊断反馈功能，促进学生的发展。科学合理的课堂评价模式有助于学生参与课堂互动，获取知识，发展情感、态度、价值观，提高教学效率。做好学生课堂活动参与的评价是学科评价中重要的一环。一年级上册《上课了》一课，一位教师是这样进行评价的：

课堂链接

我的评价表

上课表现	自评	学生互评	教师评	我要改进的地方
课前准备	☆		☆	
举手规则	☆	☆	☆	
认真倾听	☆	☆	☆	
积极举手回答问题	☆	☆	☆	
小组研讨认真积极	☆	☆	☆	
作业认真	☆	☆	☆	

注：做到了就把五星涂成红色。

这份课堂评价表涵盖了课前准备、课堂表现及学习收获，充分重视活动的生成，重点考查学生在课堂中的活动参与情况：课堂专注力、课堂参与程度、与他人合作情况，全面客观地对学生的表现做出评价。

小学道德与法治课程是活动性的课程。《义务教育品德与社会课程标准（2011年版）》明确提出，本课程超越单一的书本知识的传递和接受，以活动为教和学的基本形式。课程的呈现形态主要是儿童直接参与的各种主题活动、游戏或其他实践活动；课程目标主要通过儿童在教师指导下的活动过程中的体验、感悟和主动建构来实现。所以，做好课程参与程度、与他人合作情况评价，能引导学生积极参与课堂活动，提升课堂学习效率。

2. 抓住阶段性评价，开启改进的契机

小学道德与法治是综合性和开放性的课程，学生的学习活动不仅在于课堂，还包括他们直接参与的各种主题活动、游戏和其他综合实践活动。课堂评价不能完全反映学生在一个阶段的活动表现，评价学生的学科知识阶段性学习情况也应兼顾这一特点。

阶段性学习评价是考查学生一段时期内的学习状况。小学低年级道德与法治课程每学期设置三至四个主题单元，每完成一个或两个主题单元之后安排一次阶段性学习评价。每位同学都有一份评价表，记录学生在主题单元学习中的活动成果。一年级学生受识字写字水平限制，使用评价表时由教师进行记录。小学二年级时，学生的能力水平得到提升，则由学生自行记录。

（三）多角度综合评价，勾勒学生成长全貌

《义务教育品德与社会课程标准（2011年版）》提出本学科具有综合性特点。课程内容体现品德教育和生活教育有机融合；教学活动体现儿童的生活体验与道德体验，知识学习与社会参与、问题探究等彼此渗透、相互促进，实现生活、教学、发展的三位一体。本学科的特点决定了对学生的学业水平应进行综合评定。低年级学生道德与法治学业水平评定应参考日常成长记录、阶段性评价，以教师评价、学生自评、同学互评、家长评价等多方评价为基础，以等级和描述性评价为评定形式，这样才能更全面、客观地体现学生的学业发展水平。

本章小结

规则作为一种契约，是维系社会个体和谐共处的纽带，也是稳定社会秩序的基石。当前，社会主义市场经济深入发展，社会成员道德价值观日趋多元化，利己主义和功利主义蔓延，个体更应该清楚什么是可以做的，什么是禁止做的。规则在约束社会成员的行为方面发挥着越来越大的作用，社会成员对规则的掌握和遵守也越来越重要。个体对规则的遵守并不是自发形成的，而是需要教育这一外力来催化；个体良好的规则品质并不是一朝一夕养成的，而是要经过长期、反复的培养和教育。小学时期是一个人的规则意识奠基时期，在此阶段重视对小学生进行规则教育，这不仅有利于培育合格的、有良好规则意识的未来公民，同时也有利于推进社会和谐有序地发展。

【知识导图】

- 规则教育
  - 规则教育的意涵
    - 规则教育的含义
    - 规则教育的价值与意义
    - 规则与文明的关系
  - 教材中的规则教育内容
    - 教材中呈现五方面的规则教育内容
    - 规则教育内容在教材中的分布
    - 规则教育内容的编排特点
  - 规则教育的教学实施
    - 规则教育的原则
    - 规则教育的教学实施策略
    - 规则教育的教学评价

【理解反思】

本章虽然对小学道德与法治课程中的规则教育相关内容进行了分析，并对教学策略进行了阐述，但仍然有一些局限和不足，需要老师在理论学习和教学实践中进一步完善。

【实践作业】

请从统编版小学《道德与法治》教材中，选择一课与规则教育有关的内容做教学设计，并进行课堂教学实践，撰写教学体会和反思。

【推荐阅读】

1. 陆建国. 做有灵魂的教育[M]. 上海：上海社会科学院出版社，2015.

2. 刘睿. 自由与强制的有机统一——康德论未成年人规则意识培养[J]. 教育学报，2019，15(1).

第五章
民主与法治教育

法律是一切人类智慧聪明的结晶，包括一切社会思想和道德。

——柏拉图

核心观点

社会主义民主与法治教育是道德与法治课程的重要内容，在学生成长过程中具有重要的价值和意义。在依法治国背景下，对儿童进行民主与法治教育，有利于培养他们的道德意识、规则意识和权利意识，有利于预防和减少儿童违法犯罪行为。基于民主与法治教育的重要性，在小学《道德与法治》教材中，以前法治教育、分散法条嵌入和集中专册学习等方式编排了民主与法治教育内容。教师在教学中要联系儿童的生活实际，运用真实性、探究性、互动性等策略，引导儿童了解民主与法治的基础知识，形成遵法守法的意识。

学习目标

1. 了解民主与法治教育的内涵、价值及意义。
2. 了解教材中民主与法治教育的编排特点及具体内容。
3. 知道民主与法治教育教学的有效策略及方法。

思考问题

1. 民主与法治教育的内涵是什么?
2. 小学《道德与法治》教材中民主与法治教育内容包含哪些?
3. 如何在小学阶段有效开展民主与法治教育?

第一节　民主与法治的意涵

教育叙事

一次讨论引发的思考

六(1)班的几名同学和张老师展开了关于民主和法治的讨论。张宇说:“民主就是自由发表意见,想说什么就说什么。”李明说:“法治就是对违法犯罪行为做出处罚。”王曜说:“民主就是少数服从多数,法治就是不能做坏事。”雨涵说:“民主就是投票……”

张老师说:“你们的观点都有正确的地方,但是每个人的认识都不够全面。如果要理解民主与法治的内容,我们需要先了解民主与法治的概念。”

(北京第二实验小学通州分校姜海荣提供)

民主与法治是两个不同的概念,它们既存在差异,又相互依存、相互制约。对小学儿童进行民主与法治教育有利于培养儿童的道德意识、规则意识和权利意识,能有效预防和减少儿童的违法行为。

一、民主与法治的概念

民主与法治是人类几千年文明积淀的精华,是人类社会自我完善的必由之路。提起民主与法治,大多数人都能把它与法律相关联,但对民主与法治的概念及内涵并不清楚,因此需要进一步明确。

(一)民主的概念

“民主”一词源于希腊文。古希腊历史学家希罗多德在《历史》一书中提到“民主”(demokratia),该词是由demos(人民)和kratos(权力、统治、治理)这两个词根合成的,其基本含义是“人民的统治”。之后的研究者也往往从词源上来理解“民主”,把“由人民来统治”看作民主的本质含义。

《辞海》中对民主的解释主要有:统治阶级中的多数人掌握国家权力的国家形式、政治制度;解决人民内部矛盾的方法,即讨论的方法,批评的方法,说服教育的方法;领导人征求意见,了解下情,群众发表意见,开展讨论,上下通气;等等。

在《现代汉语词典》中,民主指人民所享有的参与国家事务和社会事务管理或对国事自由发表意见的权利。一些学者的理解是,民主就是人民自己统治自己,就是人民当家做主。权力来源于人民,权力属于人民,权力的行使必须有利于人民。

(二)法治的概念

何谓法治? 自亚里士多德提出“法治应当优于一人之治”以来,对“法治”一词的研讨从未中断。在我国,“法治”一词在先秦典籍中已出现,如《晏子春秋》中:“昔者先君桓公之地狭于今,修法治,广政教,以霸诸侯。”这句话中的“法治”,意思就是依据法律治理国家。

《辞典》中对法治的解释为“按照法律治理国家的政治主张”。《现代汉语词典》中,法治指先秦时期法家的政治思想,主张以法为准则,统治人民,处理国事;根据法律治理国家和社会。学者们认为,法治是一种制度,一种治国方式,也指通过依法治国形成的一种社会状态。

(三)民主与法治的关系

民主意味着“多数人的权力”“多数人来统治”。如果剥离“多数人来统治”这一成分,民主将失去其存在的意义。法治关注的是“如何立法”“如何统治”。所以,民主是“谁来统治”的理论,法治是“如何统治”的学说。①

民主与法治既相互区别,又相互依存、相互促进。其关系体现在:一方面,民主是法治的前提和基础,决定了法治的价值导向,影响着法治的有效性;另一方面,法治是民主的体现和保障,其根本目的是保障公民的权利,离开了民主,法治就成了无本之源。②以民主机制形成的法治,更能体现人民的利益导向;法治将民主制度化、法律化,为实现民主保驾护航。民主愈发展,法治就愈健全;民主被践踏,法治就遭破坏。有完备的民主,才有健全的法治。民主是法治范围内的民主,在法治允许的范围内行使民主权利。③

总的来说,民主与法治既相互依存,又相互制约。民主为法治奠定基础,法治为民主提供保障。以民主为基础的法治社会是现代民主与法治所追求的目标。

①秦前红,叶海波.论民主与法治的分离与契合[J].法制与社会发展(双月刊),2005(1):66-74.

②杨云丹.论民主与法治的关系[J].法制博览, 2016(2):138-139.

③杨云丹.论民主与法治的关系[J].法制博览, 2016(2):138-139.

二、民主与法治教育的价值与意义

法治教育是德育课程的重要内容之一。在小学阶段，进行民主与法治教育，培养学生的法治意识，引导学生学会用法律手段保护自己，是德育课程的一项重要任务。

法治教育可以让每个公民都学法、知法、懂法、守法、用法，崇尚法律精神，增强法治意识，提升法治素养，知道正确运用法律维护自身和他人的合法正当权益。《青少年法治教育大纲》中指出，青少年法治教育的总体目标是："以社会主义核心价值观为引领，普及法治知识，养成守法意识，使青少年了解、掌握个人成长和参与社会生活必需的法律常识和制度、明晰行为规则，自觉尊法、守法；规范行为习惯，培育法治观念，增强青少年依法规范自身行为、分辨是非、运用法律方法维护自身权益、通过法律途径参与国家和社会生活的意识和能力；践行法治理念，树立法治信仰，引导青少年参与法治实践，形成对社会主义法治道路的价值认同、制度认同，成为社会主义法治的忠实崇尚者、自觉遵守者、坚定捍卫者。"

儿童是祖国的未来，民族的希望，承担着实现中华民族伟大复兴的重任。他们接受民主与法治教育的效果，直接关系到我国依法治国的进程。因此，对小学生进行民主与法治教育意义重大。

（一）有利于培养学生的道德意识

道德是判断是非曲直的重要标准，而法律是道德底线，是最低标准的道德。在小学阶段开展民主与法治教育，通过观察社会生活中的现象，发现问题，适时引入相关法律法规，能够提升学生的法治意识。法律的强制性是伦理道德无法比拟的。因此，民主与法治教育对培养学生的道德意识具有重要作用。

（二）有利于培养学生的规则意识

规则意识可以直接影响社会秩序，它反映出一个社会的文明程度。法律的基本要求之一就是遵守规则，因此，小学民主与法治教育包括培养学生的规则意识。社会生活中存在很多不遵守规则的现象，以学生身边的生活小事为例，如在公共场所大声喧哗、马路上随意穿行等。这些不良的社会现象，与人们欠缺规则意识有关。因此，在小学进行民主与法治教育，对培养学生规则意识，对于减少社会不良现象具有重要意义。

（三）有利于培养学生的权利意识

民主与法治保障个人的基本权利，也要求尊重他人的基本权利。民主与法治教育的薄弱，会导致学生无意识侵权行为增多。从部分学生的亲身经历中我们不难发现，利用微信群诽谤同学、在校园欺凌弱小等行为屡见不鲜。宪法规定了广泛而细致的个人权利，其他多部法律对公民的权利做出详细的补充。在小学加强民主与法治教育，可以培养学生的权利意识。

（四）有利于预防和减少学生违法行为

学生出现违法行为，往往是受到家庭、学校和社会环境的影响，其根本原因在于学生缺乏法律知识，法治意识淡薄。

知识卡

未成年人违法犯罪行为越来越受到社会各界关注，司法部和最高人民法院2019年公布的数据中，包括小学生在校园的暴力事件。

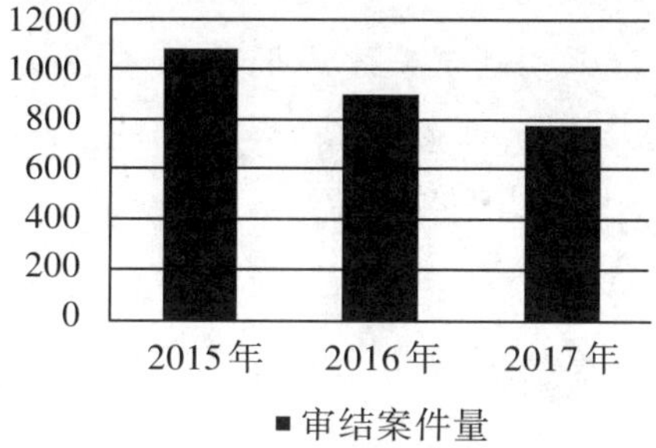

·2015年，全国各级人民法院一审审结校园暴力案件共计1000余件。
·2016年案件量同比下降16.51%。
·2017年案件量同比下降13.37%。

图5-1　校园暴力案件基本情况

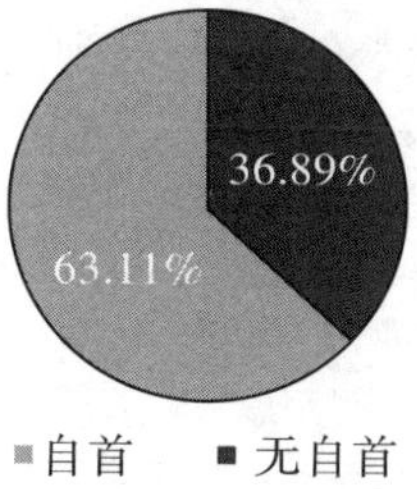

·2015年至2017年，全国一审审结的校园暴力案件中，36.89%的被告人有自首情节。

图5-2　校园暴力案件原告人自首情况

由图5-1的数据可知，青少年校园暴力案件近年呈逐步下降趋势。但是从相关案件中可以发现，随着媒体的普及，未成年人违法犯罪的方式更加高端，“网络诈骗”“团伙作案”的情况较多，造成的后果也更加严重。由图5-2可知，未成年人在实施校园暴力后，63.11%的人没有自首，这说明他们缺乏相应的法治知识，没有形成法治意识。在小学加强民主与法治教育，可以提升小学生的民主与法治意识，减少小学生违法犯罪行为，对构建和谐社会具有重要影响。

综上所述，民主与法治是两个既有区别又有联系的概念。在小学开设民主与法治教育课程，对学生的道德认知和价值观形成具有重要意义，也是建设社会主义法治国家的基础和保障。

第二节 教材中的民主与法治教育内容

教育叙事

热烈的争论引发的思考

在一次教材分析与案例研讨活动中，几位教师针对小学《道德与法治》教材的编写特点展开讨论。王老师认为："小学《道德与法治》教材从一年级至六年级都体现了民主与法治教育内容，因此每一课的教学设计都要体现民主与法治教育。"李老师认为："教材的很多内容属于前法治教育，与法律法规关系不密切，所以应该在引入法律条文的地方进行法治意识培养，不涉及法治观念的内容不必关联民主与法治教育。"杨老师认为："法治思维的培养并非一朝一夕的事，教师应该抓住契机，创造条件，随时随地进行民主与法治教育。"

（北京第二实验小学通州分校姜海荣提供）

小学《道德与法治》教材中，民主与法治的内容与学生的生活密切相关，以情境、问题、故事等方式呈现，旨在引领学生学会解决成长过程中遇到的各种问题。其内容分布于各年级，体现出前法治教育、分散法条嵌入和集中专册学习的编排特点。

一、教材中的民主与法治教育内容

（一）与民主教育有关的内容

小学《道德与法治》教材中，与民主教育相关的内容主要集中在高段（3—6年级），内容包括：为父母分担、选举产生班委会、协商决定班级事务、自主选择课余生活、我参与我奉献、公民的基本权利和义务、人大代表为人民等，涉及的生活领域主要是家庭生活、学校生活、社区和国家，其目的是从学生熟悉的家庭生活和校园生活入手，逐步扩大到社区和国家，引导学生主动参与家庭事务讨论和班级民主管理，参与社区生活，主动参与国家事务，从而提升学生的民主参与意识。

（二）与法治教育有关的内容

小学《道德与法治》教材中，与法治教育有关的内容分布于各个年级，以学生的生活为线索，主要内容包括前法治教育、法治教育、国情教育、公民权利和义务教育。下面以前法治教育和法治教育为例进行分析。

1. 低年级(1—2 年级)以前法治教育为主

小学《道德与法治》教材的前法治教育内容主要分布于低年级,包括规则教育、道德教育等方面,主要是通过生活中的现象和事例,引导学生分析其中蕴含的规则、道德、原理,从而促进健全人格的形成和规则意识的养成。例如:认识国旗、国徽和国歌,了解唱奏国歌的正确做法;孝亲敬长的传统美德;遵守交通规则和社会规则等。

小学《道德与法治》教材二年级上册《欢欢喜喜庆国庆》,就是关于国情教育的前法治教育内容。教材的正文虽然提到"《中华人民共和国宪法》规定",但后面的内容却不是宪法原文,而是从宪法中选取一些低年级小学生能够理解的语句,对国旗、国徽和国歌加以介绍。在正文之后,用学生在生活中观察到的国旗、国歌和国徽出现的场所,渗透爱国主义教育;用学生升国旗、唱国歌的表现,进行规则与法治教育。这些内容都是小学生真实经历过的,但考虑到低年级小学生的年龄特点和接受水平,因此用容易理解的语句,对相关法治内容进行解析。这里的法治教育是通过潜移默化的影响,为高年级法治教育内容奠定基础。

2. 高年级(3—6 年级)突出法治意识培养

小学《道德与法治》高年级教材根据学生的生活实际和认知特点,用分散与集中相结合的方式开展法治教育,其内容既有公共生活规则,也有对宪法的认识,包括道路规则、环境保护、消防安全、禁毒、食品安全、校园欺凌等各个方面,旨在通过生活中的现象,培养学生的法治意识,提升法治素养。

例如,小学《道德与法治》五年级下册《我们的公共生活》,设计调查"身边的公共设施及使用现状",要求学生关注"身边的公共设施使用情况",记录公共设施的损坏情况。再根据数据思考:政府提供或修建的公共设施,是否与我们个人无关?经过交流讨论,学生能够理解政府提供或修建的公共设施,与我们每个人都息息相关,我们要维护公共利益。在此基础上,教材列出相关法律规定,提升学生的法治意识。

由以上分析可见,小学道德与法治教育内容与学生的生活息息相关,主要围绕学生的日常生活展开,涵盖生活中的方方面面,如交通出行(道路交通安全)、国家制度认同(国旗、国徽、国歌)、社会生活(公共秩序)、家庭关系(尊重、理解父母)、司法制度、国家机构等。结合小学生的认知规律,由列举生活现象逐渐过渡到引入法律条文,渗透法律法规的知识,从而达到培养学生尊法守法意识的目标。

二、民主与法治教育内容在各年级的分布

小学《道德与法治》教材中的民主与法治教育内容,随着学生认知领域的扩大而逐渐增加,其中六年级上册为法治专册,其余各册教材以分散的民主与法治教育为主。

(一)二年级

表5-1　二年级民主与法治教育内容分布情况

教材内容	内容分析	相关法律法规
欢欢喜喜庆国庆	从国庆节引入国旗、国歌和国徽的内容，渗透爱国主义教育	《中华人民共和国宪法》中关于国旗、国歌和国徽的条款
清新空气是个宝	通过调查身边的空气质量，了解污染源，分析保护空气的措施，渗透保护环境的教育	《中华人民共和国宪法》第二十六条

二年级的民主与法治教育内容较少，主要是校园生活的内容和空气质量问题。在呈现相应的法律条文时，为便于低年级学生理解，对法律原文进行了删减。

(二)三年级

表5-2　三年级民主与法治教育内容分布情况

教材内容	内容分析	相关法律法规
安全记心上	呈现导致儿童伤亡的交通事故数据，认识醉酒驾车的危害，进行生命教育和法治教育	《中华人民共和国道路交通安全法》第九十一条
让我们的学校更美好	了解学校对成长的重要性。通过辍学女孩的案例，了解受教育是权利也是义务	《中华人民共和国义务教育法》第四条
大家的“朋友”	通过调查公共设施的损坏情况，懂得要爱护公共设施	《中华人民共和国治安管理处罚法》第三十七条
万里一线牵	呈现同龄人的案例，讨论通信中的文明；通过“消失的邮票”的故事，进行法治教育	《中华人民共和国宪法》和《中华人民共和国刑法》相关条款

三年级的小学生已经具备初步的观察生活的能力，对自己经历过的事情，能够结合自身经验和切身利益进行思考。他们的生活范围也逐渐从家庭、学校扩大到社区。因此，三年级的教材结合学生身边的现象(交通问题、受教育问题、公共设施和通信)，引发学生思考，再嵌入相关的法律条文，落实法治教育。

(三)四年级

表5-3　四年级民主与法治教育内容分布情况

教材内容	内容分析	相关法律法规
正确认识广告	围绕学生听过的虚假广告展开讨论，说明广告并非都可信，引导学生辨析广告内容	《中华人民共和国广告法》第四条
我们所了解的环境污染	课前调查生活中的环境污染现象，分析原因并提出建议，进行爱护环境的教育	《中华人民共和国环境保护法》第四十二条

续表

教材内容	内容分析	相关法律法规
买东西的学问	围绕学生购物中的维权行为展开讨论，了解依法维权的方法	《中华人民共和国消费者权益保护法》相关条款
多姿多彩的民间艺术	课前调查各地民间艺术的现状，懂得保护、传承民间艺术人人有责	《中华人民共和国非物质文化遗产法》第三十六条

随着年龄的增长，学生的认知领域不断扩大，由家庭、学校、社区逐步扩大到国家，对各地的文化风俗等产生了极大的兴趣。小学四年级学生大多拥有独自购物的经历，但是对广告的判断不够准确，对维权方法不够了解。这些内容与法律密切相关。因此，基于学生的成长需要和能力水平，教材在四年级编排了与购物、环境保护和民间艺术相关的内容，并利用相关法律条文，帮助学生了解相关规定。

（四）五年级

表5-4　五年级民主与法治教育内容分布情况

教材内容	内容分析	相关法律法规
主动拒绝烟酒与毒品	选取“拒绝毒品”宣传资料和故事，引导学生远离毒品，健康成长	《中华人民共和国刑法》《中华人民共和国未成年人保护法》中相关条款
中华民族一家亲	在了解五十六个民族分布特点的基础上，引入法律条文，明确各族人民一律平等	《中华人民共和国宪法》第四条
让我们的家更美好	通过交流家庭责任单，懂得家庭成员都应主动承担责任	《中华人民共和国婚姻法》相关条款
我们的公共生活	通过调查身边的公共设施损坏情况、观察浪费公共资源的行为以及共享生活的资料，进行规则与法治教育	《中华人民共和国治安管理处罚法》和《中华人民共和国民法总则》相关条款
建立良好的公共秩序	调查生活中与公共秩序有关的不良现象，从中感悟维护公共秩序离不开法律保障	《中华人民共和国刑法》第二百九十一条
我参与 我奉献	了解身边的弱势群体，知道他们需要更多关爱。通过相关法律规定，体会国家对每个社会成员的关爱	《中华人民共和国残疾人保障法》《中华人民共和国老年人权益保障法》和《中华人民共和国未成年人保护法》的相关条款

五年级的小学生正处于想独立、渴望成熟的心理发育期，对新鲜事物充满好奇，凡事都想试一试。但是，有些尝试会让学生悔恨终生。另外，随着年龄的增长，有的学生开始出现叛逆心理，喜欢破坏一些事物。基于学生的心理特征和行为特点，五年级的教材从家庭、社区、国家等领域选取素材，利用典型案例对学生进行行为引导和价值观教育，并适时嵌入法律条文，进行责任意识和法治素养的培养。

（五）六年级

表 5-5　六年级民主与法治教育内容分布情况

教材内容	内容分析	相关法律法规
感受生活中的法律 宪法是根本法 公民意味着什么 公民的基本权利和义务 国家机构有哪些 人大代表为人民 权力受到制约和监督 我们受特殊保护 知法守法 依法维权	法治专册，内容涉及公民的权利和义务、国家机构、公民身份、全国人民代表大会制度、权力的行使受制约、法律对未成年人的保护以及依法维权等，旨在通过本册的学习，使学生了解到的法律知识系统化，从而提升权利意识与法治意识	《中华人民共和国宪法》《中华人民共和国国籍法》《中华人民共和国行政诉讼法》《中华人民共和国未成年人保护法》《中华人民共和国义务教育法》《中华人民共和国预防未成年人犯罪法》《中华人民共和国反家庭暴力法》等
学会尊重	通过案例分析，认识到每个人都应得到尊重	《中华人民共和国宪法》
学会宽容	围绕董轩玩火的事件展开讨论，理解危害公共安全的事件不能宽容	《中华人民共和国刑法》第一百一十四条
应对自然灾害	在了解人类防灾减灾措施的基础上，知道法律是约束人的行为、减少灾害的手段	《中华人民共和国防洪法》第三十七条
让世界更美好	在了解科技改变世界的基础上，懂得法律约束能减少科技发展带来的负面影响	《中华人民共和国科学技术进步法》第二十九条

为了落实《青少年法治大纲》的核心精神和要求，突出宪法的核心地位，六年级上册编写了法治专册，以青少年参与社会生活的不同场所为基础，选取小学生耳闻目睹的事件，编写易于他们接受的法治教育内容。因此，六年级上册呈现出民主与法治教育系统化的特点。

六年级下册的内容领域扩展到世界，从整体上看，它与六年级上册的内容相呼应，既有宪法的核心观点“尊重和保障人权”，又有公共安全、防灾减灾和科技发展等方面的内容，其核心理念是法律可以约束人的行为，保障公共安全、人的生存环境和科技发展，强调民主与法治意识的培养。

三、民主与法治教育内容的编排特点

小学道德与法治是根据青少年的成长需要与年龄特点，依据《青少年法治教育大纲》的要求而开设的学科。在小学道德与法治课程中，与法治教育相关的主题内容贯穿始终。这些内容分散于各个年级，嵌入各教学主题中，层层深入地引导青少年建立民主与法治意识。具体编排特点是：低年级以前法治教育为主，高年级则采用分散法条嵌入和集中专册学习的方式呈现内容。

（一）低年级以儿童生活为主，凸显道德养成

《义务教育品德与生活课程标准（2011 年版）》以“回归儿童生活”为核心理念，而低年级小学生的生活经验较少，理解法律概念存在困难。因此，小学《道德与法治》教材在低年级以“规则教育、基本文明素养的培养、基础性的道德教育”为主，这些内容出现在学生能够理解法治范畴之前，属于道德养成教育，但是这些内容又与高年级的民主与法治教育有着密不可分的关系，因此，一些学者称之为“前法治教育”。

一年级下册《花儿草儿真美丽》中编排了《爱护花和草》。教材呈现了一处美丽的公园，通过小朋友采摘鲜花和践踏草坪的行为，提出问题：“这样做对吗？”这部分内容不仅对学生的行为进行引导，而且渗透了爱护环境、保护大自然的教育。自然环境教育不仅是近几年的热点问题，也与很多法律内容相关。因此，这部分内容体现了低年级“前法治教育”的特点。

（二）高年级采用分散和集中相结合的方式

高年级的民主与法治教育内容是以学生实际生活为线索进行编排的。学生的生活是广泛的，它由多个主题组成，民主与法治主题只是其中的一部分。民主与法治内容只能以分散的形式进行，但是，六年级的小学生对法律已经有了初步认识，此时需要进行集中专册学习，把前面分散学习到的内容系统化，提升法治素养和法治意识。

1. 分散法条嵌入

在小学《道德与法治》教材中，高年级段主要采取分散法条嵌入的方式呈现内容。例如，四年级下册《买东西的学问》里的一个板块是《维权意识不能少》，在学生讨论解决生活中的购物矛盾的基础上，补充法律条文说明购物时要有自我保护意识。

教材中与此相似的法律条文呈现方式还有很多，编写者把这种方式概括为“分散法条嵌入”，旨在引导学生理解购物、交通等公共生活各个领域的秩序都离不开法律的维护。

2. 集中专册学习

在小学高年级，鉴于学生的权利意识逐渐觉醒，德育课程相应地安排了公民权利和义务等相关内容的民主与法治教育内容。六年级上册以集中法治专册的形式呈现内容，目的是把学生零散的认识系统化，提升民主与法治意识。

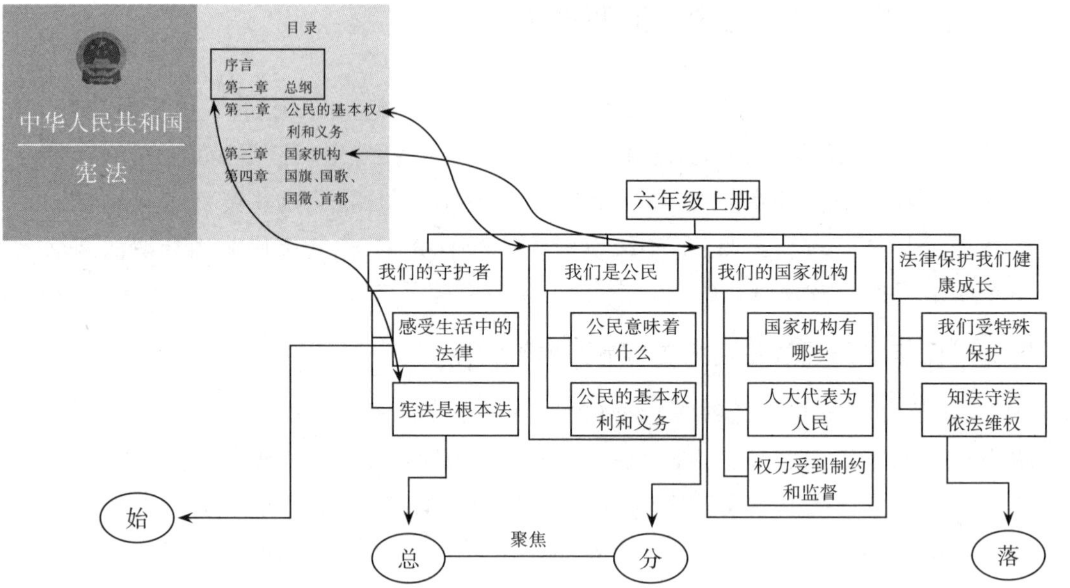

图 5-3 小学六年级上册《道德与法治》教材目录结构

从目录中可以看出，法治专册内容包括宪法与公民、权利和义务、国家机构、依法维权等内容，与宪法的主要内容一致。

从教材内容中可以看出，专册通过法治原理、法律知识、法律规则、典型案例等，培养青少年的法治意识，塑造法治思维，提升法治素养。

第三节 民主与法治教育的教学实施

教育叙事

一节研究课的启示

一次，在讲《公民的基本权利和义务》时，一位教师设计了“读宪法，找权利和义务”的活动。课上，学生拿起宪法读本认真阅读，并且很快找到相关内容。但由于宪法条文语句凝练，学生很难理解，所以有的同学找到的是自由权利、游行示威、科学研究、文学创作等。教师发现学生找到的这些表述并不准确，于是批评了学生，但并没有引导学生如何寻找正确的内容。

（北京第二实验小学通州分校姜海荣提供）

民主与法治教育是小学道德与法治课程的重要部分，体现出内容综合、德法兼顾的特征。在教学中，教师要以学生为中心，运用真实性、探究性、互动性等策略，设计能唤醒学生内心感悟的活动，促进学生道德意识的养成，加强法治意识的培养和提升。

一、民主与法治教育的特点

小学民主与法治教育是“大德育”体系中的一部分，民主与法治教育在小学阶段的定位是普及宪法常识和培养公民意识，让学生感知生活中的法、身边的法，培育学生的国家观念、规则信念、诚信观念，养成遵纪守法的行为习惯。小学阶段的民主与法治教育并非法律条文解读和法学理论学习，而是基础的、普及性的、大众化的民主与法治教育。它具有以下特点。

（一）密切联系学生生活

生活是教育的出发点和归宿。关注学生的真实生活，能够提升小学民主与法治教育的实效性。小学民主与法治教育要利用学生熟悉的身边小事所蕴含的教育元素，将民主与法治教育和学生的知、情、行等方面的经验结合起来，结合学生认知的冲突点、模糊点、空白点设计问题，促成他们法治意识的养成。

六年上册《感受生活中的法律》就引入了学生生活中可能遇到的问题，展开讨论。例如：“如果有人欺负我弟弟，我就找人去教训他。”“如果有人偷摘我家果园的葡萄，我就去摘他们家的。”“如果我被别人家的狗咬伤了，那我也没有办法，只能认倒霉。”这些都是学生在成长过程中可能遇到的真实问题，而且由于认知的局限性，可能存在错误的认知。

教材中的这些内容，体现出民主与法治教育联系学生生活的特点，基于生活中的真实问题和学生认识不明晰的观点设计讨论话题，从而达到使学生学会依法维护自身权利的教育目的。

（二）以儿童的视角呈现法律

虽然民主与法治教育是“大德育”中的重要组成部分，但是小学道德与法治不是专门的法律课程，不必要求学生熟记法律条文。因此，小学民主与法治教育，要以儿童的视角，利用案例、故事、情境讨论等方式，引出学生能够理解的法律条文，将枯燥的“法言法语”转化成“童言童语”。

六年级上册《公民的基本权利和义务》一课，就是通过具体的事件辨明观点，帮助学生理解权利行使有界限。教材在“活动园”中编写了邻居装修扰民的事件，并组织讨论：“高叔叔有装修自家房子的权利，林博远和他的父母也享有不被他人打扰的权利，高叔叔装修应不应该打扰邻居休息？”

以上内容体现出以儿童的视角呈现法律的特点，由学生熟悉的生活情境——邻居装修扰民，对他们的价值观进行有效引导。这一事件是对正文的补充说明，旨在通过鲜活的案例，帮助学生理解在行使权利时，不能滥用权利；当自己的合法权利受到侵害时，要学会用合法合理的途径去维护权利。

（三）以案例凸显德法兼修

法安天下，德润人心。法律是国家制定和认可的，它不同于道德规则。法律侧重于调节人的行为，其内容更加具体，通常包括特定的行为标准、行为模式和法律后果。小学儿童受活动范围和生活阅历的局限，思想不成熟，做事易冲动，需要教师进行道德引导和法治意识的培育。

教材中呈现的案例具有德法兼修的特点，既关联社会上普遍认可的道德规范，又渗透法治意识的培养。例如六年级上册《感受生活中的法律》，通过道德与法律关系的辨析，引导学生理解道德教育和法治教育是相互融合的。教材以“孝敬老人”为例，说明这既是中华民族优秀传统美德，又是法定义务。从道德层面看，我国自古就有孝敬老人的传统，当今社会也有很多表彰孝敬老人的活动。从法律层面看，宪法第四十五条规定中华人民共和国公民在年老、疾病或者丧失劳动能力的情况下，有从国家和社会获得物质帮助的权利；老年人权益保障法规定每年农历九月初九为老年节；婚姻法规定子女对父母有赡养扶助的义务。

可见，教材通过具体案例说明了法律规则源于道德规范，很多违背法律规定的行为同时也违反了道德规范。凸显德法兼修是民主与法治教育的特征之一。

二、民主与法治教育的教学实施

《青少年法治教育大纲》指出：“法治教育要遵循青少年身心发展规律，贴近青少年生活实际，科学安排教学内容，合理确定教学重点和方法，注重知行统一，坚持落细落小落实；要更多采取实践式、体验式、参与式等教学方式，与法治事件、现实案例、常见法律问题紧密结合，注重内容的鲜活，注重学生的参与、互动、思辨，创新形式，切实提高法治教育的质量和实效。”可见，小学民主与法治教育要关联学生生活，注重知行合一，聚焦学生问题，注重学生实践，从而培养法治意识。那么，如何以课堂教学为主阵地，提升学生法治意识，促进知行合一呢？具体而言，有以下几个策略：

（一）真实性策略

所谓真实性策略，就是指教学中要关联学生的真实生活，聚焦他们所面对的真实问题，用同龄人的真实案例引发情感共鸣。目前小学民主与法治教育存在的问题之一就是缺乏对学生真实生活、问题和心理的了解与把握，造成教育仅仅停留在了解知识层面的状况。虽然抽象的道理也能对学生的生活产生一定影响，但是这种影响正如杜威所言，往往是微弱的、间接的。如何关联学生的真实生活呢？下面我们从一位教师的活动设计中去体会这一策略。

课堂链接

六年级上册第七课《权力受到制约和监督》中，创设了“改善周边环境”这一讨论情境，通过对学校周边交通拥堵、小商贩违法经营问题的讨论，引导学生理解国家机关的权力来源于宪法和法律，行政机关要受到宪法和法律的约束，做到法定职责必须为，法无授权不可为。

一位老师以这部分内容为蓝本，首先提出核心问题：国家机关的权力应该如何行使呢？然后在核心问题引领下，设计了三个闯关活动，具体内容如下：

第一关：这些事，谁来管

课前调查车辆乱停乱放、小卖店卖过期食品不退换、散发违法小广告等现象，提出问题：这些事谁来管？为什么？

【设计意图：了解宪法和法律规定国家机关及工作人员的权力，规定他们怎样行使权力，即法定职责必须为，法无授权不可为。】

第二关：这些事，怎么办

待办理的业务或问题	需要找寻的政府机构
缴纳违章停车罚款	当地交警大队
办理身份证	公安局派出所
办理社保卡	当地社会保障卡服务中心
举报非法占道经营商贩	城市管理综合行政执法局
办理营业执照	工商局

创设情境引发讨论：办身份证、开饭店办营业执照，应该去哪里办理？在此基础上，介绍政务大厅的“一站式”服务，并引导学生讨论：“你同意下图中谁的观点，为什么？”

“一站式”服务，不同区域代表不同的行政机关，承担着不同业务的职能。

【设计意图：认识到依据宪法和法律，国家机关分工不同，各司其职，各负其

责，共同服务于民。】

第三关：民有求，谁来应

补充12345平台的资料，提出问题：我们遇到哪些问题可以拨打这个电话？

【设计意图：理解政府机关听民意、解民困、分民忧，把权力用在全心全意为人民服务上。】

（北京市通州区永顺小学赵天提供）

这位教师的活动设计体现了真实性策略。教师基于学生的已有生活经验，向学生提供一些线索，将他们琐碎的生活经验串联起来，进行有效整理，实现认知的发展和法治意识的提升。可见，运用真实性策略设计活动，需要从学生真实生活中选取鲜活案例，唤醒学生的经验和认知，引起学生的情感共鸣，以便达成知行合一的目标。

（二）探究性策略

探究性策略就是运用自主学习和活动探究的方式解决实际问题。小学民主与法治教育内容具有综合性特点，素材往往来源于学生的真实生活。而真实的社会问题相对复杂，往往不能一言以蔽之。教师运用探究性策略，有助于引领学生积极参与学习过程，增强他们的社会责任感，提升法治意识。

课堂链接

六年级上册《公民意味着什么》中有一部分内容是关于身份证的，一位教师设计了如下探究活动。

活动一：身份证信息大揭秘

提出问题，学生观察身份证图片，解决问题。

身份证上有哪些信息？这些信息都在身份证的哪一面？

身份证上终身不变且独一无二的信息是什么？这些数字有什么含义？

交流总结：身份证是证明身份的有效证件。

活动二：身份证作用知多少

提出问题：身份证在日常生活中有哪些用途？

（预设：在酒店办理住宿登记；在机场办理登机手续……它可以便利社会生活、维护社会秩序……）

小结：身份证既能保障公民合法权益，又便于维护社会秩序。

活动三：身份证查验要配合

1. 出示情境，提出问题：警察为什么要查验身份证？

交流总结：警察查验身份证是他们的职责所在，所以，当我们遇到警察查验身份证的时候要配合，这也是我们的义务。

活动四：身份证信息要管好

出示案例，提出问题：说说这种做法是否合适？为什么？

观察右图，说一说这种做法是否合适，原因是什么。

居民身份证上有姓名、生日、家庭住址等信息，应注意保密，避免个人信息泄露后，被不法分子利用。损害自己或家庭的利益。在生活中，我们可以这样做。

交流总结：身份证在生活中作用大，遗失后要立刻挂失，也不要转借他人，避免自己的财产、名誉等遭受损失。

（北京市通州区永顺小学张丽娜提供）

身份证是每名小学生都熟悉的事物，它在生活中应用广泛。身份证的信息、用途、信息保护等内容，又属于综合的、复杂的现实问题。运用探究性策略，组织学生参与观察、分析、解决问题等活动，能有效促进学生道德品质的提升与法治意识养成。

（三）互动性策略

互动性策略不仅体现在师生互动和生生互动方面，还体现在学生和文本的互动上。小学民主与法治教育，学生除了学习相关的知识、解决实际问题，还要经历法治知识的内化过程。运用互动性策略，引导学生参与学习活动，有利于促进民主与法治意识的提升。

课堂链接

六年级上册《公民的基本权利和义务》一课，一位教师根据教材中的连线活动开发了绘本故事，在法律名称和基本权利之间架起桥梁，实现了文本与学生的互动。

活动：阅读故事，关联法律

1. 出示绘本故事，提出问题：故事中的未成年人享有哪些权利？这些权利的保障依靠哪些法律？

2. 学生分组阅读绘本，了解公民的基本权利。

我是“上帝”我怕谁

王华经过水果摊，听见摊主说：“新鲜水果大甩卖啦！不甜不要钱。”王华走上前，拿起一个苹果咬了一口，觉得不好吃，扔掉了。又拿起一个橘子，剥开吃一口，觉得太酸了就扔在路边。摊主生气了，让王华赔钱，王华理直气壮地说：“顾客就是‘上帝’，我是‘上帝’我怕谁！”

想一想：
王华侵犯了水果摊主什么权利？
要解决王华的事件需要用到什么法律？

故事中的水果摊主享有宪法规定的财产权。王华故意损坏、丢弃水果，侵犯了他人的合法权利，违反了《中华人民共和国治安管理处罚法》，根据相关条例，王华要接受处罚

3. 小结：国家立法部门依据宪法，制定了一系列专门法律，保障公民的基本权利。

【设计意图：以故事引发情感共鸣，理解法律如何保障公民的基本权利。】

（北京第二实验小学通州分校姜海荣提供）

以上课例中，教师利用绘本建立学生生活和文本之间的联系，实现学生与文本的互动，促进知识内化。可见，运用互动性策略，能够激发学生参与活动的热情，实现生生互动、师生互动、学生和文本互动等，让学生由内而外认同民主与法治教育，让民主与法治教育“内化于心，外化于行”。

三、民主与法治教育的教学评价策略

民主与法治教育的教学评价策略，根据评价主体的不同，可分为教师教学评价策略和学生学业评价策略。

（一）教师教学评价策略

民主与法治教育在小学道德与法治课程中占有较大比例，在课堂教学中，很多教师选择这部分内容进行教学设计与实施。那么，怎样评价教师在民主与法治教育中进行了有效教学？

1.通过民主与法治课堂价值引领的达成评价教学效果

小学民主与法治教育，寓价值引领和实践导行于课堂教学中，潜移默化地培养学生强烈的法治意识和积极的公共参与意识，教学的落脚点是学生崇尚法治精神、树立现代公民意识。[①]在课堂上，如果教师的教学活动突出法治意识和公民意识的培养，引领学生在实践、探究与思辨中，实现民主与法治教育目标的入耳、入脑、入心，我们认为这位教师的教学活动就是有效的。

课堂链接

六年级上册《人大代表为人民》一课，一位教师根据教材内容设计了四个活动，通过这些活动引导学生体会民主选举的内涵，增强民主参与意识。

活动一：谁有资格做选民

提出问题：是不是只要具备选民证上的三个条件就具有选民资格？

为解决问题，教师提供了一份探究资料，主要从年龄、宗教信仰、政治权利、职业等不同方向分析了选举资格。

在此基础上，教师讲解了教材中对选举资格的规定，引导学生认识到我国大多数公民都具有选举资格。

活动二：选民证中看选举

提出问题：老人珍藏的选民证有十六张之多，并且每次选举完，老人都把选民证放在贴身的衣兜里，这是为什么？

为解决问题，教师从参加选举的视频、相关法律规定两个方面补充资料，引导学生体会参与民主选举是人民参与管理国家事务的重要途径，是人民的一项政治权利。

活动三：选票当中有学问

提出问题：从选票说明中，你能看出什么？

在该问题引领下，教师提供了选民证的背面照片，引导学生从文字说明中初步体会差额选举是为了体现民主，让人民自主选举代表，参与国家事务管理。

活动四：人大代表代表人民

提出问题：人大代表尤其是全国人大代表是怎样产生的？

在此环节，教师设计了内容排序的活动。学生通过排序，不仅了解到人大代表从选民中逐层选举产生，也对民主选举有了进一步体会，从而增强学生参加国家事务的积极性和民主意识。

（北京市史家小学通州分校徐群志提供）

①李昱.当代中国公民意识培育问题研究[D].兰州大学，2012.

民主选举是小学民主与法治教育中的内容，强调民主参与意识的培养。以上课例中，教师以学生身边发生的事情或者身边常见的现象为出发点，落实了民主参与意识的培养，达成了价值引领目标。可见，价值引领目标的达成情况是评价教师课堂教学有效性的策略之一。

2. 通过民主与法治课堂的情境创设评价教学过程

小学民主与法治教育内容的一个突出特点是“以案说法”，即在真实的情境中解决儿童真实的生活问题。儿童对法治的认识是浅层次的，但是他们真实生活中的民主与法治问题却是复杂的、开放的甚至是充满认知冲突的。因此，评价一节课要看教师在教学设计和课堂教学中，是否基于学生的真实生活，用同龄人故事引导学生明辨是非，感悟民主与法治的内涵，提升民主参与意识。

课堂链接

六年级上册《公民的基本权利和义务》是关于公民权利意识的法治教育内容。一位教师在教这部分内容时，结合学生的生活经验创设情境，通过案例分析帮助学生理解法律保障公民的基本权利。

活动一：阅读宪法，了解权利

提问：你知道公民享有哪些基本权利吗？

（学生列举：人身权、财产权、受教育权……）

分小组读宪法，找一找公民的基本权利。

出示活动要求：①请你阅读宪法第二章关于公民基本权利的规定，然后小组讨论：公民依法享有哪些权利？②每人选择一个基本权利写在卡纸上。

利用思维导图，引导学生呈现公民的基本权利。

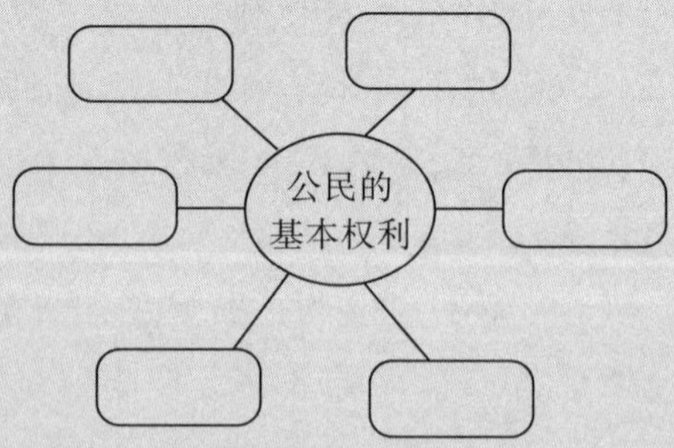

提问：观察思维导图，思考公民的基本权利涉及日常生活的哪些方面？

小结：公民的基本权利涉及文化教育、人身自由、政治权利、经济权利、文化权利、社会生活权利等很多方面。

活动二：分析案例，理解权利

教师出示三幅图并提出问题：这些情景对应公民的哪项基本权利？

学生讨论后总结：公民享有平等权、休息权、物质帮助权。

小结：法律让我们可以安心地工作、学习和生活，让每个公民在有困难时获得帮助。可见，宪法是公民基本权利的保障。

活动三：以案说法，落实权利

过渡：谁来保障这些权利的落实？我们通过下面的活动来了解。

准备活动资料：法律名称、权利名称、案例简述。

出示活动要求：①阅读案例，思考这个案例涉及公民的什么权利，与这个权利对应的具体法律是什么？②小组成员集体讨论，把相关的案例、权利和法律名称对应起来。③观察结果，说说通过活动你有什么发现？

小结：宪法规定了公民的基本权利，专门法律保护我们的各项权利。

（北京第二实验小学通州分校姜海荣提供）

以上课例中，教师以学生生活中的见闻为蓝本，编写绘本，创设了生动有趣的生活情境。学生被情境内容吸引，在分析案例、关联法律、提升意识的过程中，达成了知法、守法、尊法、用法的法治素养提升。这位教师的教学设计与课堂教学能够吸引学生主动参与学习过程，提出真问题、引发真思考、形成真认识。可见，创设生动有趣的生活情境也可以作为评价教学过程的策略之一。

（二）学生学业评价策略

学生是学习活动的参与者，他们在学习过程中的结论、成果、作品都是学习效果的直观体现，开展学业评价能够更快速、准确地反馈学生的学习情况。

1. 评价学生在实践中是否明晰守法行为

小学民主与法治教育内容与学生的实际生活关系密切。在课堂教学中，学生参与课前调查、社会实践等活动，有利于明晰守法行为。

课堂链接

二年级下册《清新空气是个宝》一课，一位教师设计了调查身边的空气质量的活动，通过学生的调查结果和总结的保护空气的办法，评价学生的学业水平。

教师设计调查表，学生用一周的时间观察身边的空气质量。

小小蓝天记录员

记录人______

时间	月 日	月 日	月 日	月 日	月 日	月 日	月 日
是否看见蓝天白云							
我的感受							
我的发现	我一共记录____天，我发现其中有____天出现了蓝天白云，有____天天空是灰蒙蒙的。 我还发现______________________						

经过一周的观察，学生发现身边的空气存在不同程度的污染。在此基础上，教师引导学生寻找污染源，讨论减少空气污染的做法。

学生1：加强管理，减少工地施工时的扬尘。

学生2：不要进行露天烧烤，尽量采用室内电烤的方法。

学生3：少开一天车，减少汽车尾气排放。

学生4：减少农村燃煤取暖，用天然气或者电取暖。

经过讨论，学生总结出在生活中切实可行的保护空气的方法，形成环保意识，这也是法治意识教育的内容。

（北京第二实验小学通州分校孟然提供）

在以上案例中，教师通过学生的课前调查结果和课上交流情况评价学生的学业水平。一部分学生不仅发现了空气污染问题，而且主动寻找污染源，明白自己要爱护环境，为减少环境污染做力所能及的事情。这部分学生的学业水平为“优秀”。有几名学生在实践中认真收集了数据，但是在交流时没有积极表达自己的想法，没有为减少污染做力所能及的事，他们的学业水平为“良好”。

2. 评价学生在实践中是否有尊法守法意识

民主与法治素养是在解决实际问题的过程中逐渐形成的。在课堂上，学生发现生活中的矛盾，联系所学的民主与法治相关内容，提出问题并解决问题，能促进尊法守法意识的形成。

课堂链接

一位教师基于学生提出的问题，结合小学六年级上册权利行使有界限的内容设计活动，根据学生的讨论结果评价学业水平。

出示案例：小芳家楼下有个小广场，每天晚上7点到10点，都有一群阿姨在这里跳广场舞，音乐声非常大，周围的居民休息都受到影响。小芳的爸爸找到这群阿姨，但是她们说："我在小广场跳舞，你们管不着！"

提出问题：遇到小区的阿姨跳广场舞影响他人休息的问题，应该怎么办？

教师引导学生用角色扮演的方式，通过沟通解决问题。

学生1：找阿姨沟通，说明我们也有休息的权利，请阿姨跳舞时调小音乐声。

学生2：找物业和居委会，请工作人员帮助调解。

学生3：如果沟通和调解都不能解决问题，可以用法律手段，约束阿姨们的扰民行为。

学生通过讨论，认识到权利行使有界限，公民在行使权利时不得损害国家的、社会的、集体的利益和其他公民的合法自由和利益。这是宪法中的规定。

（北京第二实验小学通州分校姜海荣提供）

在以上案例中，教师根据学生解决广场舞扰民问题的方式，进行学生学业水平评价。有的学生认为可以通过沟通解决问题；有的学生认为可以求助居委会；有的学生认为可以求助法律部门。这些方法都能在一定程度解决问题，因此这些学生的学业水平为"优秀"。有几名学生认为没有办法解决广场舞扰民问题，只能自己忍受；还有几名学生认为可以用扔垃圾、去捣乱等方式阻止阿姨们跳广场舞。这些方法不但不能解决问题，还可能激发矛盾，因此这些学生需要教师进一步引导。

本章小结

青少年是祖国的未来，民族的希望。青少年出现违法犯罪行为有很大一部分原因是缺乏相关的法律知识，没有尊法守法的意识。因此，无论是从国家与社会的需求方面，还是从学生的成长需求方面，都要求我们关注小学生的民主与法治教育。

民主与法治教育是帮助青少年了解民主与法治相关知识的主要途径，也是青少年在未来用法律维护权利，尊法守法、履行义务的基础。小学道德与法治学科作为民主与法治教育的主阵地，要想有效地进行民主与法治教育，需要社会、学校和家庭多方合作，以达到提升青少年法治意识的目的。

【知识导图】

- 民主与法治教育
  - 民主与法治教育的意涵
    - 民主与法治的概念
    - 民主与法治教育的价值与意义
  - 教材中的民主与法治教育内容
    - 教材中的民主与法治教育内容
    - 民主与法治教育内容在各年级的分布
    - 民主与法治教育内容的编排特点
  - 民主与法治教育的教学实施
    - 民主与法治教育的特点
    - 民主与法治教育的教学实施
    - 民主与法治教育的教学评价策略

【理解反思】

本章结合小学《道德与法治》教材的民主与法治教育内容，分析了小学民主与法治教育的内容编排特点与教育策略、学业评价等内容，但是在内容分析和策略研究上仍然存在局限与不足，需要广大教师学者结合理论与实践进一步完善。

【实践作业】

从小学《道德与法治》教材中，选择与民主与法治教育相关的内容进行教学设计。注意要说明选择的教学策略与评价设计。

【推荐阅读】

1. 马长山. 法治教育教师读本(义务教育阶段)[M]. 上海：华东师范大学出版社，2019.

2. 任海涛. 中小学法治教育实践模式范例[M]. 上海：上海教育出版社，2019.

第六章
革命传统教育

人无精神则不立，国无精神则不强。精神是一个民族赖以长久生存的灵魂，唯有精神上达到一定的高度，这个民族才能在历史的洪流中屹立不倒、奋勇向前。

——习近平在纪念红军长征胜利80周年大会上的讲话

核心观点

中国革命传统是中国共产党领导中国人民长期革命实践的精神凝聚，是中华优秀传统文化的创新与发展，是每一个中国公民应当具有的观念共识。在《道德与法治》教材中，革命传统教育内容占有非常重要的位置，对落实立德树人这一根本教育任务具有重要价值。革命传统教育内容包含中国革命精神与中国革命道德两个重要方面，是中华民族优良传统的重要组成部分。深入开展革命传统教育，有利于践行社会主义核心价值观，有利于为小学生树立理想信念，有利于和谐社会的建设，在小学道德教育中有着不可忽视的作用。在课堂实施过程中，教师要深刻把握革命传统教育的人民性、民族性和发展性特点，注重价值引导，传承历史文化；发挥教师主导，强调学生主体；创设学习情境，引发深层感悟；挖掘隐性素材，增进学科融合；突破校园边界，注重实践体验。

学习目标

1. 了解革命传统教育的内涵与价值，以及它对当今社会精神文明建设的重要影响与意义。

2. 知道革命传统教育的内容与育人价值，能将其转化为教学活动设计，落实在教学实践中。

3. 理解《道德与法治》教材中革命传统教育内容的编写逻辑，能够创造性地使用教材。

思考问题

1. 革命传统教育内容有哪些？
2. 革命传统教育与今天的时代精神有怎样的关系？
3. 革命传统教育在《道德与法治》教材中处于什么位置，其编写特点是什么？
4. 革命传统教育与历史学科教育的区别与关联是什么？

中国革命历史是一部不屈不挠的革命斗争史，在革命传统道德与革命传统精神中凝聚了坚强的共产主义信念、伟大的民族精神、无私的奉献精神等丰富的内涵，其本身就是一本值得深入挖掘的教科书。特别是在经济社会高速发展的新时期，革命传统教育越发显得重要，它是完成教育的根本任务——立德树人的重要组成途径。

2013年，中共中央办公厅印发的《关于培育和践行社会主义核心价值观的意见》（以下简称《意见》）中明确提出，要开展革命传统教育，加强对革命传统文化时代价值的阐发，发扬党领导人民在革命、建设、改革中形成的优良传统，弘扬民族精神和时代精神。

知识卡

革命传统是指革命志士以及广大人民群众为民族解放事业英勇奋斗、坚韧不拔的革命精神和革命人格，是共产主义世界观、人生观、价值观的体现。革命传统教育是指教育者对受教育者进行的革命精神和革命事迹的教育。进行革命传统教育对于抵御资产阶级自由化思潮和西方敌对势力的“分化”政策的影响，防止和消除信仰危机，引导学生增强民族自豪感和历史使命感，树立正确的世界观、人生观和价值观，坚定共产主义的崇高理想信念，努力成长为“有理想、有道德、有文化、有纪律”的“四有”新人，具有重要的历史意义和现实意义。

2019年，中共中央、国务院印发的《新时代爱国主义教育实施纲要》明确指出：“牢记红色政权是从哪里来的、新中国是怎么建立起来的，倍加珍惜我们党开创的中国特色社会主义，不断增强道路自信、理论自信、制度自信、文化自信。”基于此，小学道德与法治课程要深挖革命传统教育的价值，使其助力于小学生的思想道德教育，夯实学生的爱国情怀与民族信仰。

第一节 革命传统教育的意义

教育叙事

从学生的活动说起

2019年是中华人民共和国七十周年华诞，在北京天安门前举行了隆重的阅兵仪式。当战旗方队走过主席台的时候，史家小学孩子们的视线被吸引了。随后，学生们举行了“战旗在我心，传播在我行”的革命精神传承活动。

孩子们通过对战旗含义与价值的解读，重温历史，学习军魂。他们提出：“在现在这个和平年代里，我们一定不能忘记今天的美好生活是多少老一辈革命先烈抛头颅洒热血，用自己的生命换来的。”学生们以中国革命历史中重要的历史事件为起点，了解革命精神，学习革命道德，并进行宣讲，甚至还进入社区宣传。特别是在疫情期间，孩子们能将革命精神与疫情中中国人的表现相结合，重新审视革命精神对今天的影响。家国情怀悄无声息地在孩子的心中生根发芽。

对于孩子们来说，革命精神是否已经离他们很遥远，与今天的生活无关呢？很多学生对此的认识存在误区。史家小学三年级的同学们通过自主学习、实践学习进行了探索与尝试，还申请了此项目的学习公众号，定期发布自己团队的学习成果，充分利用网络平台来讲述战旗精神，传承革命精神。

革命传统是中华民族优秀传统文化的重要组成部分。革命传统教育是指五四运动以来，反映中国人民追求国家独立、民族富强、人民幸福的相关教学内容。①小学《道德与法治》教材的相关教学内容集中在五年级下册，讲述了中国共产党领导中国人民追求民主、解放和自由的历史，蕴含理想主义、爱国主义、科学求实、艰苦奋斗等精神内核，是中国特色社会主义先进文化的重要来源，也是立德树人的重要载体。

一、革命传统教育的含义

革命是指社会、政治、经济的大变革，被压迫阶级用暴力夺取政权，摧毁旧的社会制度和生产关系，建立新的社会制度和生产关系。革命传统是指革命志士以及广大人民群众为民族解放事业英勇奋斗、坚韧不拔的革命精神和革命人格，是共产主义世界观、人生观、价值观的体现。它是党在领导人民群众进行革命的实践过程中，在中国新民主主义

①柴艳萍.发扬中国革命传统 培育中华民族精神[J].人民教育，2004(8)：12-14.

革命和社会主义革命与建设中所形成的优良传统，是中国共产党领导中国人民进行长期革命实践的精神凝聚，是中华民族优良传统在新的历史条件下的发展和创新。

中国共产党领导了工人运动和农民运动，历经土地革命、抗日战争、解放战争等浴血奋战，在每个时期都凝聚了不同的革命传统。今天，中国革命传统体系日益完善并逐渐发扬光大。

二、加强革命传统教育的价值与意义

革命传统教育是社会主义核心价值观建设的重要组成部分。社会主义核心价值观是社会主义先进文化的精髓，它决定着中国特色社会主义发展的方向。因此，每一个小学生都应该具有高度认同自己国家的价值观念，高度认同自己国家的民族精神、文化、信仰等。革命传统教育则是帮助学生树立社会主义核心价值观的有效途径。

大力弘扬中国革命传统，有利于坚定和巩固共产主义理想与信念；有利于树立正确的世界观、人生观、价值观；有利于培养德智体美劳全面发展的社会主义建设者和接班人；有利于改善全社会的道德风尚，抵制一切腐朽思想的侵蚀，提高广大人民群众的思想道德素质。革命先烈们无私奋斗的革命精神和惊天地泣鬼神的英雄业绩，时时发人自省、促人自警、激人自新、催人奋进。当代正处于全面建成小康社会决胜阶段，革命先烈们未完的事业需要继续完成。广大小学生应当继承和弘扬中国革命传统，为中华民族的伟大复兴而努力奋斗。

（一）有利于进一步落实立德树人教育根本任务

国无德不兴，人无德不立。育人之本，在于立德铸魂。得其大者可以兼其小，立德要在坚定理想信念上下功夫，在厚植爱国主义情怀上下功夫，教育引导学生树立共产主义远大理想和中国特色社会主义共同理想，增强“四个自信”，肩负时代重任，立志扎根人民、奉献国家，以高远的志向、砥砺奋斗的精神，在人生道路上刚健有为、自强不息。立德树人是教育的根本任务，立德是任务，是核心，是措施；树人是目标，是育人结果。在立德的实践中，教师要明确这里的“德”指向明大德、守公德、严私德。中国革命精神与革命道德恰恰是诠释“国之大德、民之公德、人之私德”的最好教育载体。

1. 引导小学生从小养成坚定的信念

理想信念是中国革命精神的根与魂。在战火硝烟中，无数仁人志士正是因为坚定的理想信念才在战场上抛头颅洒热血，甚至为国家贡献自己宝贵的生命。这份理想信念造就了我们今天的幸福生活。今天，我们同样要坚守这份理想信念，对党、对自己的祖国充满坚定的信念，这是中国走向世界舞台中央的底气。

纵观历史就不难发现，中国共产党自成立以后，带领着中国人民走过艰难的岁月，缔造了今天的幸福生活，就是因为有这样一份理想与信念。

在小学道德与法治课程中，革命传统教育的内容相对集中。教材以历史事件为线索，以革命精神和革命道德为核心开展主题教育，其目的就是以中国共产党在坚定信念的引领下带领中国人民走向胜利的历史事实来引导小学生树立正确的、坚定的理想信念。

2. 帮助小学生深入理解爱国主义教育

爱国主义教育是引导学生热爱祖国并为之献身的思想教育。艰苦奋斗，辛勤劳动，维护国家统一，在外敌入侵时团结对外、英勇抵抗，维护国家主权和独立，推动国家的繁荣和进步等，构成了爱国主义教育的内容。爱国主义的这些内容与中国革命精神与革命道德相辅相成，互为表里。因此，加强和深化爱国主义教育要以革命传统教育为依托。学生只有在真实的历史中、真实的英雄事迹中，才能深刻感悟到中国共产党所做出的杰出贡献。

课堂链接

《星星之火可以燎原》教学片段

五年级下册《中国有了共产党》第二课仅有两页内容，怎样开展革命传统教育？下面我们就从这节课的一个教学片段中去找找答案吧！

环节二：小结

南昌起义和秋收起义让我们更加坚定了革命的信念，找到了革命道路，为革命根据地的建立播下了希望的火种。带着这份希望，中国共产党人把目光投向农村，去建立革命根据地。

环节三：井冈山革命根据地的建立

1. 提问：要去农村建立革命根据地，你会选择哪里呢？

出示地图。从地图上分析哪个位置对当时的共产党人最有利。

得出结论：井冈山。

2. 追问：为什么会选择井冈山呢？

预设：(1) 城市里的敌人力量强大，敌强我弱，攻打和占领城市是不可能的。南昌起义和秋收起义就证明了这一点。

(2) 敌人在井冈山的统治力量薄弱，有利于发展革命力量。

小结：中国共产党在井冈山建立了中国第一个农村革命根据地，点燃了工农武装割据的星星之火。

出示油画《井冈山会师》。

1928年4月，朱德、陈毅率领南昌起义的队伍和湘南的农民军到达井冈山，与毛泽东领导的工农革命军会师。这次会师被称为改变历史的握手，成为令敌人害怕不已的组合。为什么会令敌人害怕？

出示全国各主要农村革命根据地地图。

星火燎原之势已成，开启了农村包围城市的崭新革命道路。然而，第一块革命根据地——井冈山革命根据地的建立并不容易。

出示图片：朱德的扁担、煤油灯、盐罐子……

关于这些珍贵的历史文物，你们知道哪些革命故事？这些故事又能告诉我们什么呢？

学生听故事、讲故事、分析故事，自主讨论。

汇报交流：这些故事让我们看到了中国共产党人在逆境中有着坚定的理想信念，面对困难实事求是、敢于闯新路的探索精神，艰苦奋斗、攻坚克难的决心，以及依靠群众的决策。这些构成了一种精神，就是井冈山精神。正是在这种精神的指引下，中国革命开启了新的篇章。

提问："星星之火"还代表着什么？

小结："星星之火"不仅指一块块革命根据地，更是人民心中对光明未来的坚定信念，对共产党带给人民美好生活的坚定信念。

（北京市东城区史家胡同小学龚丽提供）

这个教学片段中，教师从井冈山革命根据地的建立这一历史事件出发，深入挖掘背后的历史故事，从一件文物入手挖掘中国共产党人的坚定信念，以及"星星之火"的内在含义。课程不仅关注历史事件，还关注事件背后的革命精神。这样的分析，可以让学生对井冈山精神有深入的理解与认识，深化学生对中国共产党、对国家的认同，从而激发学生的爱国情怀。爱国主义教育不是喊口号，而是用鲜活的事例去触动学生心灵的教育。

3.促进小学生树立正确的理想信念

习近平总书记在党的十九大报告中强调，思想建设是党的基础性建设。共产主义远大理想和中国特色社会主义共同理想，是中国共产党人的精神支柱和政治灵魂，也是保持党的团结统一的思想基础。

在战争年代，理想是为人民谋幸福的内在动力。今天，小学生同样要用理想指引自己向既定的目标前进。革命传统教育就是用一个个感人的故事、历史事件，向学生传授理想信念。渣滓洞里的江姐、写下《就义诗》的夏明翰、深情讴歌祖国的方志敏……他们都是为理想而奋斗甚至献身的革命英雄。他们对理想信念的执着追求，时刻警醒着今天的小学生，在任何时候都要有理想信念。

（二）有利于社会主义和谐社会的构建

十六大报告提出了“社会更加和谐”的目标，十六届四中全会进一步提出构建社会主义和谐社会的任务。和谐社会具有民主法治、公平正义、诚信友爱、安定有序等基本特征，而这些良好的社会风尚都离不开精神文明建设。革命传统教育是精神文明建设的重要组成部分，以“为人民服务”为革命道德的核心，这无疑是促成社会和谐的关键。

（三）有利于开展革命传统教育的教学研究与实践

在道德与法治课程中，革命传统教育还存在着教学方法不明确、教学观点不清晰的问题。很多教师习惯性地将其归到历史教学的层面，陷入历史学科教学的套路中。但道德与法治课程的出发点是以历史事件为载体，进行精神的传承。因此，选用怎样的教学方式、教学路径，形成怎样的教学模式，老师们还是感到很困惑。在教学中有目的、有意识地开展革命传统教育，有助于教学研究的推进与深入。

第二节　教材中的革命传统教育内容

教育叙事

一次深入的讨论

在一次道德与法治课程教研活动中，老师们对教材进行分析，大家对五年级下册第三单元的核心教学内容到底是什么出现了分歧。

张老师说，这个单元讲述的都是革命战争内容，是革命传统教育非常重要的一个单元。

王老师说，中华人民共和国成立后就是国家建设和改革时期，不再是战争时期了，因此，这个单元的最后两课不是革命传统教育内容。

单老师说，革命传统教育应该是从井冈山革命根据地建立开始的，所以前面的内容不属于革命传统教育。

曹老师说，革命传统教育应该从中国共产党建党开始，但对本单元前面两课的内容，即《不甘屈辱 奋勇抗争》和《推翻帝制 民族觉醒》如何定位则不明确。

提到革命传统教育，很多人会想到战争年代，认为革命与战争是相生相伴的。当看到《道德与法治》教材五年级下册第三单元《百年追梦 复兴中华》时，很多老师在认知上出现了误区，其重要原因就是受到“革命”二字的影响，无法判断建设和改革时期形成的精神是否属于革命精神。

“革命”是对中国共产党所领导的新民主主义革命、社会主义革命与建设、改革开放等多个阶段的历史实践的总体概括，而不局限于新民主主义革命时期。因此，《道德与法治》教材五年级下册第三单元中的最后两课同样属于革命传统教育的范畴。

一、革命传统教育内容

革命传统教育包括两个方面，即中国革命精神和中国革命道德。

（一）中国革命精神

“人无精神则不立，国无精神则不强。精神是一个民族赖以长久生存的灵魂，唯有精神上达到一定的高度，这个民族才能在历史的洪流中屹立不倒、奋勇向前。”[①]中国革命精神是无产阶级世界观和人民军队本质的一种表现，是人民军队克敌制胜的重要精神因素，也是人民群众战胜一切敌人、克服一切困难的强大精神力量。中国共产党在九十多年的风雨历程中，取得了举世瞩目的成就，改变了中国的面貌，在奋斗与实践中凝聚了中国革命精神。中国革命精神起源于新民主主义革命时期，包括红船精神、井冈山精神、长征精神、延安精神和西柏坡精神等。

1. 红船精神

2005年6月21日，习近平在《光明日报》上发表署名文章《弘扬“红船精神”，走在时代前列》，公开阐述了红船精神：“开天辟地、敢为人先的首创精神，坚定理想、百折不挠的奋斗精神，立党为公、忠诚为民的奉献精神”。红船精神是中国革命精神之源，是党的先进性之源，是中国共产党的宝贵精神财富，是培育和践行社会主义核心价值观的源泉。

《道德与法治》五年级下册第九课《中国有了共产党》，从早期共产主义思想的传播开始，介绍了中国共产党的成立。通过教材正文，可以了解中共一大会议召开的情况，并渗透了红船精神。

2. 井冈山精神

井冈山精神是中国共产党人在井冈山革命根据地的艰苦斗争中诞生的。井冈山革命根据地点燃了星星之火的燎原之势，开辟了农村包围城市、武装夺取政权的革命道路。中华人民共和国成立后，习近平三次到井冈山考察，并将井冈山精神做了精辟的概括：坚定执着追理想、实事求是闯新路、艰苦奋斗攻难关、依靠群众求胜利。井冈山精神是中华民族优秀传统在革命战争年代的积淀与凝聚，是中华民族精神的重要组成部分。

《道德与法治》五年级下册《星星之火可以燎原》，以井冈山革命根据地的建立为依托，讲述了井冈山革命根据地的践行历程，也蕴含了中国共产党执着追求真理、敢于创新、艰苦奋斗、依靠群众的革命精神。

①习近平.在纪念红军长征胜利80周年大会上的讲话[N].人民日报，2016-10-22(002).

3. 长征精神

长征精神形成于极为艰苦的环境中。长征是中国共产党领导的工农红军谱写的革命英雄主义的壮丽史诗，形成了吃苦耐劳、勇往直前的精神品质。习近平在纪念红军长征胜利80周年大会上的讲话中指出，长征精神就是把全国人民和中华民族的根本利益看得高于一切，坚定革命的理想和信念，坚信正义事业必然胜利的精神；就是为了救国救民，不怕任何艰难险阻，不惜付出一切牺牲的精神；就是坚持独立自主、实事求是，一切从实际出发的精神；就是顾全大局、严守纪律、紧密团结的精神；就是紧紧依靠人民群众，同人民群众生死相依、患难与共、艰苦奋斗的精神。长征精神是中华民族百折不挠、自强不息的民族精神的最高表现，是保证我们革命和建设事业走向胜利的强大精神力量。

《道德与法治》教材五年级下册《红军不怕远征难》中，明确阐述了长征的原因、路线、过程等。通过教材中的“活动园”“阅读角”等栏目，学生可以很生动地了解不怕牺牲、百折不挠、浴血奋战、勇往直前的长征精神。

4. 延安精神

延安精神是革命战争年代，各根据地尤其是陕甘宁边区的共产党人，通过领导人民进行民主政治、经济、文化和外交建设等经验的积累，形成了带有体系的观念和作风，即后来概括的延安精神：坚定正确的政治方向，解放思想、实事求是的思想路线，全心全意为人民服务的根本宗旨，自力更生、艰苦奋斗的创业精神。延安精神是中国共产党，也是中华民族的宝贵精神财富。

我们党之所以能够经历考验磨难无往而不胜，关键在于不断进行实践创新和理论创新，善于把马克思主义基本原理同中国实际相结合，不断推进马克思主义中国化。延安时期是中国共产党实现创新发展的重要历史阶段，正是在把马克思主义基本原理同中国革命实践相结合的过程中，在同教条主义、经验主义等错误倾向进行斗争中，形成了毛泽东思想，实现了马克思主义中国化的第一次飞跃。

《道德与法治》教材中虽然没有明确写出延安精神，但是“活动园”中的问题则直接指向了延安精神。

5. 西柏坡精神

西柏坡精神是红船精神、井冈山精神、长征精神、延安精神的继承与提升，是党在历史转折时期的独特思考。核心思想就是敢于斗争、敢于胜利的彻底革命精神，体现了头脑清醒、目光远大的胜利者图强自律的精神。它的主要内容包括：永不停步，将革命进行到底；执政党要坚持以经济建设为中心；坚持两个“务必”，保持党的优良传统和作风；团结高效，加强党的集中统一。西柏坡精神是时代的里程碑，它既是中国共产党继续奋斗的宣言，也是向社会主义建设过渡的重要环节。

《道德与法治》教材五年级下册第三单元《夺取抗日战争和人民解放战争的胜利》一课，用图文并茂的形式，介绍了西柏坡的重要作用。

今天,中国革命精神已经成为社会主义事业不断取得胜利的强大动力,是实现民族伟大复兴"中国梦"的精神支撑。不断传承的中国革命精神,通过党员干部的廉洁奉公、无私奉献、敢为人先、百折不挠等精神的传承,以艰苦朴素、爱党爱民、吃苦耐劳的工作作风,赢得了人民的认同,形成了优良的国家风气。

知识卡

中国梦,是十八大以来习近平总书记所提出的重要指导思想和重要执政理念。习总书记把中国梦定义为"实现中华民族伟大复兴,就是中华民族近代以来最伟大的梦想",并且表示这个梦一定能实现。中国梦的核心目标也可以概括为"两个一百年"的目标,也就是:到中国共产党成立一百年时,使国民经济更加发展,各项制度更加完善;到二十一世纪中叶中华人民共和国成立一百年时,基本实现现代化,建成富强民主文明和谐的社会主义国家,实现途径是走中国特色社会主义道路、坚持中国特色社会主义理论体系、弘扬民族精神、凝聚中国力量,实施手段是政治、经济、文化、社会、生态文明五位一体建设。

正是因为中国革命精神一直在传承与发扬,我们才能看到爱国主义、革命英雄主义和紧密团结、共同御侮的抗美援朝精神,才能看到以铁人王进喜为代表的为国争光、自力更生的大庆精神,才能看到亲民爱民、艰苦奋斗、科学求实、迎难而上、无私奉献的焦裕禄精神,以及我们熟悉的雷锋精神、小岗精神、深圳精神,等等。

(二)中国革命道德

中国革命道德是无产阶级的世界观和方法论在革命斗争实践中的深刻反映,是中国共产党领导中国人民在长期的革命斗争中所形成的无产阶级优良传统,也是中国共产党为人民的革命事业不懈斗争的集中体现。

中国革命道德萌芽于1919年五四运动前后,发端于中国共产党成立以后的工人运动和农民运动,经过土地革命战争、抗日战争、解放战争以及社会主义革命和建设的长期发展,逐渐形成并不断发扬光大。

中国革命道德,以实现社会主义和共产主义的崇高理想为最终目的,以全心全意为人民服务为宗旨和核心,以集体主义为基本原则,形成了无私奉献、顽强拼搏、艰苦奋斗、勤俭节约等革命精神。①

全心全意为人民服务是中国革命道德的宗旨与核心。中国共产党始终代表中国最广大人民的根本利益,提出了"从群众中来,到群众中去"的群众观点。在战争年代,中国共产党为了人民的利益,不惜牺牲自己的生命,把一切都奉献给人民的事业,写下了不朽

①罗国杰.论"五四"以来的中国革命道德[J].高校理论战线,2000(1):29-34.

的篇章。在社会主义建设时期，无数模范在平凡的岗位上为人民的利益勤恳工作，遵守着群众路线，克己奉公，廉洁自律，让中国站在了世界舞台的中央。弘扬中国革命道德，就是要弘扬体现在革命英雄和模范人物身上的优秀道德品质。传承中国革命道德，能够将国家的利益、集体的利益和个人的利益协调到相互统一的最佳状态，从而形成向心力和凝聚力。

因此，革命传统教育依然是思想政治教育的重要组成部分，在新时代会以极具时代特点的形式被传承与践行。

二、革命传统教育在各单元的分布

在《道德与法治》教材中，革命传统教育内容分布相对集中，呈现在五年级下册第三单元中。该单元共有六个教学主题，每个教学主题下均有多个板块。其中，《不甘屈辱 奋勇抗争》和《推翻帝制 民族觉醒》讲述的是中国共产党成立之前仁人志士救亡图存的探索，属于爱国主义教育范畴。

革命传统教育以红船精神为起点，包括井冈山精神、长征精神、延安精神、西柏坡精神等。《道德与法治》五年级下册第三单元全部包括。

表6-1　革命传统教育在教材中的分布

课文标题	革命传统教育内容
中国有了共产党	课文包括《开天辟地的大事》《星星之火可以燎原》《红军不怕远征难》三个部分，蕴含中国革命历史中的革命传统精神——红船精神、井冈山精神和长征精神，构成了独具特色的革命传统教育内涵
夺取抗日战争和人民解放战争的胜利	课文包括《勿忘国耻》《众志成城》《中流砥柱》《走向胜利》四个部分。在前三个板块中，通过抗战这一重要的历史事件，全面地阐释了中国人民天下兴亡、匹夫有责的爱国情怀，视死如归、宁死不屈的民族气节，不畏强暴、血战到底的英雄气概，百折不挠、坚忍不拔的必胜信念。从延安精神到抗战精神，都以不同的呈现方式予以展现。在《走向胜利》的板块中，则以活动探究的设计方式植入西柏坡精神
屹立在世界的东方	课文包括《中国人民站起来了》《保家卫国独立自主》《自力更生扬眉吐气》三个板块。《中国人民站起来了》讲述了人民民主专政、人民当家做主和中国共产党是人民的政党，为人民服务是党的宗旨。《保家卫国独立自主》介绍了抗美援朝和中国重返联合国两个历史事件。《自力更生扬眉吐气》讲述中国人民积极投身到国家建设中，所表现出来的"铁人"精神、航天精神、焦裕禄精神和雷锋精神等，这些都是革命精神的发展与传承
富起来到强起来	课文包括《改革创新谋发展》《精神文明新风尚》《走进新时代》和《做新时代的好少年》四个板块。板块一讲述了在改革开放中呈现出来的新时代的革命精神，如深圳精神等。板块二以新时代背景下的精神建设来弘扬革命精神，打造和谐社会，是以暗线的方式讲述革命精神与革命道德。最后两个板块是对学生进行行为指导

三、革命传统教育的编排特点

（一）集中编排，分层表述

从时间线索上看，革命传统教育内容聚焦于中国共产党成立以后的历史发展脉络中。革命精神与革命道德基本集中在中国近现代史的历史事件中，不像规则教育、传统文化教育等主题那样分散。因此，教材在编写的时候采取了尊重历史、集中编排的方式，但是在表述上则是分层进行。先以爱国主义教育为切入点，了解必要的历史背景，再以中国共产党成立为开篇，率先展开革命精神与革命道德的介绍。革命精神以中国共产党成立以后的五个重要阶段为线索进行呈现，同时该内容在初高中分层出现，体现了教材编写的系统性。

（二）明暗交互，多元渗透

在《道德与法治》教材中，革命传统教育是明线、暗线交互渗透的。五年级下册第三单元中的第三课是革命传统教育的明线，中国共产党成立、井冈山革命根据地的建立、红军长征这三个重大历史事件，阐述的就是三种革命精神。第四课和第五课则由明线逐渐转到暗线，从革命战斗逐步走向没有硝烟的战场。在大国外交、国家建设方面，革命精神与革命道德逐步从战争转向建设，促使革命传统教育转向暗线。教师很容易忽视这部分内容，就知识讲知识，就历史讲历史，其实历史、知识背后所凝聚的才是精华——革命精神的传承与发展。最后一课《富起来到强起来》又将革命传统教育从暗线转为明线。《精神文明新风尚》《走进新时代》《做新时代的好少年》三个板块，渗透了革命精神在新时代的存在方式。没有革命精神的发展与传承，新时代的精神文明建设将遇到难题。所以，革命精神是构建和谐社会的基础与保障，教师要有意识地在教学中进行关联。

第三节　革命传统教育的教学实施

教育叙事

如何在有限的课时内完成教学任务

道德与法治课程中关于革命传统教育的内容，从教材上看仅有四课，共计十一至十二个课时，而内容却非常丰富。于是，老师们产生了很多顾虑。

有的老师说："这四个主题的教学内容，是原来一个学期的教学内容，现在压缩在这么短的时间里，如何讲完？"

还有的老师说："即便是把前面几个单元的内容进行压缩，也不足以将这些内容都讲完啊！这一册的教学内容太多了！”

“教材中提及的历史事件前后时间跨度很大，是否要给学生补充呢？不然学生不知道前因后果，如何进行教学呢？”

“这些教学内容要讲到什么程度合适呢？”

面对道德与法治课程中革命传统教育部分的教学内容，老师们表达了种种担忧。

革命传统教育是中国特色社会主义先进文化的重要来源，是立德树人的重要载体。但是在实际教学中，革命传统教育容易与历史教学相混淆，而且教学活动仍存在着说教、灌输以及与实际脱离的“假大空”现象。因此，教师要深入理解教材，知道革命传统教育虽然是以历史事件、历史人物等为载体，但是其目的不是历史知识本身，而是革命精神与革命道德的渗透与讲述，通过革命历史事实这个载体达到育人、育德、育心的目标。革命传统教育与中国梦教育有着内在的关联，是逐步培养学生国家意识、公民基本道德素养的重要内容。

一、革命传统教育的特点

革命传统教育往往被教师设计成历史课或革命史课，但历史学是在一定历史观指导下叙述和阐释人类历史进程及其规律的学科。该课程引导学生运用历史唯物主义观点，以社会形态从低级到高级发展为主线，展现历史演进的基本过程以及人类在历史上创造的文明成果，揭示人类历史发展的基本规律和大趋势。简而言之，历史课程是揭示历史发展规律的一门学科。

道德与法治课程中的革命传统教育，目的是强化传承红色文化基因，引领红色文化精神，是对革命先辈坚定的理想信念和勇往直前、奋发向上、不畏艰难、艰苦奋斗等优秀精神品质的传承与发扬。在新时代背景下，道德与法治课程的目标之一是培养学生的社会主义核心价值观，强调的是爱国主义教育，因此，学习国家的历史文化知识，弘扬红色文化基因，深入挖掘革命传统的人文精神，是实现这一教育目标的有效途径。

从课程的整体目标来看，道德与法治课程中的革命传统教育与历史、品德与社会的主旨是不同的，关注的侧重点、选用的教学方式也是不一样的。革命传统教育具有以下特点。

1. 革命传统教育具有人民性

为人民服务是革命道德的核心，因此革命传统教育的价值取向也是人民性。中国共产党是全心全意为人民服务的政党，一切奋斗都致力于实现最广大人民的根本利益。所以在教学中，教师要有意识地渗透中国共产党与人民群众之间的紧密关联，引导学生深刻体会中国共产党一心为人民，为人民谋福利，是人民的政党。

从《中国有了共产党》到《富起来到强起来》，每一课的教学内容中都暗含着中国共产党为人民服务的精神内涵，这是教材的暗线。一个个重要的历史事件深刻阐释了革命传统教育的价值内涵即人民性，从红船精神开始，一直延续至今。所以，在抗洪救灾、汶川地震、新冠疫情期间，我们都能看到中国共产党领导下的政府在面对各种困难的时候，首先想到的是如何救人民于水火，怎样保护和挽救人民的损失，这是革命精神在今天的传承与发展。

《道德与法治》教材五年级下册第十二课，从不同的维度阐述了中国共产党带领全国人民在改革开放过程中所取得的成就。无论是袁隆平的超级水稻，还是小岗村的改革举措，或是经济特区的建设、教育科技的发展等，其背后都表达了中国共产党在为人民服务，实实在在地为人民谋幸福。

2. 革命传统教育具有民族性

民族性是革命传统教育最鲜明的标志。革命传统教育传承和发扬了伟大的中华民族精神。在中国漫长的历史长河中，每一位炎黄子孙在中华文化的影响与熏陶下，展现了坚持正义、礼仪有度、敢于创新、诚信做人、友善包容的民族品格，具有先天下之忧而忧的爱国情怀，更是形成了以爱国主义为核心的团结统一、爱好和平、勤劳勇敢、自强不息的伟大民族精神。中国共产党在领导全国人民进行革命、建设伟大祖国的过程中，通过对中华民族精神的继承与转换，形成一种新的满足时代需求的精神体系——独具特色的中国革命精神，它是中华民族精神创造性的转化与创新性的发展。

3. 革命传统教育具有发展性

革命传统教育是以中国共产党带领人民群众走向幸福生活的历史事实为载体的教育活动，其中蕴含着政治思想、政治理论、法治观念等诸多意识形态的内容，以及历史发展的规律。这些内容与发展规律可以有效地指导未来的发展，帮助我们准确进行预判与选择。历史告诉我们，在革命中凝聚而成的中国精神以及正确的路线、方针、政策都是具有前瞻性和先进性的表现，都将会不断与时俱进，发展转化成让今天的中国人民更加自信的道路、理论、制度与文化。

产生于革命之中的革命精神，随着时代的发展必将进一步发生创造性的转化与创新性的发展，从而形成新的社会公德、职业道德、个人品德和家庭美德。但是，革命战争时期形成的革命精神，如理想主义、爱国主义、艰苦奋斗、无私奉献、舍己为人、不畏强敌、爱党为民等，同样是强国路上不可缺少的民族精神。革命传统教育与时代同步，革命精神永不过时，只不过会以一种全新的样态凝聚于中国人的血脉中。

二、革命传统教育的教学策略

1.注重价值引导,传承历史文化

革命传统教育是以价值观教育为主旨的课程内容,是培养具有良好思想道德素养的合格公民的课程。革命传统教育蕴含理想主义、爱国主义的精神内核,是中国特色社会主义先进文化的重要来源,也是立德树人教育的重要载体。因此,革命传统教育要将价值观教育融合在历史知识中,以历史故事、历史人物、历史事件为载体,在介绍知识的同时培养学生的社会主义核心价值观与道德规范。

课堂链接

《道德与法治》教材五年级下册第九课《中国有了共产党》的第一个板块《开天辟地的大事》就是融革命精神于历史知识中。

教材正文介绍了马克思主义在中国的传播,配有《新青年》杂志以及李大钊的图片,这是中国共产党成立的历史背景和重要人物。从知识层面看,交代了《新青年》是宣传马克思主义和反帝反封建思想的阵地,李大钊是中国宣传马克思主义的先驱。“活动园”中介绍了李大钊英勇就义的历史事件,想要表达的则是李大钊崇高的革命气节,以及勇于献身、忠贞不渝的革命精神,这正是培育学生社会主义核心价值观的重要教育内容。

教材有意识地将价值观教育融入历史知识中。在实际教学中,教师要能够读懂编者的意图,将历史知识、历史人物作为载体,充分利用教学设计,引导学生深入思考,发现这些革命者身上的革命精神。这也是教学重点和难点所在。

2.发挥教师主导,强调学生主体

教师主导指的是教师在课堂教学中对学生的学习具有导向作用。学生主体是指学生在课堂活动中是学习的主人。革命传统教育是立德树人的重要途径,革命精神和革命道德需要教师在课堂上有意识地进行引导,特别是面向小学生的思想政治课,教师的主导作用更加重要。课堂倘若离开了教师的主导,教学活动的价值方向就有可能出现偏颇。小学生由于生活经验不足,人生阅历尚浅,与革命历史事件有极大的距离,而且领悟能力与分析能力尚处于发展阶段,如果过度强调学生的主体地位而忽略教师的主导地位,课堂就会陷入混乱,革命精神与革命道德也不能准确地得到理解和认同。

革命传统教育课堂需要教师充分发挥主导作用,参与到教学组织中,成为学生学习的供给者,激发学生主动思考,深入探究,朝着既定目标前行。当然也不能忽略学生的主体地位。教师要有意识地为学生预留自主探究的空间,交流表达的平台,深入思考、分析、质疑的机会,让学生能够在参与学习的过程中,体会到自己是学习的主人,从而激发学习的动力。

3. 创设学习情境，引发深层感悟

情境教学是通过一定事件的形象描述或一定环境的设置、模拟，激发学生的情感和思维，使学生产生如临其境的逼真感，以达到一定的教育目的。在教学活动中，教师通过多媒体技术、故事渲染等方法营造适合学习的情境，往往能够更加顺畅地引发学生的思考或感悟。革命传统教育的很多内容都与学生有时空距离，如果教师仅仅是平铺直叙地讲述历史事件，学生则会感觉枯燥乏味，从而失去学习的兴趣。因此，在教学中设定恰当的情境，引发学生积极参与学习，则会得到事半功倍的效果。

课堂链接

一位教师在讲授《星星之火可以燎原》时，设计了“小小侦察兵”的学习情境。教师为学生提供井冈山的地图和一些介绍性的资料，引导学生思考，让他们从侦察兵的角度来分析，毛泽东为什么要带着队伍上井冈山？井冈山有怎样的优势呢？

学生在深入思考和与同伴探讨后，分析出井冈山群众基础好、易守难攻、敌人力量薄弱等优势。

从这个教学环节中，我们看到教师为学生设计了一个学习情境，这让学生们有一种身份代入感。在这种角色转换中，学生的学习状态就从“要我学”转变为“我要学”了。

4. 挖掘隐性素材，增进学科融合

革命传统教育需要教师深入挖掘教材，建立多学科融合的教学理念，让革命传统教育深入学生的心灵。2019年秋季，部编版小学语文教科书增加了革命传统教育题材的分量，从原有的三十三篇(不含选读课文)增加到四十一篇(不含阅读链接)，从小学五年级开始出现专门的“革命文化”主题单元。在整个部编版小学语文教材中，革命文化主题教育主要涵盖四个领域，即“国家认同”“政党认知”“英模榜样”“民族精神”。[①]具体内容的选编上，涉及长征精神、井冈山精神、延安精神、西柏坡精神、雷锋精神等。语文学科中的这些教学内容与道德与法治学科中的教学内容相辅相成。

深入挖掘各学科教学的隐性素材，建立多学科融合的教学意识，可以让教材内容、价值与教学取向找到一个合力点，让革命传统教育在多学科融合下发挥作用，引发学生对革命精神的认同，最终达到价值认同的目标。

5. 突破校园边界，注重实践体验

革命传统教育的形式多种多样。教师要通过多种教学方式，引领学生展开自主学习，激发学习的兴趣，增强针对性和主动性。

---

①卢永霞.从审美视角谈小学语文革命传统教育题材作品的教学策略[J].新教师，2019(8)：32-34.

（1）体验式教学方式：是指根据学生的认知特点和规律，通过创造实际的或重复经历的情境，呈现教学内容，使学生在亲历的过程中理解并建构知识、发展能力、产生情感、生成有意义的教学形式。体验式教学以人的生命发展为目标，尊重生命、关怀生命、拓展生命、提升生命，蕴含着高度的生命价值。它所关心的不仅是人可以经由教学而获得多少知识、认识多少事物，还在于人的生命意义可以经由教学而获得彰显和扩展。因此，如果条件允许，可以重走长征路，也可以体验用扁担挑粮食等活动，让学生深刻感受到革命先烈在战争时期所经受的种种困难，进而明白今天幸福的生活来之不易。

（2）多媒体融合教学方式：是指教师借助多媒体设备开展教学活动。此方式既可以在课堂上借助多媒体课件进行，也可以带学生到博物馆或纪念馆中进行。现在很多博物馆都有声光电一体化的情境再现技术，学生置身于模拟的情境中时，战争场景的紧迫感油然而生，学生对革命精神的理解也会更加深入、准确。

（3）主题教育式教学方式：主题教育是指教育者综合教育环境、受教育者发展特点和成长特点，策划和形成特定的主题，并围绕该主题在一定时期和阶段开展的特定的教育活动。教师可以围绕革命传统这个主题展开一系列的教学活动。例如围绕革命人物，开展尊重英雄、爱戴英雄、发现英雄身上的品质、向英雄学习等活动。还可以进一步扩大英雄的概念，引发学生寻找身边的当代英雄。时代虽然不同了，但是我们的国家依然需要英雄。英雄身上的高贵品质与大无畏的精神，依然是当代社会的主流价值，不会被时代淘汰。革命精神起源于红船精神，但是至今并未止步，在今天，革命精神以不同的形态存在于社会中。

三、革命传统教育的教学评价

革命传统教育的教学评价包括两个方面：一是关于课堂教学的评价；二是关于学生学业的评价。因两种评价的对象不同，评价中的着眼点也各不相同。

1. 革命传统教育的课堂评价

第一，革命传统教育的课堂教学设计与实施，其目标是否与现行国家课程标准相匹配，课堂中的各个教学活动是否直接指向课程目标，目标的准确性和达成度，是考量革命传统教育教学实效性的重要指标。

第二，革命传统教育的课堂活动是否具有可操作性，课堂是否能够调动起学生学习的兴趣，促使学生长时间保持学习的积极状态；是否形成动态生成的互动课堂，而不是教师的“一言堂”。

第三，革命传统教育更加关注学生道德认知、精神传承、价值认同等层面的教学效果。因此，我们可以从革命传统教育的课堂教学活动是否能够让革命历史更加具有亲切感，是否能够引领学生从科学的思想观念、高尚的道德情操、良好的心理素质、坚定的理想信念中汲取人生哲理，从而树立对国家和民族的认同等方面进行评价。

此外，还可以对教师的语言表达、教学素材的适切性、教学课件或辅助资料的效果等方面进行评价。

2. 革命传统教育的学业评价

学生是学习的主体，教学评价还要关注学生的成长情况。在革命传统教育中，对学生的学业往往不能通过单一的纸笔测试来衡量，质性评价更加适合这一主题领域的学业测评。此外，教师还应关注学生在课堂上参与学习的情况、学习过程中的表现以及形成性的学业成果。

从评价的形式上看，教师可以选用侧重于目标取向的形成性评价，也可以选用侧重学习成果特别是成果形成过程的过程性评价，还可以选用侧重于学生主动探究、主动表达、倾听与交流方面的参与性评价。此外，教师还可以根据作业进行测评。

本章小结

革命传统教育是道德与法治课程中一个重要的学习领域，具有重要的教育价值与教育意义，其内容以红船精神为开端，包括长征精神、井冈山精神、延安精神、西柏坡精神等，延伸到今天的时代精神。引领学生从这些革命精神中领悟到中国人民自强不息、敢为人先、勇于创新、团结一心等精神内涵和人格魅力，形成认同感，能够促使学生形成正确的人生观、价值观，是有效践行社会主义核心价值观的教育路径。革命传统教育内容以历史脉络为序，以典型的历史事件和历史人物为“点”，编排上体现了时间发展顺序，但是在核心内容方面又聚焦到“精神”层面，因此在教学实践中应该落实在道德教育上，而非历史知识。

【知识导图】

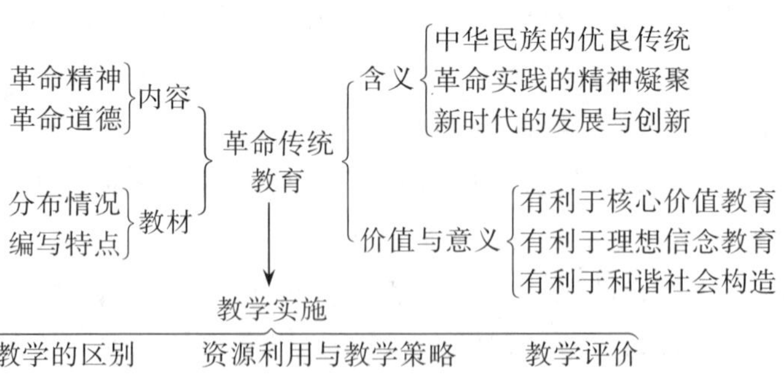

【理解反思】

1. 革命传统教育在当前是否依然存在，其育人价值是什么？

2. 革命传统教育的主要内容有什么？请举例说明。

3. 革命传统教育与历史教育有何区别？

4. 革命传统教育的评价可以从哪几方面入手？

【实践作业】

1. 以自己的家乡为出发点，寻找革命传统教育的社会性教育资源。

2. 利用地域性革命传统教育资源进行教学设计，撰写一份教学实施方案或主题教育活动方案。

【推荐阅读】

1. 董伟．诞生——共和国孕育的十个月[M]．北京：东方出版社，2019.

2. 朱桂莲．新时期我国中小学生爱国主义教育创新研究[M]．武汉：武汉大学出版社，2016.

第七章
传统文化教育

不忘历史才能开辟未来，善于继承才能善于创新。优秀传统文化是一个国家、一个民族传承和发展的根本，如果丢掉了，就割断了精神命脉。我们要善于把弘扬优秀传统文化和发展现实文化有机统一起来，紧密结合起来，在继承中发展，在发展中继承。

——习近平在纪念孔子诞辰2565周年国际学术研讨会开幕会上的讲话

核心观点

传统文化教育在小学道德与法治课程中占有重要位置。开展传统文化教育对于奠基生命底色、培养合格公民、建立文化自信具有重要意义。教师要重视优秀传统文化教育的融入和渗透，研究教材选择的素材和主题的编写意图，找到传统文化与现代生活特别是儿童生活的交汇点，从具有代表性的话题入手，以爱国主义教育为核心，深入挖掘传统文化在社会主义核心价值观教育中的价值。在教学实施过程中，教师要注重知识与生活相结合，关注儿童经验；明线与暗线相结合，关注教学方向；课内与课外相结合，关注课程资源；传统与现代相结合，关注时代发展。

学习目标

1. 了解传统文化教育的内涵及其在道德与法治课程中的地位。
2. 理解教材中有关传统文化教育的内容及其在各年段的侧重点。
3. 掌握传统文化教育的教学实施策略与方法。

思考问题

1. 如何理解传统文化教育？
2. 不同年段的传统文化教育的侧重点各是什么？
3. 道德与法治课中传统文化教育有哪些策略和方法？

中华传统文化是人类社会宝贵而丰富的文化遗产。2014年3月，为贯彻落实党的十八届三中全会关于完善中华优秀传统文化教育的精神，落实立德树人根本任务，进一步加强新形势下中华优秀传统文化教育，教育部发布了《完善中华优秀传统文化教育指导纲要》，明确提出把中华优秀传统文化教育系统融入课程和教材体系。作为国家课程的道德与法治课程融入和渗透了优秀传统文化教育。

传统文化教育在小学《道德与法治》教材中占有重要位置。做好传统文化教育，具有极其重要的现实和长远意义，对于培养小学生热爱中华优秀传统文化的情感，增强对传统文化和民族国家的认同感与归属感、培养良好的道德品质和行为习惯，陶冶情操、提升精神境界、塑造健全人格具有潜移默化、不可替代的作用。

第一节 传统文化教育的意涵

教育叙事

中西文化博弈

道德与法治是一门综合课程，内容包罗万象。一次，王老师讲人类音乐历史发展，向学生提问："你喜欢哪些古典乐曲或者音乐家？"学生们纷纷说："贝多芬、莫扎特、肖邦……""《献给爱丽丝》《蓝色多瑙河》……"老师不甘心地追问："中国的呢？"学生则一片沉默。王老师课后调查发现，很多学生根本没怎么接触过中国传统音乐。

不仅如此，还会出现另一种情况：一次讲中国汉字，张老师激情澎湃地讲着汉字亦书亦画、内涵丰富，末了，却对西方文字大加鄙夷；刘老师讲礼仪文化时，有学生表示，家长会带着参加一些课外的女德培训班，说女孩子应该笑不露齿、裙不过膝……

每当出现这些问题时，老师们都会展开讨论：传统文化教育存在着哪些误区？如何在教学中继承和发展中国传统文化的精髓？

一、传统文化教育的意涵

(一)中华传统文化与中华优秀传统文化

文化是人类在社会历史发展过程中所创造的物质财富和精神财富的总和。①有学者认为,中国传统文化可概括为以中华民族为创作主体,于清晚期以前,在中国这块土地上形成和发展起来的,具有鲜明特点和稳定结构的,世代传承并影响整个社会历史的宏大的古典文化体系。②拥有五千年发展史的中国,祖先们创造出无数灿烂文化。经过历史积淀,具有明显中华特色,内涵丰富,具有生命力和影响力的文化,不断被后代继承和发展,传承至今,就是中华传统文化。中华传统文化曾作为东方文明的主流,被世界各国的人们崇敬,流传广泛。时至今天,我们仍然可以在许多国家找到中华传统文化的影子。可以说,中华传统文化是人类社会的宝贵而丰富的文化遗产。

中华传统文化中也有糟粕和落后的一面。面对浩如烟海的中华传统文化,我们需要坚持客观、科学的态度,“取其精华、去其糟粕”是我们应采取的重要策略。习近平总书记在中央政治局第十八次集体学习时强调:“我们要对传统文化进行科学分析,对有益的东西、好的东西予以继承和发扬,对负面的、不好的东西加以抵御和克服,取其精华、去其糟粕,而不能采取全盘接受或者全盘抛弃的绝对主义态度。”

我们传承的传统文化一定要加上“优秀”两个字。习近平总书记指出,优秀传统文化是中华民族永远不能离别的精神家园,包含着许多为人类所共同遵循的普遍性的生存智慧。这些思想思考和表达了人类生存与发展的根本问题,其智慧光芒穿透历史,思想价值跨越时空,历久弥新,成为人类共有的精神财富。

中国共产党在领导人民进行革命、建设、改革伟大实践中,自觉肩负起传承发展中华优秀传统文化的历史责任。党的十八大以来,以习近平同志为核心的党中央高度重视弘扬中华优秀传统文化。2014年,教育部发布的《完善中华优秀传统文化教育指导纲要》指出,中华优秀传统文化是中华民族语言习惯、文化传统、思想观念、情感认同的集中体现,凝聚着中华民族普遍认同和广泛接受的道德规范、思想品格和价值取向,具有极为丰富的思想内涵。2017年,中共中央办公厅、国务院办公厅印发《关于实施中华优秀传统文化传承发展工程的意见》,对如何实施中华优秀传统文化传承发展工程做出了具体要求,从“核心思想理念、中华传统美德、中华人文精神”三个维度对中华优秀传统文化进行了内容界定。

---

①时蓉华.社会心理学词典[M].成都:四川人民出版社,1988:49.

②于春海,杨昊.中华优秀传统文化教育的主要内容与体系构建[J].重庆社会科学,2014(10):67-75.

知识卡

中华优秀传统文化的内容

核心思想理念。中华民族和中国人民在修齐治平、尊时守位、知常达变、开物成务、建功立业过程中培育和形成的基本思想理念，如革故鼎新、与时俱进的思想，脚踏实地、实事求是的思想，惠民利民、安民富民的思想，道法自然、天人合一的思想等，可以为人们认识和改造世界提供有益启迪，可以为治国理政提供有益借鉴。传承发展中华优秀传统文化，就要大力弘扬讲仁爱、重民本、守诚信、崇正义、尚和合、求大同等核心思想理念。

中华传统美德。中华优秀传统文化蕴含着丰富的道德理念和规范，如天下兴亡、匹夫有责的担当意识，精忠报国、振兴中华的爱国情怀，崇德向善、见贤思齐的社会风尚，孝悌忠信、礼义廉耻的荣辱观念，体现着评判是非曲直的价值标准，潜移默化地影响着中国人的行为方式。传承发展中华优秀传统文化，就要大力弘扬自强不息、敬业乐群、扶危济困、见义勇为、孝老爱亲等中华传统美德。

中华人文精神。中华优秀传统文化积淀着多样、珍贵的精神财富，如求同存异、和而不同的处世方法，文以载道、以文化人的教化思想，形神兼备、情景交融的美学追求，俭约自守、中和泰和的生活理念等，是中国人民思想观念、风俗习惯、生活方式、情感样式的集中表达，滋养了独特丰富的文学艺术、科学技术、人文学术，至今仍然具有深刻影响。传承发展中华优秀传统文化，就要大力弘扬有利于促进社会和谐、鼓励人们向上向善的思想文化内容。

——《关于实施中华优秀传统文化传承发展工程的意见》

(二)传统文化教育存在的问题

1.意识弱化

第一次鸦片战争之后，中国人原有的文化自信遭到了巨大冲击。在中国从传统社会向现代社会转型的过程中，面对西方强势文化的冲击，中华民族原有的文化自信重塑与提升之路充满了曲折与艰辛。[①]教育层面，传统文化在我国小学教育过程中受到冷落和冲击，西方文化、日韩文化中的个人主义等观念不断侵入儿童的价值观，使得中国儿童对我国的传统文化缺乏认同感。将优秀传统文化通过教育进行传承与发扬，将其深刻内涵刻画入儿童的内心，激发其文化自信，内化为他们的行动准绳，成为我们刻

①傅才武，齐千里.坚定文化自信，是对当代中国文化现代化道路问题的科学回应[J].华中师范大学学报(人文社会科学版)，2020，59(1)：62-72.

不容缓的使命与任务。

2. 目标异化

传统文化教育的最终目标是促进人的全面发展，实现立德树人根本任务。但是在具体操作过程中，这个目标出现了偏差，重知识讲授、轻精神内涵阐释的现象比较普遍。有些学校以应试教育为导向，偏重对学生进行知识点的灌输，单纯地让学生记忆一定的传统文化知识，缺少对传统文化蕴含的民族精神、道德情操、人文涵养的深入挖掘。在传统文化教育中出现“非教育化”的现象，即不遵从教育的基本逻辑，违背教育的基本规律。比如，不遵循循序渐进的原则，让孩子从童年开始就读佶屈聱牙、晦涩难懂的四书五经，大力倡导幼儿阶段就开始读经，而且是狭义的儒家经典。因此，在道德与法治课程中开展传统文化教育中，我们应不断反思和明晰传统文化教育的育人目标。

3. 形式僵化

传统文化教育在形式上还存在一些误区，例如，有的教育活动没有将传统文化教育与学校课程有机融合，出现“两张皮”的现象。有的教育活动未能深刻挖掘传统文化的价值内涵并在以古鉴今的过程中进行创造性转化与创新性发展，仅仅满足于形式上的模仿与复古。顾明远先生在一篇文章中对传统文化教育中的形式主义进行了批判：“有的学校进行所谓‘国学教育’，让学生穿汉服、戴官帽，摇头晃脑地读《三字经》，我看了以后特别不舒服。因为你做个表演可以，但是如果把它作为一门课程，我觉得就很不合适了。之前报纸上竟然还报道某地一所学校开展‘孝’的教育，让全校孩子在操场上为妈妈洗脚。洗脚本来是个人的私事，年轻的妈妈也用不着小孩来洗脚，对不对？报纸还把这个活动公开报道了，一操场的孩子给妈妈洗脚。中国人传统教育里有个‘雅’字，这是很重要的。这种行为很不雅观，我看了特别不舒服，这都是形式主义的。”①因此，我们应在尊重传统的基础上，用开放的眼光和发展的视角有选择地吸收和创造性地综合，切实把握和深入理解传统文化的本质内容，创新教育形式，让传统文化焕发出生机与活力。

（三）传统文化教育的内涵

在本书中，传统文化教育是指以弘扬爱国主义精神为核心，以家国情怀教育、社会关爱教育和人格修养教育为重点，深刻把握传统文化中所蕴藏的家国情怀、责任担当等价值观念，着力完善青少年学生的道德品质和法治思维，培育理想人格、提升核心素养的教育。

传统文化教育应牢牢把握住《完善中华优秀传统文化教育指导纲要》，开展如下内容的教育活动：

（1）开展以天下兴亡、匹夫有责为重点的家国情怀教育。着力引导青少年学生深刻认识中国梦是每个人的梦，以祖国的繁荣为最大的光荣，以国家的衰落为最大的耻辱，增强国家认同，培养爱国情感，树立民族自信，形成为实现中华民族伟大复兴的中国梦而不

①顾明远. 文化是一个民族的根与魂——谈谈中华优秀传统文化教育[J]. 人民教育，2017(23)：45-49.

懈努力的共同理想追求，培养青少年学生做有自信、懂自尊、能自强的中国人。

(2)开展以仁爱共济、立己达人为重点的社会关爱教育。着力引导青少年学生正确处理个人与他人、个人与社会、个人与自然的关系，学会心存善念、理解他人、尊老爱幼、扶残济困、关心社会、尊重自然，培育集体主义精神和生态文明意识，形成乐于奉献、热心公益慈善的良好风尚，培养青少年学生做高素养、讲文明、有爱心的中国人。

(3)开展以正心笃志、崇德弘毅为重点的人格修养教育。着力引导青少年学生明辨是非、遵纪守法、坚韧豁达、奋发向上，自觉弘扬中华民族优秀道德思想，形成良好的道德品质和行为习惯，培养青少年学生做知荣辱、守诚信、敢创新的中国人。

二、传统文化教育的价值与意义

(一)奠基生命底色，形成正确的人生观和价值观

老子曰："知人者智，自知者明。"这启示我们，人需要了解自己，对自己要有正确的评估，才能真正觉悟，看清事物的本质。"我是谁？我从哪里来？我到哪里去？"这一哲学追问分别基于现在、历史与未来，促使人们思考自身的价值与努力的方向，即人生观、价值观。

在中华传统文化中，"苟利国家生死以，岂因祸福避趋之""天下兴亡，匹夫有责"的价值导向供我们汲取勇气和信念、道德与情操，明确努力的方向和目标。中华民族之所以几千年屹立于世界民族之林，历经磨难，一次次凤凰涅槃，成为人类发展史上的奇观，最根本的就是深深植根于民族基因的伟大精神支撑和崇高价值追求。在全球社会经济飞速发展、舆论信息爆炸传播的时代背景下，成人都很容易在物质世界迷失，儿童也难免受到波及。成人需要回到传统文化的精神家园寻求给养，儿童就更需要铸造好传统文化的基石。中华优秀传统文化中匹夫有责的爱国精神、内省慎独的人格精神、刚健有为的进取精神、厚德载物的兼容精神、天人合一的和谐精神……这些都将帮助学生奠基生命的底色，树立正确的人生观和价值观。

(二)培养合格公民，提升道德品质和法治素养

良好的文化具有道德教化的作用。道德与法治课程有利于加强小学生的道德教育，提升其文化品质，让学生明白有哪些道德规范与道德准则，进而掌握正确的道德规则与规范。我国优秀传统文化中所包含的诚实守信、勤俭节约、敬老爱亲等道德规范，为学生道德品质的提升提供了丰富的内容。人是组成社会的最小单位，要有好的社会风气，个人首先要有好的道德品质。在社会生活中，我们会看到一些违反社会公德、倡导个人利益的人，他们道德水准低下，不仅使个人形象、生活受损，还影响社会的稳定和发展。

传统文化中蕴含着丰富的法治观念。例如，《史记》记载，刘邦"与父老约，法三章

耳;杀人者死,伤人及盗抵罪。”汉高祖刘邦凭借同百姓“约法三章”这样简单的做法,获得了底层民众的信任与拥护。中国古代思想家管仲就说:“法者,所以兴功惧暴也;律者,所以定分止争也;令者,所以令人知事也。”可见法律政令是治理社会的规矩绳墨。对传统文化的学习,将进一步提升学生的法治思维。

因此,把握好优秀传统文化教育的方向,有利于培养学生的道德品质与法治思维,促使其成为社会合格公民。

(三)建立文化自信,增强民族认同和国家归属感

文明特别是思想文化是一个国家、一个民族的灵魂。无论哪一个国家、哪一个民族,如果不珍惜自己的思想文化,丢掉了思想文化这个灵魂,这个国家、这个民族是立不起来的;没有文明的继承和发展,没有文化的弘扬和繁荣,就没有中国梦的实现。

马斯洛的需求层次理论指出,人们的需求,在满足了生存本身需求后,更深层次的则是归属感和自我实现的需要。①归属感作为人的生命意义的寄托,直接关系到人的生存方式。只有在获得归属感后才能实现自我,才能获得更高意义上的价值。而无论归属感还是自我价值的实现,从来不会只停留在个人层面。儿童的成长成才,离不开家国情怀的熏染。传统文化帮助儿童树立文化自信,其根本意义在于增强民族认同和国家归属感,实现中华民族伟大复兴和最高意义自我价值的双赢。

课堂链接

《道德与法治》五年级下册《弘扬优秀家风》中有《探寻优秀家风》《优秀家风代代传》两个板块,是比较典型的渗透传统文化教育的一课。大多数学生能够在家庭生活中听从父母的教诲,遵守家庭规则,但是缺乏对优秀家风是社会和谐、国家发展、民族进步的基础的认识。为促使学生真正内化优秀家风的精髓,自觉学习和传承家风,提高自身修养,王丹老师紧密结合学生生活,通过匾额、对联、书法作品、名人家风故事等环节,采用小组讨论、读资料、听故事等方式,从个人修养、社会需要、国家情怀等角度层层递进,引导学生了解我国历史上丰富的家训家规,懂得国家发展、民族进步、社会和谐离不开优秀家风,激励学生从小事、身边事做起,传承和弘扬优秀家风。当学生发现自己身边的对联、门楣窗棂、吃饭睡觉等琐碎小事都蕴藏着传统文化、祖先智慧,当学生为一封封革命志士的家书感动共情时,我们说这是一次从小家到国家的情感升华、从个人到社会价值有益的探寻,也是传统文化教育的意义体现。

(北京市史家教育集团王丹老师提供)

①彭克宏.社会科学大词典[M].北京:中国国际广播出版社,1989:1112-1113.

第二节　教材中的传统文化教育内容

教育叙事

传统与现代观念的冲突

一次，一位老师给一年级的学生讲端午节，特别渲染了屈原悲愤投江的情节，试图引发学生对爱国情怀的思考。结果，端午节由来的故事讲完，学生最不能理解的就是屈原为什么要跳江。老师很纠结，自杀这件事容易给学生形成一定的创伤，不讲又很难说清楚。怎么办呢？老师到办公室，提出了这个问题。课程组的老师们进行了热烈的讨论。有的老师说："一年级学生很难理解抽象的概念。低年级学生的传统文化教育要多放在具体形象的事情上面，多讲他们能够理解的事情。"经过讨论，该老师重新修改了教案，从端午节历史悠久，是传统节日里第一个非物质文化遗产，讲到学生熟悉的庆祝活动，用温暖而美好的东西感染学生，促使其记住这个节日。

一、教材中传统文化教育的具体内容

传统文化教育可以以语言习惯、文化传统、思想观念、情感认同等多种形式为载体，从学生的知识认知、道德思考、行为习惯等角度进行培养和教育。在《道德与法治》教材中，具体教育内容在不同年段是不同的。

小学低年级：以培育学生对中华优秀传统文化的亲切感为重点，开展启蒙教育，培养学生热爱中华优秀传统文化的感情。了解一些爱国志士的故事，知道中华民族重要传统节日，了解家乡的生活习俗，明白自己是中华民族的一员；初步了解传统礼仪，学会待人接物的基本礼节；初步感受经典的民间艺术。孝敬父母、尊敬师长、友爱同学、礼貌待人，养成勤俭节约、吃苦耐劳、言行一致的生活习惯和行为规范，培育热爱家乡、热爱生活、亲近自然的情感。

小学高年级：以提高学生对中华优秀传统文化的感受力为重点，促使学生产生对传统文化的认同和热爱；了解中华优秀传统文化的丰富多彩，理解汉字的文化含义，体会汉字优美的结构艺术；了解中华民族历代仁人志士为国家富强、民族团结做出的牺牲和贡献；知道重要传统节日的文化内涵和家乡生活习俗变迁；感受各民族艺术的丰富表现形式和特点；引导学生学会理解他人，懂得感恩，逐步提高辨别是非、善恶、美丑的能力，开始树立人生理想和远大志向，热爱祖国河山、悠久历史和宝贵文化。

二、传统文化教育在各单元的分布

《道德与法治》教材，整体按照册—单元—课的原则编写。每单元是一个相对集中的主题，围绕学生的生活，不同的教育主题分布在不同年段，以“自我成长、家庭生活、学校生活、公共生活、我们的国家、我们的世界”为思路，点面结合，螺旋上升。其中，传统文化教育作为核心理念，主要呈现方式是显性表现，隐性渗透，既有明确以传统文化教育为主题的单元和主题课，又有在其他主题教育下以各种形式渗透的教育点。其中，以传统文化为主题教育的单元和课在各单元分布如下：

表7-1 传统文化教育内容分布表

年级	单元主题	课文标题	传统文化教育内容
一年级上册	天气虽冷有温暖	快乐过新年	了解春节的风俗习惯，学习春节期间的各种习俗和讲究
二年级上册	我们的节假日	团团圆圆过中秋	了解我国传统节日，尊敬和关爱老人，感受共有的节日和传统
二年级下册	我们好好玩	传统游戏我会玩	游戏是文化的载体，通过对传统游戏的了解，感受先人的生活智慧，传统文化中蕴含的趣味性、创造性和艺术性
三年级上册	家是最温暖的地方	家庭的记忆	通过对节日中的“家”以及语言文字中的“家”的了解，感受中国人重视家庭的传统观念
三年级下册	多样的交通和通信	万里一线牵	介绍古代各种通信方式，体会我国祖先的智慧
四年级下册	感受家乡文化 关心家乡生活	我们当地的风俗	了解本地区的民风、民俗和文化活动，感受祖国丰富多彩的民俗民风
		多姿多彩的民间艺术	民间艺术是传统文化中的瑰宝，通过对民间艺术的了解，增强对传统文化的了解和热爱，传承和保护民间艺术
五年级上册	骄人祖先 灿烂文化	美丽文字 民族瑰宝	介绍汉字的历史发展、形态魅力、凝聚智慧、深刻影响等，引导学生感受汉字背后的传统观念和思维方式
		古代科技 耀我中华	学习古代科技人物、科学成就、世界影响等，感受科学家们的人文科技情怀以及不畏险阻、实事求是的科学精神，激发学生的民族自信和拼搏精神
		传统美德 源远流长	通过对我国传统文化中对自我、他人、国家的道德修养学习，滋养学生自身的人格修养、社会关爱和家国情怀
五年级下册	我们一家人	弘扬优秀家风	通过探寻家庭风尚、传统和文化，引导学生感受中华民族传统家庭美德。知道家风是支撑中华民族生生不息的重要精神力量
六年级下册	多样文明 多彩生活	探访古代文明	通过对世界上的文明起源的了解，感受中华文明的源远流长，在尊重文化多样性的同时产生文化自信

三、传统文化教育的编排特点

(一)关注生活,层次递进

通过上述梳理可以发现,根据不同年级学生心理发展特点和生活领域的实际情况,传统文化教育的侧重点有所不同。低年级比较注重传统节日、民俗等方面的教育,如一年级上册的《快乐过新年》、二年级上册的《团团圆圆过中秋》等。这些都是和学生的生活息息相关的体验再现,通过丰富有趣的活动,激发学生对传统文化的热情,初步渗透传统文化的概念。中年级随着学生生活圈子的扩大和具备了一定的辨析是非的能力,进行积极的民间文化和民俗的教育,在普及灿烂文化的同时,对民间文化中的糟粕部分也予以辨析,有利于学生更加清晰地了解传统文化对我们的生活、社会的价值,辨别精华与糟粕。高年级则较为集中地进行知识和价值观教育,例如五年级上册第四单元《骄人祖先 灿烂文化》,用整个单元从文字、科技、美德三个方面进行了重点学习,不仅有大量的知识传递,还注重道德、精神、价值观领域的塑造。传统文化教育不能脱离学生的生活和发展水平,要有递进的层次感,无论是知识层面、能力层面还是价值观教育层面,都要根据学生的真实生活进行精心的设计。

(二)形式创新,全面融入

文化教育不应仅仅是主题教育,它更是一种润物细无声的渗透和融入,更何况传统文化不仅仅存在于教育中,更存在于我们的日常行为习惯、语言习惯和思维习惯中。

如家庭教育领域,不仅有弘扬优秀家风的主题课(五年级下册第三课《弘扬优秀家风》),还在其他年级、课题中渗透了许多敬老爱亲的细节,例如一年级上册《吃饭有讲究》中小女孩扶老爷爷上餐桌的图片,《新年的礼物》板块中"新年心愿":小男孩制作了新年贺卡送给爷爷奶奶,主持人提示除了送贺卡,还可以用多种方式告慰老人,在物质和精神上尽可能给予老人更多的关心。

如果教师有足够的敏感度,就应当有意识地提取这些信息。其他主题教育层面也不乏这样的教育契机,例如学生的自我、家庭、行为习惯等主题中,都有以诗歌、故事、谚语等形式进行的传统文化渗透,这是我们进行传统文化教育的重要抓手。例如,三年下册《我很诚实》一课引入南北朝时期明山宾卖牛的故事,引导学生讨论"诚实"和"傻"之间的价值取向;四年级下册《我们的好朋友》一课有三国时期吕岱和徐原的交友故事,启发学生理解真正的友谊;《说话要算数》一课要求收集有关诚信的故事和成语;《合理消费》一课中对"由奢入俭难"的解读,不仅阐述了千百年来中国人勤俭节约的美德,更有着劝诫人们注意自身的修养,不要陷入物质主义的陷阱的深刻内涵。

第三节　传统文化教育的教学实施

教育叙事

种下传统文化兴趣的种子

教师节，有一位升入初中的孩子特意回到小学母校，找到教过他的道德与法治课教师，告诉老师，他在学校申请成立了考古社团，研究传统文化。

在他上小学的时候，该校道德与法治课程组的老师们一直试图将古代科技、文物等传统文化引入课堂，带领学生动手造纸、研究榫卯结构、一起临摹后母戊鼎上的饕餮纹，学生通过丰富多彩、寓教于乐的活动，感受到传统文化的魅力。

这位学生说，此后他念念不忘，上中学后就成立了社团，继续研究。

一、传统文化教育中存在的问题

（一）教师自身文化修养不够

中华民族的传统文化博大精深。传道授业解惑者的教师，呈现给学生的不仅仅是文化知识，谈吐修养、处世哲学都彰显着他对传统文化的理解和继承。但是，由于传统文化教育的长期缺失，教师的素养也不容乐观，既有传统文化知识方面的缺失，也有谈吐修养方面的不足。

（二）与学生实际生活相结合有难度

由于传统文化教育自身的抽象性和系统性，教师容易站在成人视角进行说教，无法适应学生多样化的真实生活，从而导致冲突。例如，勤俭节约是传统美德，但“缝缝补补又三年”的传统与今天儿童的生活相差甚远，显然无法被效仿。孝老爱亲中的“父母教，须敬听；父母责，须顺承”，和现在提倡平等的亲子关系的大环境有所出入，也需要具体事情具体分析。不被学生理解、接受并且内化成自身价值观的文化教育不会被落实到行动上。因此，我们的传统文化教育需要紧密结合学生的真实生活，以他们的视角来开展。

（三）容易出现形式大于内容的倾向

道德与法治课程作为德育学科，其本质是国家意志的体现，其内在的价值观教育是核心，因此，传统文化教育不能脱离这个核心。实际教学中，知识目标是否实现比较容易评估，而体现什么样的价值观则难以界定，可能被有意无意地忽视，从而使得传统文化教育偏重于知识目标，缺乏对精神领域的深入挖掘，造成课堂内容丰富却没有灵魂。如何与社会主义核心价值观进行对接，设计合理的教学环节，让学生在思想上有所触动，这是传统文化教育的重点和难点。

（四）传统文化资源开发与利用不足

中华民族具有五千年的历史文化，传统文化教育资源非常丰富。但实际上，受教师自身素养、学校提供的支持、家庭教育、社会资源开发等多方面因素影响，目前可用于教学的传统文化资源非常缺乏。有的传统节日庆祝活动只存在于记录里；有的故事学生在幼儿园就已知晓还屡被使用，诸子典籍晦涩难懂不适合儿童；有的地方博物馆里的文物介绍寥寥数语……传统文化资源开发与利用不足，也是当前教师进行传统文化教育的困难之一。

二、传统文化教育的教学策略

（一）知识与生活相结合，关注儿童经验

传统文化教育不能脱离学生的实际生活，我们就要始终站在儿童的视角，创设有利于儿童的课堂氛围，积极发掘传统文化中的儿童因素，寓教于乐、以小见大、润物无声，在轻松愉快的气氛中，实现传统文化与儿童生活的有效对接，逐渐增进他们对传统文化的了解、感受和认同，避免假大空的灌输式教育。例如，我们进行传统节日的教育，涉及春节、清明节、端午节和中秋节等内容，教师应该思考的是如何从中挖掘儿童因素，用儿童更喜欢、更熟悉的方式传递中华优秀传统文化。教师要注意积累学校、社区传统文化教育活动的素材，使其成为教学资源。例如，有的学校开展了中医文化进校园活动，有的学校开展了家风家书展示宣讲活动，这些活动都可以融入课堂，激发学生的荣誉感和参与感。

（二）明线与暗线相结合，关注教学方向

教学中，以知识目标为明线，价值观目标为暗线，做到明线与暗线相结合，把握教学方向。儿童期是基础文明素养形成的关键期，但一味地讲授知识不仅起不到教育作用，也不是道德与法治课程的初衷。因此，我们在教学时，需要深挖教材，理解编者意图，以知识目标为明线，价值观目标为暗线，两者结合才能较好地实现本学科的意义。例如《美丽文字 民族瑰宝》一课，如果教师仅仅讲汉字的构成和书写很容易变成语文课，偏重美感欣赏又容易变成书法课。道德与法治课要讲什么呢？我们要讲汉字背后蕴藏的祖先的智慧和道德追求，激发学生的民族认同和文化自信。

（三）课内与课外相结合，关注课程资源

中华优秀传统文化是中华民族几千年来的积淀，如果只在课堂上讲文化显然是不足的，必须将课内与课外相结合。教师应在教学中做到如下几点：

一是地方文化的挖掘。每个地方文化都是文化传统的一部分，如果能够挖掘地方文

化资源，将其作为课堂的补充，就能收到事半功倍的效果。例如北京国子监、山东孔庙等，能和自律、学习习惯、学习目标等联系起来。

二是博物馆资源的开发。每个城市都有博物馆，这是传统文化的汇聚地。如果我们将博物馆中的文物与课堂教学相结合，就能激发学生的学习兴趣。例如，可以从后母戊鼎的制作讲团结合作，从秦朝量器的使用讲诚信经营。

三是家庭场域的利用。家庭文化是文化传承的重要途径，很多传统文化就是从家庭继承的，因此，我们要和家庭教育站在一起，充分调动家长的积极性，共同进行传统文化教育。例如我们讲家风，可以发动家长讲讲自己家的家风，尊老爱老、谦让有礼、积善有余等等。好的家风将成为班级的榜样，也会给学生更大的信心和价值感。

（四）传统与现代相结合，关注时代发展

传统文化教育形式有诗歌诵读、故事分析、榜样学习等，但在当今数字时代，爆炸式的信息量充斥在学生周围，太多丰富而有趣的形式令学生的阈限变得更高。为了调动学生的学习积极性，我们需要大胆创新，用学生喜欢的教育手段进行尝试。例如戏剧教育形式，在表演中感受传统与现代的冲突，引发思考；艺术创作形式，以绘画、舞蹈表达自己的理解；模拟体验形式，模拟古人的生活，领悟古人对诚信、信誉的追求。

课堂链接

《意蕴隽永的汉字》教学设计片段

课前准备：两人一张学习单、装水的透明瓶子、PPT及视频；学生分组（两至四人一组，最好是桌子并排，方便进行字词大会活动）；翻页笔。

流程图：

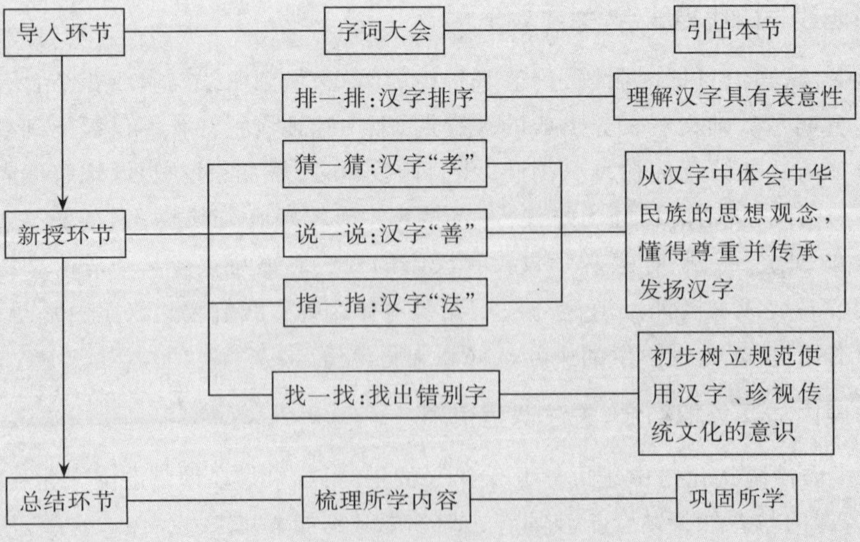

……

二、新授环节

（一）汉字的表意性

活动：排一排

师：接下来，我们根据刚刚学过的汉字的表意性来完成一个学习单。学习单上有五个汉字，请你根据汉字的字形推测每个汉字表示的太阳在一天中的不同高度，并按照从早到晚的顺序排列。四人一组，小组合作，时间四分钟。

请认真阅读学习单上的提示。

师：正确的顺序是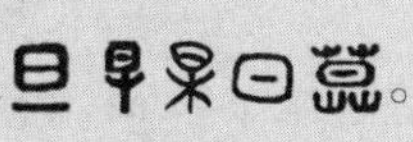。

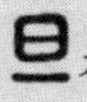是第一，表示太阳刚从地平线升起，即日出；是古代汉字的“早”字，表示日在草上，太阳稍稍高出了地平线，即清晨；，太阳升到了森林的上空，表示天色大亮；表示白天；其实是“暮”，表示太阳被四周的草遮住，表示黄昏。

师：通过这个活动，老师发现同学们已经了解了汉字的表意性。汉字的表意性使我们能够根据汉字的字形推测出汉字的内涵，甚至从中了解古人的思想观念。

（北京史家教育集团梁晨提供）

如果教师就汉字讲汉字，就会变成语文课、书法课，难以体现道德与法治课程的教学价值。所以，教师在研究了关于汉字表意性的相关文章和书籍，并和该单元后两课进行框架梳理后，重新调整了思路，确定了以理解汉字的表意性为明线、以初步树立规范使用汉字的价值观为暗线的教学目标后，设计了一节学生喜闻乐见的真正有触动的课。

三、传统文化教育的教学评价

（一）课堂评价

传统文化教育重在渗透，除了传统文化知识，更重要的是热爱传统文化，能够自主汲取其中的精神力量，这就需要注意课堂是否和社会主义核心价值观相呼应。

传统文化教育需要以多种表现形式激发学生的学习兴趣，拉近历史与学生之间的距离，因此课堂评价还应注重是否开发了多项资源，贴近学生生活。

（二）学业评价

根据布鲁姆教学目标分类方法，我们可以关注学生的认知、情绪情感、技能三个维度。

认知角度：关注学生是否能够了解、理解、解释和分析传统文化相关概念。

情感角度：关注传统文化教育本身就具备道德教化的作用。我们应关注学生在课堂上是否表现出对传统文化的兴趣，是否积极参与到活动中来；学习后在生活中有没有变化，行为习惯和道德认知有无提高；学生的感受和情绪是什么；对传统文化是热爱还是更抵触。教师要及时了解，从而有的放矢地调整教学策略。

技能角度：关注学生是否能够搜集、整理资料，尝试将传统文化与现代生活相联系，创造性地应用到实际生活中去。

本章小结

人类历史中，文化是通过教育延续下来的，因此，教育是传承传统文化的重要工具，基础教育更要承担起中华优秀传统文化教育的责任。这是提升学生个人素质修养的需要，更是实现中华民族伟大复兴的需要。做好传统文化教育是我们每一位教师的使命。这需要教师在提升自身传统文化素养的同时，钻研教材，开发资源，给学生真生活、真启示，提升教学效果。同时，我们也需要把握传统文化教育的内容，对糟粕加以剔除，创新多种形式，丰富课堂教学模式，将传统文化有效地传承下去。

【知识导图】

- 传统文化教育
  - 内容
    - 主要内容
    - 分布情况
    - 编写特点
  - 教材实施
    - 知识与生活相结合
    - 明线与暗线相结合
    - 课内与课外相结合
    - 传统与现代相结合
  - 含义
    - 传统文化的范畴
    - 优秀传统文化鉴别
    - 传统文化教育现状
  - 价值与意义
    - 树立正确人生观价值观
    - 有利于成为社会合格公民
    - 增强民族认同和国家归属感

【理解反思】

有学者提出，传统文化中提倡的“泛道德化”是不科学的，强调安稳的传统思想一定程度上阻碍了创造力的发展，对此，你怎么看？如何在道德与法治课程教学中规避这些问题？

【实践作业】

1. 在整套书中，除了主题教育单元或者主题课，还有哪些部分渗透了传统文化教育内容？请梳理，注意在梳理的过程中，写清楚此部分和哪些传统文化教育内容相关联，具体目标是什么。

2. 根据《意蕴隽永的汉字》教学设计片段，写一份教学评价设计，注意和教学目标的关系。

【推荐阅读】

1. 中国国家博物馆，史家小学. 博悟之旅·生命[M]. 天津：新蕾出版社，2017.

2. 郭志滨. 世界才是真正的课本：品德与社会课程中的博·悟教育研究[M]. 北京：中国发展出版社，2016.

第八章
生态伦理教育

我们既要绿水青山，也要金山银山。宁要绿水青山，不要金山银山，而且绿水青山就是金山银山。建设生态文明是关系人民福祉、关乎民族未来的千年大计，是实现中华民族伟大复兴的重要战略任务。

——习近平2013年9月7日，在哈萨克斯坦纳扎尔巴耶夫大学发表演讲

核心观点

生态伦理教育是道德与法治课程的重要组成部分。对个人而言，生态伦理教育能增长生态伦理知识，为学生更好地参与社会打下良好基础；对社会而言，生态伦理教育有助于实现可持续发展，促进和谐社会的构建；对国家而言，生态伦理教育是建设美丽中国的必要途径。在教学实施过程中，要深刻了解生态伦理教育的特点，紧密联系学生生活实际，找准融合点；关注学校、家庭、社会教育环境，找准切入点；注重教育实践、知行统一，找准落脚点。

学习目标

1. 理解生态伦理教育的意涵。

2. 整体把握生态伦理教育内容在教材中各单元的分布及其编排特点。

3. 了解生态伦理教育的特点、实施方法及评价方法，培养生态伦理思维，落实生态伦理教育目标。

思考问题

1. 道德与法治课教师如何把握生态伦理教育的落脚点？
2. 如何让课堂更多元化、更开放，改变传统课堂教学模式？
3. 如何让小学生的生态伦理观全面提升，做到知行统一？

人和自然的关系是人类社会最基本的关系，两者相互影响。如何处理好两者的关系？如何引导人们用生态伦理指导行动，最终实现人与自然和谐共处呢？

生态伦理作为新兴学科，成为近年来人们关注的焦点。准确把握生态伦理教育的特定内涵，正确认识小学生开展生态伦理教育的必要性，是有效开展生态伦理教育的前提和基础。

第一节　生态伦理教育的意涵

教育叙事

小小规划师

下面是《道德与法治》三年级下册第十一课的一个教学活动。

“同学们，下面我们开展‘家乡交通规划师’的活动。”

“国家为了京津冀地区协同发展，要修建新的国际机场。如果你是城市规划师，请你结合手中的地图，思考以下问题：新机场选在哪里更合适？为什么选择这个地方？考虑到哪些要素呢？有何利弊呢？”

同学们分组展开讨论，纷纷发表自己的看法。有的学生说，选择人口密集的地方，能够促进经济；有的学生说，选择偏远的地方，因为开发新机场要占土地资源；还有的同学说，选在京津冀三个地区的中间，减少资源浪费，兼顾彼此发展……

道德与法治学科对培养学生生态文明意识具有重要作用。教师应深入理解生态伦理的意涵，抓住课程生成中小学生对生态伦理的关注点，进行适时引导，帮助其树立生态文明意识，践行生态文明行为，提升生态文明素养。在这节课的教学活动中，学生从生态伦理的视角关注城市建设、城市规划，观点阐述中其实就融合了生态伦理观。

随着社会的发展，人们对美好生活的向往日益提升，环境问题日益突出。我国在进行经济、政治、文化、社会和生态文明各项建设中，坚定了“金山银山不如绿水青山”的信念。习近平指出，绿水青山就是金山银山。建设生态文明是关系人民福祉、关乎民族未来的千年大计，是实现中华民族伟大复兴的重要战略任务。党的十九大明确了到21世纪中叶，把我国建设成为富强、民主、文明、和谐、美丽的社会主义现代化强国的目标。十三届全国人大一次会议通过的宪法修正案，将这一目标载入宪法。

2017年8月，教育部印发的《中小学德育工作指南》指出，要严格落实德育课程，要上好道德与法治、思想政治课，落实课时，不得减少课时或挪作他用。学校肩负着培养社会主义现代化建设人才的重任，道德与法治课程作为德育教育的主阵地，对学生的人生观、世界观、价值观形成起着重要作用。在道德与法治课程中开展生态伦理教育，是社会和时代发展的需求，也是学生成长的需求。

当前，生态伦理教育现状不容乐观：对学生由“知”转“行”的引导有难度；生态伦理教育与学生实际生活存在出入，帮助学生树立生态伦理观有难度；部分教师生态伦理观有待提高。这就需要教师研读教材，创新课堂教学模式，开展多元化、开放式的评价，努力推动生态伦理教育。

一、生态伦理教育的含义

生态通常指生物的生活状态。生态伦理，即人类处理自身及其周围的动物、环境和大自然等生态环境关系的一系列道德规范，通常是人类在进行与自然生态有关的活动中所形成的伦理关系及其调节原则。

生态伦理教育是根植于生态伦理学的一种教育理念，是符合社会发展、符合生态环境需求，由教育者有目的、有计划、有组织地向受教育者传授生态伦理理念，使其认识到人与自然和谐发展的重要性，实现自觉地尊重自然，自觉地规范自己的行为，把人的发展和自然的发展统一起来，从而形成生态伦理观，树立可持续发展思想的教育活动。

知识卡

生态伦理学作为一门新兴的综合性学科，是现代生态学与伦理学两者之间的边缘学科和交叉学科，是研究和调适人与自然的伦理及道德理念，规划和约束人对自然的伦理态度和道德行为，引导和塑造人与自然之间伦理及道德关系的学科。在研究这种关系时，要把人融入生态系统中加以考察，而不是把人放在生态系统和环境的对立面。

二、生态伦理教育的价值与意义

随着生态伦理教育的发展，其必要性和前瞻性日益彰显。开展生态伦理教育，培养德智体美劳全面发展的社会主义建设者和接班人，是构建生态文明社会的需要，也是全面推进素质教育的需要。

（一）生态伦理教育是建设社会主义现代化强国的内在要求

党的十八大以来，习近平多次强调要建设生态文明、维护环境安全、保护绿水青山。在党的十九大报告中，习近平明确提出坚持绿色发展理念，加快建立绿色生产和消费的法律制度和政策导向，发展绿色金融，牢固树立社会主义生态文明观，推动形成人与自然和谐发展现代化建设新格局。

如何实现这一伟大的战略目标呢？教育作为点燃人类心灵的火把，唤醒人类意识的重要手段，担负着为国家培养人才从而改造社会的重任。在小学阶段进行生态伦理教育，对于促进国家的绿色发展、保护社会的环境安全、推动生态文明建设都具有十分重要的意义。

（二）生态伦理教育是小学生生态伦理观养成的必要手段

小学阶段是学生学习参与社会生活的重要阶段，也是学生品格形成的关键时期。这个阶段的学生自主、独立的意识刚刚形成，人生观、价值观、世界观没有真正形成，缺乏分辨是非的能力，从众心态、模仿他人等都会影响其价值观的形成，因此，学校进行生态伦理教育，在日常行为养成方面给予正确引导和帮助非常重要。引导小学生积极参与生态文明建设，将生态伦理观外化为生态文明行为，从生活点滴小事做起，主动实行垃圾分类、节水节电、不浪费粮食等等，养成生态文明行为习惯，生态伦理教育是必要手段。

（三）生态伦理教育是培养全面发展的人的基本途径

儿童是未来的建设者，国家未来的发展要看儿童。对今天的小学生进行生态伦理教育，就是在为未来培养具有环境保护意识、可持续发展观念，自觉遵守相关的法律，主动承担环境义务的新时代公民；就是将生态伦理观扎根在他们的心底，规范他们的行为，从而形成良好的生活方式，减少和避免未来社会出现新的更多的环境问题。这既是当代小学生的社会责任，也会使他们终身受益。

三、生态伦理教育与和谐社会的关系

要实现中华民族伟大复兴的中国梦，就必须建设生态文明，建设美丽中国。党的十九大报告提出，必须树立和践行“绿水青山就是金山银山”的理念，坚持节约资源和保护环境的基本国策，推进生态文明建设，这是对我国人口剧增、资源短缺、环境恶化的严峻形势进行复盘反省后的一种明智选择，也是实现经济社会可持续发展的必由之路。

加强生态环境的保护和建设，实现人与自然的和谐相处，是构建和谐社会的前提条件。在小学阶段进行生态伦理教育，是贯彻落实科学发展观、构建社会主义和谐社会的重要举措，也是社会主义核心价值观的重要内容。在生态伦理教育中，应加强生态文明的宣传教育，倡导勤俭节约、绿色低碳、文明健康的生活方式和消费模式，提高全社会生态文明意识，积极培育生态文化、生态道德，使生态文明成为社会主义主流价值观，成为社会主义核心价值观的主要内容。因此，推进生态伦理教育，对于人与自然、人与社会和谐发展，建设节约型和友好型社会，构建和谐社会是十分必要的。

课堂链接

《道德与法治》三年级下册《四通八达的交通》一课，教师在讲授家乡交通的未来发展时，可以借用建设新机场如何选址的问题，让学生依托地图等工具，展开想象的翅膀，为家乡交通发展出谋划策。在实际教学中，有的同学提出既要考虑到经济发展，又要考虑环境影响。教师出示实例，比如北京大兴机场的选址，需要考虑到国家"京津冀一体化"战略，机场的施工需要考虑到噪音、公共交通设施、环保材料、智能设施等诸多因素。这样，通过书本知识与现实生活的联结，可持续发展的生态伦理观融入了教学中。

（北京市东城区史家胡同小学李雪提供）

第二节　教材中的生态伦理教育内容

教育叙事

新教材的疑惑

新学期开始时，《道德与法治》新教材陆续发到各年级老师的手中，老师们皱着眉头相互交流着。王老师说，二年级下册《绿色小卫士》引导学生节约资源，低碳生活，怎么到了四年级上册《让生活多一些绿色》还包含这些内容？张老师说，六年级下册《爱护地球 共同责任》同样有环保内容呢，还涉及低碳生活。这怎么讲啊？学生会不会觉得都已经学过了，不爱听了？李老师说，为什么不放在一个年级一个单元里，一下子都讲完？

听了老师们的议论，我在想，这可能是很多老师共同的疑问吧。是呀，为什么相似的生态伦理教育内容，出现在不同年段？生态伦理教育在教材中的呈现特点是什么呢？我们该怎么理解、把握呢？

落实生态伦理教育目标，需要理解课标、教材、教学之间的关系。从课标中看课程定位，道德与法治课程是一门综合性学科，体现社会环境、社会生活和社会关系的内在整合；而教材是开展教学活动的工具，反映了课标的要求，是教学的重要资源。教师需要把握课程理念和要求，理解和把握教材的编写意图，要很好地达到“用教材教，而不是简单地教教材”，首先就必须“吃透”教材。

一、生态伦理教育的内容

对课程标准和教材中有关生态伦理教育的内容进行梳理分析，有利于知识框架的建构，更好地达到教育目标。

《道德与法治》教材作为对小学生传授生态环境知识、培养生态伦理观、规范良好行为的教育载体，其生态伦理教学内容在低、中、高三个年段均有涉及，以人与自然的关系为主线，以当前人类所面临的人口、资源、环境、发展等问题为重点，包括生态环境、生态文化、国际理解、环保意识、环保行为与环境法治教育等诸多方面，引导小学生在了解认知的基础上，学会分析、理解其关系及发展规律，理解人与自然相互依存的关系，站在全人类的角度，看待共同面临的问题，并反思、规范自身的行为，树立生态伦理观念，增强公民责任意识。

（一）教材中的生态环境内容

教材用图片形式呈现出生态环境，包括影响人类生存与发展的水资源、土地资源、生物资源、气候资源等。

四年级上册第十课《我们所了解的环境污染》通过环境污染大搜索，引导小学生调查了解生活中除了“白色污染”，还有哪些环境污染。教材还呈现了一个有关农药的调查活动范例，便于教师根据班级学生的实际情况进行指导。

四年级上册第十一课《变废为宝有妙招》展示城市被垃圾包围的照片，并引导小学生开展调查“家庭或学校一天产生多少垃圾”，了解垃圾产生的危害，引导小学生在生活中节约资源和再利用资源，从小树立环保意识。

四年级上册第十二课《低碳生活每一天》展示全球范围内的气候异常现象对人们生活影响的图片，引出全球变暖的环境问题，再通过地球近年出现的气温上升、冰川融化、海平面上升等现象，感受全球变暖对环境和人类生存造成的一系列影响和伤害，引导学生树立危机意识和环保意识，并思考自然环境与人们生活之间相互依存、相互影响的关系。

（二）教材中的环保行为、环保意识内容

教材用讨论、儿歌等形式呈现出一些行为，有正确的也有不良的，引发学生思考、判断它们是否是绿色的环保行为，培养环保意识。

四年级上册第十二课《低碳生活每一天》中，教材引导学生去发现家庭生活中、物品生产中的碳排放情况，重点引导学生发现我们每天的生活都在制造二氧化碳，尝试去改变自己不恰当的生活方式，减少碳排放，过绿色生活。

六年级下册第四课《地球——我们的家园》一课编排了《我们共同的责任》，教材通过讨论的形式，引发学生思考："保护人类赖以生存的地球，我们小学生能做些什么呢？"引导学生从生活中的衣食住行，反思自己的行为，从生活中的点滴小事中体现对环境的保护，达到知行合一。

一年级下册第二单元《我和大自然》和二年级下册第三单元《绿色小卫士》中，"树立环保意识，自觉保护环境"是单元的主旋律，要求小学一、二年级学生在生活中，要学会关心身边的动植物，珍惜大自然所赋予的一切。如《花儿草儿真美丽》一文中写道："大树有生命，花儿有生命，小草也有生命。它们会发芽，会开花，会结果。种子落在地上，又长出新的嫩芽……"通过儿童可以接受的语言，引导学生感受并探索大自然中的生命，亲近大自然，对自然界有共在感。二年级下册《清新空气是个宝》，通过《空气清新真好》《我身边空气好吗》《是什么污染了空气》《我能做些什么呢》四个部分的教学活动，引导学生意识到清新空气的重要性，初步形成保护空气的意识，并学会在日常生活中践行保护空气的行为。

（三）教材中的生态文化内容

生态文化是从人统治自然的文化过渡到人与自然和谐的文化。这是人的价值观念的根本转变，这种转变实现了由人类中心主义价值取向过渡到人与自然和谐发展的价值取向。

教材紧密结合学生生活环境的特点，挖掘生态文化，激发学习兴趣，体现人与自然和谐的生态伦理观，用生态伦理观去观察现实事物，解释现实社会，处理现实问题，运用科学的态度去认识生态学的研究途径和基本观点，建立科学的生态思维理论。

三年级下册第五课《我在这里长大》的《我的家在这里》中，展现农村和城市、不同的住所环境及社区中的设施等，唤醒学生对家乡、社区环境的关注，介绍家乡的名字、特色、自己最感兴趣的地方。教材还从社区、村庄名字的来历、具有代表性的事物，如水井挖掘背后的故事，开展多样的交流会，引发学生了解自己家乡、社区的历史和人文环境，使学生从情感上热爱自己生活的地方。

五年级上册第六课《我们神圣的国土》的《一方水土 一方生活》中，介绍我国不同区域人们的生活方式——窑洞、雪乡、水上人家，引导学生发现不同环境对住所风格的影

响，进而感受到环境深刻地影响人们生活的方方面面，应尊重彼此的生活习俗。

（四）教材中的环境法治教育内容

当今，我国既强调依法治国，更强调以德治国，法治与德治并重。道德与法治课程进行生态伦理教育时，呈现相关案例及环保法律法规，以环境道德教育促进环境法治。德治与法治并重，能系统地提高学生的环境道德素质，全方位地推动生态文明建设向前发展。

六年级下册第四课《地球——我们的家园》的《我们共同的责任》中，列举了《联合国气候变化框架公约》《中华人民共和国环境保护法》等制定的相关过程，对小学生进行环境法治教育，增强法治意识。

六年级下册第五课《应对自然灾害》的《防御自然灾害》中，列举了常见的自然灾害预警信息，并呈现了《中华人民共和国防洪法》的具体条款，从法治的角度联系并指导学生生活实际，引导学生理解在应对自然灾害过程中，法律的重要作用。

知识卡

生态道德，又称环境道德，是道德范畴具有特殊含义的一部分，指反映生态环境的主要本质、体现人类保护生态环境的道德要求，并须成为人们的普遍信念而对人们行为发生影响的基本道德规范。生态道德具有以下几个主要特征：第一，它必须是反映人与自然、人与人之间的最本质、最主要、最普遍的道德关系的基本概念；第二，它的规定性必须体现一定的社会整体对人们的道德要求，显示人们认识和掌握道德现象的一定阶段；第三，它必须是作为一种信念存在于人们内心，并能时时指导和制约人们的行为。

（五）教材中的国际理解内容

人类只有一个地球，各国共处一个世界。2012年党的十八大明确提出要倡导人类命运共同体意识。习近平就任总书记后首次会见外国人士就表示，国际社会日益成为一个你中有我、我中有你的命运共同体，面对世界经济的复杂形势和全球性问题，任何国家都不可能独善其身。

人类命运共同体是一种价值观，包含相互依存的国际权力观、共同利益观、可持续发展观和全球治理观。人类命运共同体旨在追求本国利益时兼顾他国合理关切，在谋求本国发展中促进各国共同发展。

六年级下册第八课《多元文化 多样魅力》的《各不相同的生活环境》中，列举了地球上不同的地形地貌，多样的自然景观；不同国家和民族的艺术文化，风格迥异的舞蹈。这些内容旨在引导学生感悟，人类为适应不同的自然环境要求，形成了各具特色的生活方式、人文特色。在相互交往中，人们相互理解、相互尊重、取长补短，才能共同繁荣。

二、生态伦理教育内容在各单元的分布

小学《道德与法治》教材整体按册—单元—课的原则编写，共十二册，以学生生活为基础，以学生活动为核心，关注学生经验，打破了传统德育教材说教、灌输的结构，更加凸显教材的实用性。教材蕴含着丰富的自然环境、生态文化、国际理解、环保行为与环境法治教育等诸多方面的要素。

（一）低年级教材中的生态伦理教育内容

低年级教材中涉及的生态伦理教育内容如以下表所示。

表 8-1　一年级教材涉及生态伦理教育的内容

年级	单元主题	课文标题	生态伦理教育内容
一年级上册	天气虽冷有温度	美丽的冬天	感受大自然的美，理解生活的变化与季节的关系，积极适应变化，亲近自然、欣赏自然
		健康过冬天	做好冬季疾病预防，快乐、健康地生活
一年级下册	我和大自然	风儿轻轻吹	亲近大自然，喜欢在大自然中活动，通过活动与大自然交流，产生与大自然的共存感
		花儿草儿真美丽	亲近大自然，欣赏大自然的美，乐于探索，与大自然相处时能够保护自己
		可爱的动物	对身边的小动物有亲近感和共存感，乐于探索，懂得与小动物相处时保护好自己
		大自然，谢谢您	感受人与自然的互动，感谢大自然的馈赠，感恩大自然

表 8-2　二年级教材涉及生态伦理教育的内容

年级	单元主题	课文标题	生态伦理教育内容
二年级上册	我们在公共场所	我们不乱扔	培养在公共场所良好的卫生习惯
	我们生活的地方	我爱家乡山和水	了解家乡大概的地理位置、风貌，知道有关家乡的传说，感受家乡文化
		家乡物产养育我	了解家乡的物产，感恩家乡的养育之恩，激发热爱家乡的情感
二年级上册		可亲可敬的家乡人	了解家乡人的生活与工作的辛苦，为家乡人感到自豪
		家乡新变化	感受家乡的发展变化，树立作为家乡小主人的自豪感和责任感

续表

年级	单元主题	课文标题	生态伦理教育内容
二年级下册	绿色小卫士	小水滴的诉说	从人与自然的视角，联系生活，并联系我国水资源状况，认识水资源不仅是可利用资源，更是与人类、世界万物紧密联系的生命共同体。懂得爱惜资源，杜绝浪费，过绿色生活
		清新空气是个宝	理解清新空气对美好生活的重要意义，遵守环保法律法规，养成绿色环保的生活方式
		我是一张纸	感受纸的作用，了解纸和树木的关系，理解节约用纸就是节约资源
		我的环保小搭档	从小处着眼，细处着手，树立环保意识，在日常生活中切实落实绿色生活的观念、行动

（二）中高年级教材中的生态伦理教育内容

中高年级教材中涉及的生态伦理教育内容如以下表所示。

表8-3　三年级教材涉及生态伦理教育的内容

年级	单元主题	课文标题	生态伦理教育内容
三年级下册	我在这里长大	我的家在这里	了解社区的历史和人文环境，主动参与社区建设
		请到我的家乡来	认识家乡，了解家乡的自然风光和人文历史，激发爱家乡情感
	我们的公共生活	生活离不开规则	帮助学生树立参与公共生活时遵守规则的意识和态度，共同维护公共环境

表8-4　四年级教材涉及生态伦理教育的内容

年级	单元主题	课文标题	生态伦理教育内容
四年级上册	让生活多一些绿色	我们所了解的环境污染	认识、体会生活中环境污染的现状及危害，合理使用塑料制品，树立环保方面的法律意识
		变废为宝有妙招	了解垃圾问题现状及后果，减少生活垃圾，主动参与垃圾分类回收、变废为宝的活动
		低碳生活每一天	了解气候变暖问题的原因、现状、后果，主动过低碳、绿色的生活
四年级下册	感受家乡文化关心家乡发展	我们当地的风俗	感受家乡的风俗，体会这些风俗所蕴含的美好祝愿，关注并理性对待风俗的演变
		家乡的喜与忧	感受家乡的变化与发展，树立忧患意识和公共参与意识，了解本地区存在的问题，提出简单可行的意见

表 8-5　五年级教材涉及生态伦理教育的内容

年级	单元主题	课文标题	生态伦理教育内容
五年级上册	我们的国土 我们的家园	我们神圣的国土	感受我国山水之美，认识自然环境对社会生产的影响
		中华民族一家亲	了解不同民族的生活环境、生活习惯、风土人情，各民族相互尊重，共同合作发展
五年级下册	公共生活靠大家	我们的公共生活	了解和参与社会公共生活，包括维护公共环境，主动参与、构建和谐社会

表 8-6　六年级教材涉及生态伦理教育的内容

年级	单元主题	课文标题	生态伦理教育内容
六年级下册	爱护地球 共同责任	地球——我们的家园	了解地球为人类提供的生存条件，了解全球环境问题及全球、国家、个人不同层面保护地球的做法
		应对自然灾害	了解我国主要自然灾害现状及危害，从国家到个人的具体预防措施，感受自然环境对人类的影响，对大自然产生敬畏之心
	多样文明 多彩生活	多元文化 多样魅力	了解世界不同的地形、自然景观，从舞蹈、建筑等方面，感受人类文化受自然环境的影响和作用，不同文化之间相互尊重，相互借鉴，共同发展

三、生态伦理教育内容编排特点

(一)基于学生真实的生活场域，逐步构建生态伦理观

《道德与法治》教材中生态伦理教育内容，按照以学生生活为中心的逻辑构建，基于学生熟悉的生活场域，将生态伦理教育的内容隐含在学生的生活性话题中，通过与生活的融合，发挥学生的主动性，促进学生主动构建，将一些保护环境的规则约束转变为行为习惯的内在自觉。

二年级下册第十课《清新空气是个宝》，场景设计为一位小学生在拍摄照片，绿色的树木、美丽的花草，老人在练剑，小朋友跑步锻炼身体，妈妈推着小宝宝散步……画面就是将这位小学生置于整体的社区生态环境中，没有将其割裂开。《是什么污染了空气》出示了生活中常见的汽车尾气图片，还补充了城市孩子不太熟悉的农村地区的焚烧活动，和农村孩子不太了解的工厂排放，将调查的范围从身边的社区扩大到全社会范围。《我能做些什么呢》展现了学生日常参与公共交通生活和庆祝节日的照片。这两个活动都是基于大多数同学的生活实际，并创设了两难问题："这里的空气还不错，是选择公交车还是

小汽车？过节凸显年味，一定要放鞭炮吗？”让学生通过思考、争辩、抉择、质疑，引导他们从小处着眼，从小事着手，身体力行，养成绿色环保的生活方式，进行环保意识、环保行为、环境法治的生态伦理观教育。

知识卡

生活教育理论是陶行知教育思想的主线和重要基石。他提出的教育理论主要包括生活即教育、社会即学校、教学做合一，主张教育同实际生活相联系，反对死读书，注重培养儿童的创造性和独立工作能力。后来他又把生活教育的特点归结为生活的、行动的、大众的、前进的、世界的、有历史联系的几方面，是争取大众解放、民族解放的教育。他认为，没有生活做中心的教育是死教育，没有生活做中心的学校是死学校，没有生活做中心的书本是死书本。

（二）以“我”为视角，螺旋上升，落实生态伦理教育目标

从《义务教育品德与社会课程标准（2011年版）》中的课程结构框架和《道德与法治》教材可以看出，教材是围绕“自我—家庭—学校—社区（家乡）—国家—世界”的编写思路，进行生态伦理教育。

《道德与法治》教材中的生态伦理教育内容，也凸显以学生为中心的主旨，基于儿童的视角、儿童的立场，注重以“我”为轴线的主题式分布，按照由“我”“我们”“他们”的逻辑主线，根据学生的身心发展特点，随着年龄的增长不断扩大活动领域，将生态伦理观渗透于儿童不断扩大的视角、渗透于生活中不同主题，多维展开，将人与人、人与自然、国家与国家和谐共生的生态伦理观贯穿始终，并在一定程度上打破人类中心的观念，帮助学生把自己融入自然环境中，成为其中的一员，整体看待环境问题，显隐结合，螺旋上升，最终落实生态伦理教育目标。

小学一年级下册的主题为“我和大自然”，站在“学生个体与大自然”的视角，鼓励学生亲近大自然，与大自然交流共成长；二年级上册的主题为“我们在公共场所”和“我们生活的地方”，站在“我与他人”的视角，领域扩大到社区和家乡，培养学生在公共场所养成良好的习惯；五年级上册主题为“我们的国土，我们的家园”，站在“我与国家”的视角，领域扩大到祖国，了解祖国的自然环境、风土人情；六年级下册的主题有“地球——我们的家园”“应对自然灾害”“多元文化多样魅力”，领域扩大到国家和世界，将“我”作为世界中的一部分，了解地球资源现状、自然灾害、文化等。在这个过程中，逐步形成和谐共生的生态伦理观。

教材编写除了根据学生生活领域的不断扩大而展开外，各年段同一主题板块之

间，根据学生认知水平、身心发展特点，生态伦理观也是在螺旋上升、相互衔接、贯穿始终的。

例如，二年级上册第三单元《绿色小卫士》，重点引导学生节约水、电、纸张等资源，树立低碳环保的生活意识；四年级上册第四单元《让生活多一些绿色》，侧重于了解环境污染，懂得垃圾的处理，规范自己的行为，知道如何低碳生活；六年级下册第二单元《爱护地球 共同责任》重在让学生站在全人类的角度，了解世界各国在环境保护上存在的共同问题，和人类保护环境的责任。

（三）注重体验探究，多种形式、多样活动传递生态伦理观

《道德与法治》教材生态伦理教育部分，依据学生身心发展水平，从日常生活中感受和体验到的问题入手，采取对话的形式，设计多样、开放的活动，引导学生通过讨论交流、方法体验、故事分享、调查采访、行为指导、实验活动，来创设积极的学习氛围，以活动来引导学生积累经验，从知识、能力、意识、行为等方面传递生态伦理观。

例如，二年级下册第三单元《绿色小卫士》中：

表现水、空气、纸张与人类生活的密切关联的内容有：《小水滴的诉说》中的《我很珍贵》，《清新空气是个宝》中的《空气清新真好》，《我是一张纸》中的《你找到我了吗》和《我从哪里来》。

表现空气、纸张的现状、存在的危机的内容有：《小水滴的诉说》中的《我遭遇了不幸》，《清新空气是个宝》中的《我身边的空气好吗》，《我是一张纸》中的《我的苦与乐》。

表现生活中的环保行为指导、环保创意举措的内容有：《小水滴的诉说》中的《快来帮帮我》和《海绵城市》，《清新空气是个宝》中的《是什么污染了空气》，《我是一张纸》中的《我能做些什么呢》。

《我的环保小搭档》则是总结性的活动课，意在引领和提升学生的环保意识，寻找和展现一些有创意的环保小举措，在日常生活中落实环保意识和行为。

教师在这一单元的教学中，可以利用教材“分—总”的编排特点，递进式地组织开展生活调查，对生活中的空气质量、用水、用纸情况进行观察、调查、记录，让学生意识到自然资源对人们生活的重要，从而产生环保意识；而不是将环境、绿色、环保、低碳、减排、节能等概念，进行口号式、背诵式的学习。在学习活动中，要把节约资源意识、低碳生活理念、环保法律法规等，渗透在各个学习活动中，从而使学生的学科素养在参与活动和探究中得到发展，传递生态伦理观。

第三节　生态伦理教育的教学实施

教育叙事

垃圾的变化

“埋在花盆里的垃圾，过一段时间会变成什么样呢？请各组同学把两周前埋下的苹果皮、苹果核、废电池从花盆里挖出来，观察一下吧！”学生们激动地开始揭秘：“哇，苹果皮怎么变得我都不认识了，蔫蔫的，变小了。这盆埋了电池的花怎么叶子都快掉光了？看来电池不能随便丢弃，真的对植物有很大影响呢！”

这是一节道德与法治课——做环保小卫士。课堂上老师没有先出示垃圾分类定义、分类标准，而是让学生自己揭秘，自己感受，自己得出结论。

你喜欢这样的课堂吗？在生态伦理教育中，你还运用了哪些教学方法呢？

（北京市东城区史家胡同小学郭志滨提供）

在课堂教学中，教学效果常常受到教学方法、教学活动、教学模式等方面的影响。结合《道德与法治》教材中生态伦理教育的内容可知，当前教材注重让学生体验、参与、实践，因此，在教学中应把握生态伦理教育的特点，多角度、多元化挖掘可利用资源，创造性地使用教材，将生态伦理教育内容活动化，从而寓教于乐，激发学生参与，培养学生的生态伦理思维，养成生态文明意识，树立良好的生态伦理观。

一、生态伦理教育的特点

（一）生态伦理教育是终身教育

引导小学生学习生态伦理知识，增强生态伦理意识，提升生态伦理素养，是一项长期性的系统工程。在小学阶段，依托道德与法治课程这个主渠道，让学生接受全面而系统的生态伦理教育，培养良好的环境道德，势必影响学生今后在中学、大学甚至走向社会后，对生态环境的关爱、生态伦理道德的践行及生态伦理品质的形成。

（二）生态伦理教育要联系生活与时俱进

生活性、时效性是道德与法治课程的基本要求之一，生态伦理教育更是要将教育内容与时代发展的要求紧密联系。人们生活的需求、社会发展的变化、国家环保政策法规的出台，都会对生态伦理教育产生重大影响。在实际教学中，教材内容容易滞后，要想学生关心社会、融入社会，教师所教的内容就要符合时代发展。教师要时刻关注时事热点，与生态伦理教育内容相结合。

(三)生态伦理教育注重知行合一

生态伦理的教育过程,其实是学生知、情、信、意、行的转化过程。进行生态伦理教育,不仅要关注知识的讲授,还要在指导学生进行实践活动时,将生态伦理认知与情感融合,内化为生态伦理思维,外化为低碳生活、可持续发展、绿色健康等环保行为。在教学实践中,教师要帮助学生理解履行生态环保责任的必要性,加深对生态保护的认识,增强生态保护的责任感。这样能提升学生的社会实践能力,有利于他们做到知行统一,在生产生活中养成良好的环保理念,提升生态文明素养。

(四)生态伦理教育受主观性影响

当我们根据自身意愿去看待日常生活中的生态环境问题,由于每个人的家庭教育、生活环境、知识水平、经验阅历等不同,对生态环境现象做出的评价和持有的态度不同,生态伦理观的形成也会受到影响。比如,当我们看到周边的白色污染现象,有的学生认为与自己无关,无所谓;有的同学认为影响环境的美观,影响城市形象。不同的内心体验会外化为相应的具体表现,认为无所谓的人,往往表现出随便乱扔的行为;认为有影响的人,则能自觉做到珍惜资源,或用布口袋替代,形成截然不同的生活方式和生态伦理观。生态伦理教育要考虑到学生的个体差异,与实际相结合,运用多种形式,达到对生态伦理观的认同。

二、生态伦理教育的教学策略

(一)紧密联系学生生活实际,找准融合点

要实现生态伦理教育的目标,教师就要深入挖掘教材,依托教材中的生态伦理教育内容,紧密联系学生生活实际,找准学生日常生活与生态伦理教育的融合点。生态伦理教育的目标不仅是要求学生掌握基本的自然常识,更重要的是培养学生对生态的关注。教师可以采用"回顾生活,感知现象""感同身受,反思行为""创设情境,落实行动"等方法,从"知"到"行"进行转化,最终塑造学生的生态伦理道德。

1. 回顾生活,感知现象

例如,四年级上册《我们所了解的环境污染》引导学生调查生活中除了白色污染,还有哪些环境污染。学生在课前开展社区环境问题调查,将调查中的照片、视频作为课堂教学资源。通过这些活动,学生发现环境问题就在自己生活的小区周边,甚至自己无意间也成了环境问题的制造者或受害者。

2. 感同身受,反思行为

通过调查,学生有了亲身感受,知道小区里乱扔垃圾、随地吐痰、不文明养犬等行为

对人们带来的影响。学生在交流中认同了这些不良行为带来的危害，同时也反思了自己平时的做法。

3. 创设情景，落实行动

教师在课堂上创设生活中常见的情境，引导学生通过演一演、议一议等方式，进行道德判断，最终掌握正确的做法并落实到行动上。比如，三年级下册《四通八达的交通》一课讲到家乡交通的发展变化，教师创设“小记者在行动”的情境，从日常生活中所乘坐的交通工具开始，引导学生回忆乘坐各种交通工具时的体验和感受，体会到交通工具的多样和便捷。然后通过调查爷爷奶奶、爸爸妈妈和自己三代人不同的乘坐体验，感受家乡交通的发展变迁。

教师创设的情境可以将学生置于两难选择中，引发学生思考和争辩，发展学生的创新、质疑等高阶思维，避免在课堂上进行单纯的知识灌输。只有将生态伦理观由外在的约束转化为内在的认同，成为自觉的行动，生态伦理教育才能收到实效。

课堂链接

关注社会发展，把握教育契机，加强生命教育（片段）

除了要引发情感共鸣，还要让学生知道如何尊重野生动物，避免伤害行为。这次疫情中，新闻报道多次提到了华南海鲜市场，多次提到了这个市场中违法售卖各种珍稀野生动物。我想应该让学生了解这个现象的严重性，于是找到了相关的调查数据。大猩猩、梅花鹿、穿山甲、孔雀、鸵鸟、鳄鱼、海豹等野生动物都被人们端上了餐桌。

据广东省林业局的调查统计，广州市半数以上的人曾经吃过野生动物，约45.4%的人认为可以补充营养，37%的人是出于好奇，12%的人是为了显富。这时学生们一定会想，为什么会有这么多人食用野生动物呢？难道它们真的是美味吗？难道它们真的更有营养吗？如果帮助学生解决了这三个问题，就可以让他们认识到它们根本不美味，还可能威胁我们的生命安全，破坏生态和谐，这种行为也触犯了法律。

在真相被一层层剥开之后，学生们的心中除了心疼、愤怒，也会更多地思考到底该如何保护它们。此时，进入第三个教学目标“保护野生动物，实现和谐共生”，通过学习保护野生动物的一些法律知识，了解国家出台了保护野生动物的法律。再请学生结合自己的生活实际进行分析，最终认识到对野生动物最好的保护就是不打扰它们，更不要滥捕滥食。在这里自然而然地出示法律，让学生既能看懂，又好接受，做到普法养德，浸润无声。

（北京市东城区史家胡同小学杜欣月提供）

（二）关注学校、家庭、社会教育环境，找准切入点

俗话说，近朱者赤，近墨者黑。教学活动与自然、社会的事物和现象都有着不同程度的联系，这些事物和现象都会对教学活动产生一定的影响。例如，课堂环境、校园环境、家庭环境、社区环境、社会环境，教室的布置、学校的活动、家庭成员的品德等都会对学生生态文明素养的形成产生很大影响。教师要积极为学生构建良好的教学环境，关注学校、家庭、社会教育环境，形成生态伦理教育合力。

1. 营造学校环境

学校是培养学生生态伦理观、落实生态伦理教育目标的主要阵地。学校环境包括课堂氛围和校园环境。民主和谐的课堂氛围，充分尊重、相互欣赏的良好师生关系，是教师进行生态伦理教育的基础。校园环境包括校风校纪、校园文化等。例如，三年级上册《说说我们的学校》一课，教师充分利用校园环境，引导学生观察并用不同的形式表达对学校的热爱。有的同学画了《你好，学校的大槐树》；有的同学介绍学校里的“和谐雕塑”，还配上小诗；有的同学关注到学校每周的升旗仪式，写下了自己参加活动的心情。无论哪种方式，都引导学生关注了学校环境，激发学生热爱学校的情感。又如四年级《让生活多一些绿色》一课，教师可以充分利用学校的相关实践活动，如“利乐包回收”“零米粒活动”等，跨越学科边界，形成很好的知识串联，寻找生态伦理教育融合点，达到道德与法治课程与其他学科课程相互促进的效果。

2. 建设家庭环境

小学生的模仿能力很强，家庭成员的教育方式、生活方式，都会对他们的成长产生影响。教师要落实生态伦理教育目标，就要利用好家庭环境的相关资源，帮助学生践行生态伦理观。例如，六年级下册《应对自然灾害》一课，尽管学校也进行过疏散演习，参观过一些自护教育基地，阅读过一些科普绘本，但由于生活经验有限，绝大多数学生没有经历过自然灾害。如何将课堂上所学的防灾避险、自护自救知识融会贯通，真正提高防灾意识和能力？教师可以引导学生设计《家庭防灾应急逃生路线图》，通过画家庭平面图、标注逃生路线、寻找最佳避震点、设计急救包等内容，将生态伦理观与家庭生活实际结合，还将家庭成员转换为学习伙伴，相互影响，相互督促，将生态伦理教育延伸到学生的实际生活中。

3. 利用社会环境

道德与法治课程的性质，是知与行相统一的过程，在学生体验、探究和解决问题的过程中，形成良好道德品质，促进学生社会性发展。社会性是人的本质属性，是一切关系的总和。学生除了在学校、家庭受到教育之外，还受到社会环境的影响。要充分利用好博物馆、展览馆、社区活动等社会资源。例如，四年级《我们的衣食之源》，可以引导学生参与学农活动，感受劳动的快乐与辛苦；《买东西的学问》可以在课前让家长陪同，引导学生亲身经历一次采购活动，将购物小票、产品包装袋等带到课堂，成为教育资源。教师则可

以多角度利用这些资源，结合书本中的生态伦理知识点，从读懂包装信息、了解消费小票的法律作用等方面，让学生亲身参与社会活动，落实教育目标。

（三）注重教育实践、知行统一，找准落脚点

生态伦理教育的目标不只是要求学生习得一定的生态环境知识，更为重要的是要形成生态道德观念、情感和意志，并落实到日常生活中。因此，教师在进行生态伦理教育的过程中，应尽量避免灌输，而要采用多种教育方式，增强学生的感性体验，激发学生爱护自然、保护生态的生态伦理观。

1. 善用德育叙事的方式，促进学生生态伦理观内化

小学生乐于听故事，讲故事，德育叙事的教学方式便于他们理解，因此，在生态伦理教育中，要善于在教学中融入相关的历史故事、人物传记或案例。在新课程理念下，教师不仅要善于讲故事，还要用多种方式引导学生讲好故事。可以讲、可以演、可以画，鼓励学生主动表达，参与课堂活动。用德育叙事的方式，将生动的道德形象、真挚的心灵情感和真切的道德经验融入故事情节中，能使生态伦理观通过生动的故事情节内化为学生的价值追求，从而促进小学生生态伦理观的发展。

课堂链接

《道德与法治》一年级下册第二单元第六课《花儿草儿真美丽》包括三个部分：《走，看花看草去》《爱护花和草》《花草面前要小心》。这三个板块的教学活动以及绘本材料的补充拓展，旨在引导学生欣赏大自然的美，亲近大自然，对自然界有共在感、好奇心，乐于探索。

课堂上，教师讲述了一个故事，引发学生感受植物的生命真是神奇、美妙。

植树节这天，我和爷爷在院子里种下了一棵小树苗。爷爷扶着小树苗，我给它浇水，真希望它快快长高长大。过了段时间，小树苗长高了，绿色的枝叶越长越多，风儿一吹，把小树苗吹弯了腰，这可怎么办？我赶紧找来几根小木棍，用绳子把小树苗绑直。秋天到了，小树上的叶子一片片飘落了，金黄的落叶铺了一地。寒冷的北风呼呼地吹，冬天来了，我穿上了厚厚的棉袄，我的小树是不是也会怕冷呢？想到这儿，我赶紧找来草绳把小树一圈圈绑好，帮它穿上衣服。一年年过去了，我的小树越长越高，爷爷还经常让我站在树下和它比高呢！“哈哈！看我的书包在小树上荡秋千呢！”那天，一个小男孩把书包挂在了我的小树上，小树压弯了腰，它哭着对我说：“小主人，书包好重，我被压得喘不过气来，我的枝条就要折断了。”我赶紧取下书包，告诉小男孩这样会伤害我的小树的，小树开心地对我笑了：“谢谢你，我的小主人！”我的小树呀，你快快长，等我长到爷爷那么老的时候，你

的树荫一定又浓又密，那时候我还可以在你的树荫下愉快地乘凉。

“故事里的小男孩是怎么照顾小树苗的？”老师问道。

“小男孩细心地照顾他的小树，和它一起长大！”同学们答道。

“我们应该怎样对待身边的植物？考考大家。”

花儿、草儿也是有生命的，它们给我们的生活带来了许多快乐和美的享受，我们应当爱护他们。

（北京市东城区史家胡同小学王艳冰提供）

2. 采用开放的教学方式，引发思考，发展学生生态伦理思维能力

生态伦理知识是生态伦理观念和行为的认识基础。学生如何才能获得生态伦理知识？生态伦理教育应根据学生的接受程度展开交流，不能用讲授科学知识的方法来传授生态道德理念，否则就难免沦为灌输和说教。在教学生态伦理知识时，不能仅仅着眼于知识点的记忆，而要尊重学生的自我意识，采取对话式、参与式和研讨式等教学方法，让学生参与进来，提高学生学习生态伦理知识的兴趣。在教学实施过程中通过调查、采访、个案分析等，引发学生分析、争辩，帮助他们形成敏锐的判断力，发展生态伦理思维能力。

课堂链接

六年级下册《地球——我们的家园》一课，教师借助新闻导入：近日浙江市场上带鱼、鲳鱼和黄鱼等海鲜品种销量较大，许多市民开启了海鲜囤货模式，这是怎么回事呢？原来，自5月1日起至9月16日，长达4个多月的时间，东海又进入一年一度的“休渔禁渔期”。休渔一周后，以上这几种海产品禁止在市场销售，可以说是“史上最严”禁渔令了。关于禁渔令的实施，你有什么想法？

有同学说，这样做虽然我们吃不到美味的海产品，但是能够保证鱼类正常生长和繁殖；有的同学说，这么长时间吃不到美味的海产品，我们感到很沮丧。教师问道：“当保护资源与自身利益发生矛盾时，对保护我们共有的家园应该持有什么样的态度呢？”

教师通过禁渔令的实施，调动学生的学习兴趣，在讨论过程中引发矛盾，从而引出学习主题。此外，教师还引导学生联想：生活中还有哪些保护环境的举措呢？如汽车单双号限行、新能源汽车、限塑令等等，这些都是学生习以为常的社会活动，可以引发学生讨论，发展学生生态伦理思维能力。

（北京市东城区史家胡同小学乔龙佳提供）

3.积极使用情境体验法，增强感性认识

在生态伦理体验式教育活动中，教师可以通过模拟情境、角色扮演等方式，促进学生思考，在活动中提升学生对人与自然的关系的体悟，加深对生态伦理原则和规范的理解，激发学生对大自然的热爱之情，增强生态责任感和义务感。在创设情境时，要贴近学生，贴近现实，可借助多种手段，如插图、电影、电视、录音、多媒体等，使抽象的概念形象化、情感化，呈现丰富多彩、引人入胜的效果，使学生进入特定的角色。

可以给学生设计或呈现现实生活中的道德两难问题，表现对立的观点、信念、动机之间的冲突和行为的排斥，让学生进行选择和判断，激发学生关于道德问题的积极思维，通过讨论与争辩，认真思考、深入探究，从道德冲突中寻找正确的答案，最终形成生态伦理观念和自己的生态伦理准则。

情境体验能很好地促进学生道德判断力的发展，激发生态伦理情感，增强小学生生态伦理行为的自主选择，从而在活动中做出符合生态伦理规范要求的道德选择和道德评价行动。

课堂链接

四年级下册《家乡的喜与忧》的意图是感受家乡的变化与发展，树立忧患意识和公共参与意识，关心了解本地区存在的问题，感受自然环境和经济特色与人们生活的关系，提出简单可行的意见。这对学生提出了非常高的要求。

教学中，教师结合家乡水源受到化工厂污染的案例，组织学生进行辩论。此时如果直接讨论，没有道德冲突，不涉及自己的利益，学生都知道化工厂会污染环境，不应该建，这样的情境创设就是无效的，就“辩”不起来，生态伦理思维也不会得到进一步发展。如何有效地引发学生的深度思考呢？如何处理“情理”和“法理”之间的关系呢？

教师创设了不同角色，让学生自由选择角色进行辩论：“如果你是村民中的一员，你会怎么做？如果你是化工厂厂长，你又会怎样做？”并以资料袋的形式向学生提供水污染防治法中有关工业水污染防治的法条。

辩论中，双方各执一词，“村民”认为破坏环境就应该关闭工厂，而“厂长”却认为工厂产生了效益，让人们富裕起来。激烈辩论后，教师进一步引导学生思考：以牺牲环境换来富裕的生活值得吗？应该怎样找到两者之间的平衡点呢？同学们利用资料袋中的相关法律规定，提出了找到平衡点的方法。水污染防治法第四十四条规定，要求造成水污染的企业进行技术改造，采取综合防治措施，提高水的重复利用率，减少废水和污染物排放量。

教师再进一步引发：如果以经济发展为重心，不考虑环境问题，会有什么严重后果？学生们纷纷回答，环境污染会对人们的生活产生影响，保护环境是全人类的大事！习近平总书记反复强调，绿水青山就是金山银山。教师兴奋地说："同学们，现在让你为村庄重新规划，你有没有什么好的办法，既能让这里的人过上富裕的生活，又不破坏村庄的环境？"

经过讨论，学生们提出了建议，如开展种植体验、休闲垂钓、大棚采摘等。还有同学提出这家化工厂可以进行技术改造升级，增加环保配套设施。对于学生提出的发展规划，教师适时提供相关资料印证，在现实中确实存在保护环境和人类利益保持平衡并取得成功的企业。

（北京市东城区史家胡同小学乔龙佳提供）

可见，教师创设具有利益冲突的情境，让学生站在不同角度进行辩论，使他们懂得环境与人类利益之间的关系，用所学的环境方面的法律解决实际问题，建立可持续发展理念，树立自觉保护环境的意识，生态伦理思维得到深度发展。

三、生态伦理教育的教学评价

（一）课堂评价

生态伦理教学评价应注重过程参与体验，注重对学生生态伦理观的形成过程进行评价，以利于引导学生形成正确的生态伦理观。在教学评价中，教师应鼓励学生的参与行为，使他们主动去发现问题、思考问题并提出解决问题的方案；应更多地以肯定的姿态去激发学生的思考，而不是单纯以知识掌握的程度来评价学生。应将注意力放在学生是否真正形成了生态保护意识上，如家庭用水调查表完成情况、环保活动实施及设计创意点、课上讨论、辩论参与程度等。如果学生已经具备了一定的环保意识，并且能够在生活中践行，那么教学的主要目标就已经达到了。

（二）学业评价

对学生的学业情况应采用课堂即时评价和课后多元评价相结合的方式。课堂即时评价根据学生的课堂表现和学习目标的达成度进行评价，主要包括是否掌握了生态伦理相关知识；是否初步理解了可持续发展、低碳生活等生态伦理观；是否养成良好的生态伦理行为习惯等。

课后多元评价注重对生态伦理教育活动的延伸性进行评价，对于生态伦理观的形成是非常重要的。课后多元评价引领学生走出课堂，开展形式多样的课外实践活动。学生只有走出课堂，真正参与社会生活，真正感受到现实生活中的生态环境压力，才能将课本所学知识内化为自己的思想意识和价值观念。因此，生态伦理教育评价也要从课堂延伸到家庭、社会，对学生的生态环保活动进行评价。例如，延伸到家庭生活，开展“我家的节水小妙招”策划活动，对其创意性、实用性进行评价；延伸到社会生活，到污水处理厂等环保单位参观学习，教师可以设计学习单并进行效果评价；对实践活动，如调查学校周边工厂和企业的废气、废水、废渣的排放状况，可以对调查过程中的人员分工、实施、效果等方面进行评价；等等。评价要关注过程性，关注学生习惯养成，引导学生从身边的小事做起，使学生在实践中培养起生态保护意识。

课堂链接

一年级下册《花儿草儿真美丽》一课设计的几个小活动“我的植物朋友”“花儿草儿有生命”“要爱护花儿草儿”都是以小组为单位，充分体现了学生在课堂中的主体地位。通过交流与讨论，每组得出结论或完成一份学习单。教师在小组活动的过程中主要起引导作用，内容探究通过学生动手操作、交流探讨共同完成。将课堂的主要活动交给学生自己，让学生充分理解课程内容，完成课堂目标，能够让学生对内容更加有兴趣。

教师评价方式：教师对学生课堂上的发言等进行即时反馈。

学生评价部分：通过观察、触摸等方式认识植物的生命；分组讨论从而得出结论。

教师评价部分：教师即时评价，对学生课堂上的发言和小组完成的学习单等进行即时评价。

（北京市东城区史家胡同小学王艳冰提供）

本章小结

美好、和谐、绿色社会的建设离不开未来的社会主义建设者和接班人。在小学生道德观、价值观形成的关键时期，道德与法治课程作为德育的主渠道，起到重要作用。在道德与法治课程中开展生态伦理教育，是社会发展的需要，符合学生成长对于自身素质提高的要求。结合现阶段小学生生态伦理教育的现状，本章以《道德与法治》教材为研究文本，梳理了关于生态伦理教育的内容及其编排特点，明确了教师应关注的生态伦理教育落脚点，提出了在教学实施中运用的教学方法、教学评价。

【知识导图】

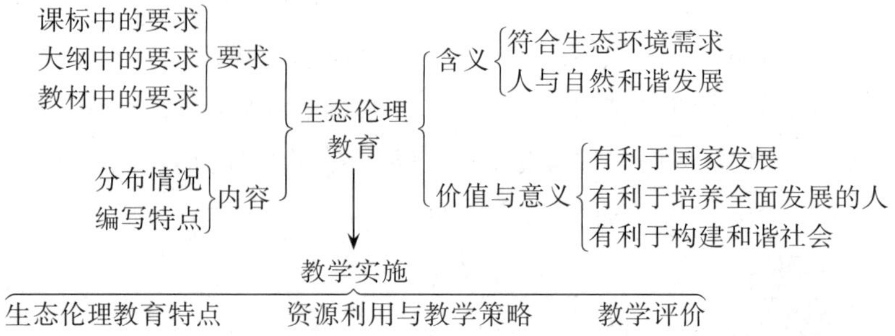

【理解反思】

1. 坚持与时俱进，紧跟时代发展要求，不断更新自己的生态伦理观。

2. 道德与法治课教师在生态伦理教育中，如何发挥自身榜样、示范作用？

3. 当生态伦理教育观念、内容等与学生日常生活习惯、认知等发生冲突时，你会如何组织教学活动？

4. 谈谈你对教材中生态伦理教育资源和其他资源的关系的认识，你会结合哪些资源用于生态伦理教育？

【实践作业】

1. 设计一份《小学生生态伦理教育现状》调查问卷，并完成调查分析。

2. 如果让你对学生作品进行评价，你会从哪些角度确定评价标准？请以“家庭避震平面图”或“家庭安全应急包”为例进行简要说明。

4. 选取道德与法治课中生态伦理教育某一方面内容，结合小学生实际，运用本章知识，撰写教学设计。

【推荐阅读】

1. 郭志滨．生命之源——水[M]．北京：人民出版社，2018.

2. 卢风．生态文明与美丽中国[M]．北京：北京师范大学出版社，2018.

3. 刘惊铎，杨晓丽．生态网络社会[M]．北京：国家开放大学出版社，2020.

第九章

国家领土与主权教育

国家之生存要素，为人民、土地、主权。故苟有害于此三者，可以抗之也。

——孙中山

核心观点

小学阶段是儿童世界观、人生观和价值观形成的关键时期，在道德与法治课程教学中，对小学儿童进行有效的国家领土与主权教育，可以从理解其意涵、了解教材中的相关内容、关注实施和评价策略等方面入手。在此基础上，家、校、社会的密切配合，道德与法治教师在国家领土与主权教育方面意识和素养的不断提升，也将有助于实现国家领土与主权教育的目标。

学习目标

1. 了解国家领土和主权的概念。
2. 了解小学《道德与法治》教材中国家领土与主权教育的相关内容。
3. 知道小学阶段国家领土与主权教育的实施策略和方法。

思考问题

1. 国家领土与主权教育包含哪些内容？
2. 如何在小学阶段有效实施国家领土与主权教育？

在国家的构成要素中，领土是重要的要素之一。领土主权意识则是生活在一个国家的人们对自己国家的领土所具有的一种独特的、内化于心的情感，这种情感是爱国意识的重要组成部分，也是家国情怀的重要内涵，会在有意或者无意中影响人们的思想和行为，在民族团结、战胜困难、抵御侵略等各方面都起着重要的作用。而小学儿童是国家的未来和希望，更是社会主义事业的建设者和接班人，在小学这个世界观、人生观、价值观形成的重要时期，重视并加强小学儿童的国家领土与主权教育，能够更好地为爱国情怀的培养奠定认知和情感基础。

第一节　国家领土与主权教育的意涵

教育叙事

一次有意义的课后对话

《虎门销烟》课后，一位学生走过来问我："老师，我们知道鸦片战争之后签订了中英《南京条约》，清政府把香港岛割让给了英国，这代表着我们国家的领土受到侵犯，也表明主权受到侵犯。可是，我们国家主权只有在被迫割让领土的时候才算被侵犯吗？"

我想了想说："孩子，你提出了一个非常好的问题，说明你不仅认真学习了知识，而且也进行了深入的思考。其实，一个国家的领土和主权遭到侵犯还表现在其他很多方面，比如我国驻南斯拉夫大使馆曾经遭到轰炸，这就代表着其他国家对我国领土和主权的侵犯。"

（北京第二实验小学通州分校尹达斐提供）

国家领土和主权对每个国家都有着重要的意义，国家主权是一个国家最重要的属性，而领土则是一个国家存在和发展的物质基础。一个独立的国家，两者缺一不可。加强小学生的国家领土与主权教育，能更好地铸牢国民爱国根基。

一、国家领土和主权的概念

说到国家领土和主权，每个人对这两个词汇都非常熟悉，两者既有区别又有联系。明确其概念和关系，能够更好地促进国家领土与主权教育的深入开展。

（一）国家领土的含义

根据国际法的规定，领土是位于国家主权下的地球表面的特定部分，及其底土和上空。[①]领土是构成国家的一个基本要素，具备一定面积的国际公认的固定领土是构成国家的一项基本条件。

领土由四个主要部分构成，分别是陆地、底土、领水和上空，又可概括为领陆、领水和领空。领土指的是一个立体的空间，而非一个平面。其中，国家领土的主体部分是领陆，也就是领土陆地，一个国家国界范围内的大陆部分和所属岛屿及其底土共同构成领陆。领水则包含内水和领海这两个部分。内水包含内海、湖泊、河流、港口等，主要是指领陆内的水域；领海则是靠近领陆的海域，底土和领空附属于领陆和领水，底土是领陆和领水向下的延伸，领空则是领陆和领水的向上延伸。[②]

（二）国家主权的含义

斯科特·戈登认为，主权有两层含义："一是指代一个民族国家相对于其他民族国家的地位，表明每个国家在其自身的地理范围之内都拥有自主的管辖权。另一个则是指这样的观念，即在每个个别的国家之内存在着构成最高政治和法律权威的实体。"[③]从这个观点中我们可以发现，国家间的主权意义体现在这个国家是否具有自主管辖权，国家内则体现为国家的主权者拥有国家最高政治权力。国内最高统治权和对外独立权两项基本权利构成国家主权最基本的内涵。

由此可见，主权和国家密不可分。主权是政治生活的产物，是随着国家的产生而出现的，我们要从国家与社会关系的角度入手来理解主权的内在规定性。可以说，每个独立国家的最基本属性就是国家主权，"国家的存在与否决定着主权的存在，国家的存在状态决定着主权的存在状态"[④]。

（三）国家领土主权

关于国家领土主权，《中国大百科全书·法学》中的表述是：领土主权是指国家在其领土内行使的最高的、排他的权利，处在其领土内的一切人和物都受其管辖。对每个国家来讲，领土主权都是神圣不可侵犯的。

根据国际法，一个国家的领土主权主要包括如下三个方面的内容：

1. 领土所有权

国家对其领土范围内的一切土地、水域、底土和空间资源拥有占有权、开发权、支配权和保卫权，任何外来势力侵犯了一个国家的上述权利，就构成了侵略。该国就有权力

①中国大百科全书总编辑委员会《法学》编辑委员会，中国大百科全书出版社编辑部．中国大百科全书·法学[M]．北京：中国大百科全书出版社，1984：19.

②田国杰，苑士军．国家领土主权意识教育论[M]．北京：海潮出版社，2000：5.

③斯科特·戈登．控制国家——西方宪政的历史[M]．应奇，等，译．南京：江苏人民出版社，2001：20.

④任孟山．国家主权理论的当代流变[D]．中国传媒大学，2006.

运用任何手段反对外来侵略，以保卫自己的领土主权不受侵犯。

2. 领土管辖权

国家对其领土范围内的人、物、事，拥有排他的管辖权。国家政府依据本国法律对其领土范围内的一切人、物、事进行管辖和处理，这是其行使主权的具体表现。

3. 领土主权不容侵犯

领土主权和领土完整是国家政治独立的重要标志，是久经确认的最基本的国际关系准则和最重要的国际法基本原则。①

二、国家领土与主权教育的价值与意义

无论哪门课程的教师，都应该关注学生的国家领土与主权教育，因为这不仅关系着爱国主义、国防教育等问题，而且可以引导学生在面对诸多国际和社会问题时，拥有正确认识问题的角度，能够自觉认同并拥护国家的政治立场、外交立场等，科学合理地看待我国在维护领土主权时的做法，从而更加自觉地从自身做起，维护国家的利益和民族尊严。

（一）提升国家认同感和民族自豪感

国家领土和主权完整，是生活在这片土地上的每一个人和平生存的基础，是每个国民的根本利益和共同责任。无论是从周边存在战争的国家的现实事例，还是从我国近代落后挨打的历史中，我们都不难发现，一旦国家领土和主权受到破坏，那这个国家的每一个人都会被波及。加强地理和历史等不同层面的领土与主权教育，能够帮助学生更好地认识自己的祖国。随着对祖国了解的深入，学生心中的爱国主义情感也会逐渐加深，进而升华为国家认同感和民族自豪感。

（二）应对全球化对国家领土主权意识的冲击和挑战

当前，全球化给世界各国的发展带来了很多机遇，同时也带来了挑战，在一定程度上冲淡了人们传统意识中的领土主权观念。2020年在全球爆发的新型冠状病毒肺炎，促使世界各国更加深刻地认识到加强合作与沟通、携手做好公共卫生事件应急处理的重要意义。然而，也有一些国家公然提出疫情后向中国索赔，甚至向中国提起诉讼，这种行为在一定程度上也是对我国国家主权的挑衅。我们要加强对学生的领土主权教育，让学生更理性地了解国家领土主权方面的知识，更深刻地认识到坚决维护国家主权、安全、发展利益的重要意义，从而在心中主动生发出爱国意识和情感，能够从行动上主动维护国家领土和主权完整。

① 田国杰，苑士军. 国家领土主权意识教育论[M]. 北京：海潮出版社，2000：5.

(三)维护民族团结和国家版图完整

在以和平与发展为主题的当下,我国边境地区仍有一小撮民族分裂分子,时不时地企图通过一些不法分裂活动破坏我国的领土和主权完整。在这种情况下,加强学生的领土与主权教育,能够让学生更清晰地了解我国的版图范围,而不仅仅是停留在我国国土面积有960万平方千米这一简单的认知中。对小学生加强领土与主权教育,也能使他们通过了解我国的民族构成以及各民族的发展等,认识到维护民族团结、维护国家统一也是保证国家领土和主权完整的重要方面,每一寸土地都是不容分割的。

第二节　教材中的国家领土与主权教育内容

教育叙事

教研活动引发的争论

一次教研活动中,张老师和孙老师就教材中哪些内容属于国家领土与主权教育范畴展开了激烈的讨论。

张老师说:"国家版图、自然地理等方面的知识属于国家领土与主权教育方面的内容,这部分知识能够更好地引导学生知道祖国疆域、地形地貌等,懂得祖国领土一点都不能少。"

孙老师却说:"中国近代以来遭受侵犯的历史方面的知识才能够更好地激发学生维护国家领土和主权完整的热情。"

坐在一旁的刘老师看到他们争得面红耳赤,赶忙走过来劝说道:"我觉得你俩说的都有道理。地理方面是从知识层面给予学生理性认知,而历史方面更多的是给予学生感性的情感激发,它们都涉及国家领土与主权教育。"

听了刘老师的话,张老师和孙老师都觉得这种说法更有道理,心中顿时有种豁然开朗的感觉。

(北京第二实验小学通州分校尹达斐提供)

道德与法治教师要想实现国家领土与主权教育效果最大化,必须对教材有透彻、深刻的领会和理解。而这个过程中,教师不仅要了解小学生的身心发展特点,也要把握住教材编写的逻辑脉络、内容呈现和编写意图。只有将学情了然于胸、将教材内化于心,才能使自己的教学活动真正有利于学生的身心成长,有效实现国家领土与主权教育的目标。

一、国家领土与主权教育的内容

小学《道德与法治》教材依据与儿童生活的紧密程度，由近及远地安排了六大生活领域，其中包括国家这一领域。而围绕社会主义核心价值观的七大主题内容，也包含着国家领土与主权教育的内容。可见，教材非常重视学生对国家的了解和认知。那么，国家领土与主权教育都蕴含在小学道德与法治课程的哪些方面呢？国家领土与主权教育在本课程中涉及爱国主义教育、国防教育等一系列、多方面的问题，这就意味着不仅要让青少年进行空间、版图等相关知识和概念的学习，还要让他们从历史发展、民族团结等方面，对国家领土和主权形成多层面、全方位的认知，明确国家领土和主权不可侵犯，要自觉维护国家领土和主权的完整。

《国家领土主权意识教育论》一书中写道："国家疆域是历史的产物，是随历史的发展而逐步形成和发展的""领土主权意识教育是以国家领土主权为内容的各种形式的教育活动，是集国际法准则、历史知识、爱国主义思想、国家领土知识于一体的教育。"[①]由此可见，历史方面知识的学习必不可少。在历史上，从鸦片战争起到1949年中华人民共和国成立前夕，我国的领土曾因外国侵略而遭到割占或非法吞并，历史的教训每个中国人都应当牢记。因此，国家领土与主权教育是否到位，在一定程度上也取决于历史知识的教育。

国家领土与主权教育只让学生知道历史史实还是不够的，我国于2016年实施的《地图管理条例》规定，国家版图意识教育应当纳入中小学教育内容。每个小学生既是学生，也是国家公民。因此，他们必须了解自己国家的版图范围以及领土现状，无论在社会生活中的哪个领域接触到与国家版图相关的问题时，都应该自然而然地想到自己的国家，在发现问题时主动维护国家领土和主权完整。要做到这些，就需要进行具体的图形、数字、版图等各方面内容的学习。在这个过程中，地理版图方面的教育尤其重要。《道德与法治》教材中，这部分内容通过详细、准确、有形的教育，让学生直观、亲切地了解国家领土的空间形象、范围等，从而形成对祖国领土和主权的完整认知。

道德与法治课程中的国家领土与主权教育，从内容来讲主要涉及国家这一领域，从历史和地理两个维度进行编排。

从《道德与法治》教材编写依据之一《义务教育品德与社会课程标准（2011年版）》来看，虽然没有明确提到国家领土与主权教育的关键词，但从其表述内容来看，这部分主要集中在主题五"我们的国家"中。

①田国杰，苑士军．国家领土主权意识教育论[M]．北京：海潮出版社，2000：70.

知识卡

主题五“我们的国家”中，相关的内容表述主要有这样几条：

第一条 知道我国的地理位置、领土面积、海陆疆域、行政区划。知道台湾是我国不可分割的一部分，祖国的领土神圣不可侵犯。

第二条 知道我国是一个统一的多民族国家，各民族共同创造了中华民族的历史和文化。了解不同民族的生活习惯和风土人情，理解和尊重不同民族的文化。

第三条 了解我国不同地区自然环境的差异，知道并理解这些差异对人们的生产和生活方式的影响。

第四条 知道我国是一个地域辽阔、有着许多名山大川和名胜古迹的国家，体验热爱国土的情感。

第十条 知道近代我国遭受过列强的侵略以及中华民族的抗争史。敬仰民族英雄和革命先辈，树立奋发图强的爱国志向。

第十二条 知道中国人民解放军是保卫祖国、维护和平的重要力量，热爱中国人民解放军。

二、国家领土与主权教育内容在各年级的分布

国家领土与主权教育的内容需要学生有了一定的生活经验，并且身心发展到一定水平之后，才能更好地理解和掌握。因此，这部分内容主要分布在高年级段的教材中，具体梳理如下。

(一)五年级上册

表 9-1 五年级上册教材中的相关内容

单元	维度	主题	具体内容
第三单元 我们的国土 我们的家园	自然地理	第六课 我们神圣的国土	辽阔的国土 好山好水好风光 一方水土 一方生活
		第七课 中华民族一家亲	中华民族大家庭 各民族谁也离不开谁 互相尊重 守望相助

五年级上册中，国家领土与主权教育的内容主要集中在第三单元，共两课，与课程标准中第一、二、三、四条相关，旨在引导学生从整体上感受祖国疆域的辽阔，认识祖国壮丽的山河，了解灿烂辉煌的各民族文化，从而产生初步的民族自豪感和民族责任感。其中第六课《我们神圣的国土》主要引导学生了解我国的地理位置、领土面积、海陆疆域、行政区划等，通过观察社会生活现象，用多种方式感受祖国疆域的辽阔和地形的多样，懂得祖国的领土神圣不可侵犯，认识到祖国的壮丽山河，理解地形差异与人们生活的关系。第七课《中华民族一家亲》主要引导学生认识到中华民族是由五十六个民族组成的大家庭，各族人民互相尊重、平等交往、和睦相处，各民族分布上交错杂居、文化上兼收并蓄、经济上相互依存、情感上相互亲近，你中有我、我中有你，相互合作互助，共同缔造了光辉灿烂的中华文化。

（二）五年级下册

表9-2　五年级下册教材中的相关内容

单元	维度	主题	具体内容
第三单元 百年追梦 复兴中华	历史史实	第七课 不甘屈辱　奋勇抗争	虎门销烟 圆明园的诉说 甲午风云
		第十课 夺取抗日战争和人民解放战争的胜利	勿忘国耻 众志成城 中流砥柱 走向胜利
		第十一课 屹立在世界的东方	中国人民站起来了 保家卫国 独立自主

五年级下册中，国家领土与主权教育内容主要分布在第三单元，共三课。纵观小学《道德与法治》整套教材，本单元内容最多，主要与上述课程标准中第十、十二条相关，以历史发展的顺序关联历史史实，联系学生生活中可见的事物、现象、人物进行知识的展开是本单元的逻辑主线，主要呈现了近代以来中国人民为实现民族复兴走过的历史进程。第七课《不甘屈辱 奋勇抗争》主要引导学生了解列强侵华所犯下的罪恶，知道中国人民面对外来侵略进行了不屈不挠的斗争，体会到中华民族顽强的抗争精神；同时，要了解在这个过程中反抗外国侵略的英雄人物事迹及其爱国精神，体会祖国强大对于维护国家领土和主权完整的重要性。第10课《夺取抗日战争和人民解放战争的胜利》中包括《勿忘国耻》《众志成城》《中流砥柱》和《走向胜利》，其中与国家领土和主权完整有关的是前三个方面，分别从纪念馆、纪念碑、抗战歌曲、纪念日中发现历史信息，追溯历史，感悟抗日战争时期国家悲痛的记忆、中华民族奋勇抗争的革命精神等，从而激发学生奋发读书、建

设国家的志向。第十一课《屹立在世界的东方》包括《中国人民站起来了》《保家卫国 独立自主》两个部分，旨在体现中华人民共和国成立的伟大历史意义，展现中国共产党带领全国人民为保家卫国、独立自主所做出的努力，感受国家主权和地位的提升。当然，在这些内容中，还体现出武装力量对于保卫国家领土和主权完整的重要作用。

通过分析我们可以发现，五年级下册第三单元的内容，呈现了从鸦片战争开始到中华人民共和国成立前，中国人民遭受深重苦难、欺凌与屈辱的历史。中国人民不甘屈辱、前赴后继、奋起抗争，在中国共产党的领导下，迎来了民族独立。

（三）六年级下册

表 9-3　六年级下册教材中的相关内容

单元	维度	主题	具体内容
第四单元 让世界更美好	国际视野	第十课 我们爱和平	战争带来的伤害 和平是世界的潮流 中国为和平做贡献

六年级下册第四单元《让世界更美好》中也有部分内容与国家领土和主权有关，主要集中在第十课《我们爱和平》。这一课的编写依据是《义务教育品德与社会课程标准（2011 年版）》中主题六“我们共同的世界”第八条“感受和平的美好，了解战争给人类带来的影响，热爱和平”，和主题五“我们的国家”第十二条“知道中国人民解放军是保卫祖国、维护和平的重要力量，热爱中国人民解放军”。具体内容的编排从国际视野出发，阐述了国家领土和主权完整对于渴望和平的人们的重要意义，以及中国人民解放军为维护国家主权和领土完整做出的努力，力求激发学生热爱和平、热爱祖国和中国人民解放军的情感。

三、国家领土与主权教育内容的编排特点

（一）符合学生认知和心理成长特点

国家领土与主权教育方面的知识相对而言比较枯燥，尤其是关于领土面积、位置、范围、地理特点等，都需要用大量的数据和地理方面的专业术语进行表现。而在历史史实方面，历史事件、时间、人物、发生的背景等也需要用大量的文字来说明。因此，如果仅仅从表述知识的角度进行教材的编排，就会使这部分内容显得过于理论化、理性化，缺少吸引力。

而对于受众群体来讲，低年级的小学生无论是从知识水平还是从心理发展特点来看，都更易于接受具象化的事物，对于偏理性的、抽象的知识在接受过程中尚存在难度。因此，小学《道德与法治》教材将国家领土与主权教育相关的内容较集中地安排在高年级

段的教材中,这充分考虑到学生的特点。高年级学生随着年龄的增长,社会生活范围不断扩大,视野不断开阔,积累了一些学习经验,掌握了一定学习方法。学生对国家有了初步的了解与认识,爱国之情不断提升。当然,这个年级段的学生也存在对相关知识宏观角度认识不足、认识片面化的问题。

针对高年级学生的年龄特点和成长需要,教材结合学生的现实生活和行为表现,对课程标准的内容进行了一定的拓展。在编写中,没有用大篇幅的数字、文字来说明问题,更多地采用图片、文字、图表相结合的方式,每一课都有联系学生生活实际、从学生视角设计的学习实践小活动等。

(二)注重综合性和学习方式的变革

正如前面所说,国家领土与主权教育内容相对理论和理性。而在教材中,内容不仅符合小学高年级学生的学习和认知特点,而且在综合性和学习方式的引导上都有了很大的变化。

1. 内容生活化,密切结合学生实际生活

如在五年级上册《我们神圣的国土》这一课中,在讲到"中国的省级行政区域图"这部分内容时,教材设计了活动:"你和家人出生在什么地方? 试着在图中找出来,并与同学交流。"这样的表达和设计,将本来对学生来说比较陌生的中国行政区划图与他们的实际生活联系起来了。五年级下册与历史有关的教学内容,则从学生生活中可见的事物、现象、人物切入,拉近学生与历史的距离,建立内容与学生生活的对接点。

2. 以活动为中心进行情境化设置,关注学生的真实体验

教材在活动设计上很用心,有多种不同类型的学习活动。关于国家领土与主权教育的内容,由于其本身离学生实际生活相对较远,课本中更是没有空洞地说教,而是通过丰富的互动让学生参与其中,这些活动也很好地联系了学生的生活情境。

如五年级上册《一方水土 一方生活》中的"活动园"这一部分内容,教材不仅通过图文搭配的方式向学生呈现有特色的地区图片,提出了"请你观察下图中不同地区人们的居住环境,结合所在地区的自然环境特点,说一说为什么会有这样的差别"的问题,而且还提出"说一说,自己家乡的衣、食、住、行与当地自然环境有什么关系,选择一种方式,展示家乡的生活特色"。这些都充分关注了学生已有的生活体验和真情实感。

3. 内容综合化,关注学生探究性学习

道德与法治课程本身就有着综合性强的特点,而这一特点在教材中也具有很明显的体现。如五年级下册第六课《辽阔的国土》这一板块中,"活动园"中有这样的说明:

我国的陆地面积与欧洲差不多。在生活中,我们也可以感受到我国面积之大。用一种你喜欢的方式,说一说祖国疆域的辽阔吧!

(1)我可以用诗歌来表达……

(2)我可以用数据来说明……

(3)我可以用旅游经历来描述……

……

这其中不仅包含了语文的诗歌,还包括了数学中的数据等,综合了多个课程的知识和内容。

以上这种方式也暗含着学生需要用调查探究的方式进行思考,而不能仅仅依靠文字和已有经验来完成学习,增加了学生的参与度。

当然,综合性和探究性特点不仅体现在这些活动中。教材的知识性内容也经常会用柱状图、饼状图、歌曲串联、文学常识等综合性内容来呈现,如《中华民族一家亲》这一课中,就运用了以上多种形式来说明各民族人口分布、各民族的文化等,体现出内容呈现方式的多样化。

(三)相关内容的逻辑主线清晰

在与自然地理有关的国家领土与主权教育中,教材注重由宏观到具体的线索编排。如《我们神圣的国土》一课,教材设置了《辽阔的国土》《好山好水好风光》《一方水土 一方生活》这三个板块的内容,旨在让学生先从整体上对祖国的版图产生了解,接着引导学生走进不同的地形分布,之后再具体地将地形和人们的生活联系起来,让学生产生更加形象具体的认知。《中华民族一家亲》这一课则先从中华民族大家庭讲起,引导学生了解中华民族的构成和分布特点,感受各民族的平等、团结、互助、和谐,之后才具体介绍民族文化、经济以及生活习俗等。

在与历史知识有关的内容中,教材按照历史发展的顺序,以史实为载体,每一课的大主题都是一个重大的历史阶段,其下的不同话题则是具体的事件,采用面上选点、红线串珠的方式,以历史为载体,呈现国家领土与主权教育的相关内容,激发学生维护国家领土和主权完整的情感。如在《夺取抗日战争和人民解放战争的胜利》这一课中,教材以"记忆"为线索,以学生生活切入,从学生个人记忆过渡到国家"耻辱"的记忆,感悟屈辱历史,激发学生情感。

(四)国家领土与主权教育和法治教育的有效融合

《义务教育品德与生活课程标准(2011年版)》和《义务教育品德与社会课程标准(2011年版)》都明确提出本课程是一门综合性课程。尤其是在课程调整为道德与法治之后,课程内容的编排体现出明显的道德教育与法治教育紧密联系、有效融合的特点。

《青少年法治教育大纲》中明确提出:"小学阶段,着重普及宪法常识,养成守法意识和行为习惯,让学生感知生活中的法、身边的法,培育学生的国家观念、规则意识、诚信观念和遵纪守法的行为习惯。"并在分学段的教学内容与要求中明确了小学高年级(3—6年级)要"建立对宪法的法律地位和权威的初步认知。了解人民代表大会制度,初步认知主要国家机构,国家主权与领土,认知国防的意义,增强民族团结意识。"

同时，面对当前严峻的国际形势，加强学生的法治观念和意识，在遵守国家法律的前提下有效维护国家的主权和领土完整是亟待解决的问题。因此，在与国家领土与主权教育相关的内容编排中，教材及时有效地呈现了法治教育方面的内容，在潜移默化的渗透中，引导学生时刻握住法律的准绳，了解自己在维护国家领土和主权方面享有的权利和需要履行的义务。

《中华民族一家亲》一课，在讲到我国各民族汇聚成一个大家庭，形成了平等、团结、互助、和谐的社会主义新型民族关系这一部分时，教材呈现了《中华人民共和国宪法》中的法律条文，引起学生的重视，也体现出民族团结在维护国家主权和领土完整中的重要意义。

第三节　国家领土与主权教育的教学实施

教育叙事

值得深思的作业评价

在一次学习中国版图知识的道德与法治课后，教师布置了这样的课后作业：请同学们自己动手绘制一幅中国地图，可以创意性地采用不同的材料进行绘制。

作业提交后，教师对学生的作业进行了点评，尤其对采用了不同粮食进行粘贴、采用超轻黏土进行彩色立体制作的同学进行了表扬。然后这次作业的评价就到此结束了。

（北京第二实验小学通州分校尹达斐提供）

教师作为知识的传授者，作为学生在校学习的关键引导者和促进者，其自身的课程素养、自主学习能力以及教学理念和水平等，都极大地影响着学生的学习。因此，在进行国家领土与主权教育时，教师在思想上要充分重视，做到课前、课中、课后始终坚持政治性、严肃性、准确性原则。除此之外，道德与法治教师还可以通过关注时事新闻、阅读相关书籍、进行文献积累等方式，丰富自己的知识，提高自身的课程素养和国家领土与主权方面的关注意识，并不断探寻有效的教学策略，提升教学效果。

一、国家领土与主权教育的特点

道德与法治课程中，每一个主题框架下的内容都有着专属的内容特点。那么，国家领土与主权教育有着怎样的特点呢？

1. 政治性

一个国家全局利益和根本原则的集中表现就是政治，国家领土和主权问题就是我国的政治问题之一。尤其是在对外交往中，一个国家的领土和主权原则，更应该严格根据国际法和国家最高利益来确定。要坚持政治性原则，处处将国家利益放在首位。只有这样，才能确保在任何情况下都不违背国家领土和主权完整的原则。因此，在进行国家领土与主权教育时，任课教师也应该拥有高度的政治敏锐性，这样才能科学有效地备课，才不会出现知识性错误和情感导向上的偏差，也才能更好地将爱国教育落到实处。

2. 准确性

每个国家的领土都有着严格的划分，在国际法中也有明确的界定，不容许有丝毫偏差。在进行国家领土与主权教育时，教师应该坚持以本国的领土和主权为内容这一准则，将正确的、科学的信息传递给学生，帮助他们树立正确、规范、科学的领土和主权观念。尤其是在版图教育中，更需要清楚、准确地描述现实的领陆、领海、领空的范围、面积、岛屿等等。无论用数字还是用图形来表述，都应该确保与国家官方数据一致，没有丝毫偏差。只有这样，才能让学生准确地认识领土问题，也才能秉持正确的态度认识、理解和维护国家领土和主权完整。

3. 严肃性

国家领土和主权是神圣不可侵犯的，这是我们经常提到的一句话。但这句话不是口号，而是我们应该坚守的底线和原则。也正因如此，教师在进行国家领土与主权教育时，应该在教学内容上保持严肃性，进行相关教育时，要符合国家利益和国际法准则，更要经得起审查核验，不允许出现任何原因导致的数据、信息误差。另外，教师在进行内容讲授时，要有严肃的态度，决不允许存在应付和马虎的态度，否则将对学生的认知和情感造成不可挽回的严重后果。

二、国家领土与主权教育的策略

（一）整合课程知识，丰富教育内容

道德与法治课程具有综合性的特点，这种综合性不应该仅仅表现在教材内容上，也应该表现在教师教学时对不同课程知识的整合运用上。教师有效结合多门课程中的国家领土与主权教育内容，不仅能够促进教学内容的深化，还可以有效联系学生所学，链接学生思维，引导学生从不同课程的角度，全方位体会维护国家领土和主权的重要意义和价值。

以中小学语文教材中的国家领土与主权教育内容为例：

《富饶的西沙群岛》《美丽的小兴安岭》，描绘了祖国山川美景；

《黄河颂》《壶口瀑布》等，展示出中华民族坚强不屈、百折不挠的伟大民族精神；《无名岛》《一着惊海天——目击我国航母舰载战斗机首架次成功着舰》则重点讲述维护国家领土完整、守卫祖国海疆的英雄人物的感人事迹。

除了以上内容，小学语文课程中还有一些古代爱国诗词等内容。道德与法治课程教师可以提前进行了解，结合讲授内容的需要，将它们融合到课堂教学中，这不仅是对道德与法治课的充实和丰富，也能帮助学生形成立体的国家主权和领土意识。

让我们一起来看看下面这位老师在《我们神圣的国土》一课中，是怎样有效利用语文教材中的诗词来引导学生、激发学生情感的。

课堂链接

活动四：欣赏诗画，树立文化自信

师：上课伊始，我们分享了大家记录祖国美景的照片，现在我们有相机、手机记录美景。古时候的人如何记录美景，表达对祖国美景的喜爱呢？

学生猜测，自由发言。

生1：诗文。

生2：绘画、文章。

出示诗文、画作，配乐欣赏。

师：的确，古往今来的文人墨客用自己喜欢的方式，抒发祖国山川带给他们的美的享受。播放短片。

师：这是……这是……这是……

还有气势磅礴、气吞山河的黄河之景；

文人徐霞客写下的游记，记有……

黄山集雄伟险峻、烟云飞瀑、巧石奇松于一身。黄山云海，山与雾纠缠，如梦境一般，是山峰又似岛屿，是云雾又似沧海。云海的灵动悠远，带给文人墨客无限灵感。中国艺术也使这座大山成为文化大川！

（北京市通州区于家务乡中心小学高洁提供）

上面这个教学环节中，教师将诗文、绘画、视频等丰富的教学资源融于一体，同时也关注了诗词和道德与法治教学的有机融合。在这种氛围下，学生情不自禁沉浸其中，不仅饱含深情地跟着吟诵诗词，更是由衷地发出感叹："我赞叹，赞叹大自然的鬼斧神工；我自豪，自豪祖国的壮丽河山……"爱国情感自然流露，国家领土与主权教育的目标也水到渠成地得以实现。

(二)关注学生主体地位,采用参与式和探究式学习方法

教学活动中,学生处于主体地位。教师在教学过程中应适时进退,这样有助于学生在自主探究中掌握思考问题的角度,找到解决问题的方法。在国家领土与主权教育中,教师如果能够引导学生在参与式和探究式学习中学会知识并领悟情感,学生就能将这种学习方法迁移到生活中。在现实生活中遇到与国家领土和主权有关的问题时,学生便能根据所学进行分析,提出问题。

同样以《我们神圣的国土》一课为例。

课堂链接

活动一:我们是考察小队

1.教师活动:引导学生明确考察任务。

2.学生活动:读一读考察任务;明确学具包中的材料。

3.教师活动:组织学生分享考察结果,并纠正术语知识(三级阶梯海拔:平均4000米以上、平均1000~2000米、平均500米以下)。

补充观察方法(与眼睛同一水平面看一看),验证思考。

(北京市通州区于家务乡中心小学高洁提供)

在这个环节中,教师通过设计学生的自主考察活动,引导学生发现并了解我国地势西高东低的特点,自主建构与河流流向之间的关系。同时,在探究过程中,教师还为学生思维发展提供充分的学习资料,让思维更有层次和梯度,为建构思维搭建台阶。

(三)结合学生的身心发展特点,有效链接学生生活

国家领土与主权教育的相关内容离学生生活较远,因此,在教学过程中,教师要充分关注学生的现实生活和已有的生活经验,才能更好地激发学生的学习兴趣,并有效引发情感共鸣。

在《虎门销烟》一课中,一位教师的导入环节是这样设计的:

课堂链接

活动一:认一认浮雕上的内容是什么?

导入:同学们,今天我们一起来学习《虎门销烟》这一课。首先让我们来看两幅图片。

提问:你知道这是什么吗?

谈话：左边是天安门广场上的人民英雄纪念碑。右边是人民英雄纪念碑底座上八幅浮雕的第一幅，内容就是虎门销烟。

提问：你们知道为什么要把虎门销烟的浮雕镌刻在人民英雄纪念碑上吗？

小结：虎门销烟是近代中国人民反抗外来侵略的开始，为了永远铭记这段历史，将其镌刻在人民英雄纪念碑上。

（北京第二实验小学通州分校尹达斐提供）

教师通过学生熟悉的人民英雄纪念碑及上面的浮雕导入本课，有效地将学生生活和教学内容联系起来，拉近了学生和历史史实的距离。

（四）创设有效课堂教学情境，激发学生情感体验

创设有效课堂教学情境是道德与法治课程教学中经常用到的教学方式之一。在国家领土与主权教育中创设有效教学情境，能够让学生融入当时当地的情境中，感同身受地体会当地的风土民情或主人公的情感，从而激发学生对祖国的高度认同感和归属感。以《虎门销烟》这一课为例，一位教师为了更好地引导学生体会当时人民不屈不挠的抗争精神，设计了这样的教学环节：

课堂链接

活动四：面对鸦片泛滥该怎么做？

1. 过渡：面对日益泛滥的鸦片，面对国破家亡的危险，假如你就生活在那个年代，你会怎么做？

学生1：一定要严厉打击贩卖鸦片的人。

学生2：政府应该严禁鸦片，不允许任何人买鸦片。

学生3：一定要尽最大可能劝阻周围的人不要吸鸦片了。

谈话：在对待鸦片泛滥的问题上，当时的中国民众也坚决抵制。一些有见识的官员也强烈要求禁止鸦片的输入。林则徐当时任湖广总督，从烟毒泛滥中预见到中国的后患，于是他多次上书给当时的道光皇帝，要求严禁鸦片。

2. 请同学们以小组为单位认真看一看学习资料，并进行讨论：面对鸦片泛滥，林则徐都做了哪些努力？他是一个怎样的人？

3. 出示资料：（略）。

4. 小组讨论并分享汇报：

学生1：林则徐主动上书当时的皇帝，引起统治者对鸦片带来的危害的重视，起到了警示作用。

学生2:林则徐采取了很多行之有效的措施来禁烟,比如捉拿烟贩,这样就减少了鸦片的买卖;没收英国商人的鸦片,禁止贩卖,让人们买不到鸦片,可以减少鸦片的流通。

学生3:严查海关走私,从根本上减少鸦片进入中国境内。

学生4:从虎门销烟的场景描写中可以看到,在虎门当众销毁鸦片,让广大百姓感受到政府禁烟的决心,鼓舞了人们抵制鸦片的士气。

5.小结:林则徐是一位意志坚定、有远见、有勇有谋的官员。他在国家危亡时挺身而出,不屈不挠地进行禁烟运动,体现出他热爱人民、胸怀祖国的情怀。他组织的虎门销烟运动,更是狠狠地打击了外国侵略者的气焰,维护了民族的尊严,向全世界人民显示了我们中国人民反抗外国侵略的坚强意志和决心,永远值得我们去铭记。所以,林则徐也是我们中华民族近代抗争史上了不起的民族英雄。

(北京第二实验小学通州分校尹达斐提供)

上面这种方式便充分抓住了历史人物的故事对学生的吸引力,巧妙运用创设情境讲故事的教学方法,达到生动描述人物故事以激发学生情感的目的。

(五)注重学校、家庭、社会教育的有机结合

小学阶段是学生身心发展的重要阶段,也是人生观、世界观和价值观形成的关键时期。在信息化高度发达的今天,学生接收到的信息和知识是多元的。小学生因年龄和身心发展特点,家长会尽可能地避免或者减少他们接触和使用电子信息设备的时间。因此,他们接受国家领土与主权教育主要是在学校的课堂中,对新闻时事的关注不具有实效性。即便有的学生能够通过信息媒介获得一部分信息,但这些信息通常是碎片化的。有时学生自己也无法对获得的信息进行有效甄别,而家长对此关注较少或缺乏指导能力。所以整体看来,在小学生的成长过程中,对他们进行国家领土与主权教育单纯依靠学校是远远不够的。国家领土与主权教育涉及国家利益,也关系到社会中的每个人。学生平时的家庭教育、社会教育都对领土主权意识的培养有很大的影响,因此学校、家庭、社会教育必须紧密配合,为小学生的国家领土与主权教育提供全方位的良好环境和氛围。

家庭教育方面,我们都说家长是孩子的第一任老师,他们对学生情感、价值观的影响是最大的。所以我们不仅要关注学校教育,还要充分关注学生的家庭教育情况。在涉及国家利益的问题上,只有家长有强烈的爱国意识,拥有维护国家领土主权完整的意识,自觉抵制破坏国家主权和领土完整的言论和行为,才能给孩子起良好的榜样示范作用。

在社会教育方面,随着网络技术的高速发展,学生可以通过各种多媒体渠道了解有关国家领土主权的信息。但是,由于未成年人的思想和意识还未成熟,社会应该对未成

年人接触的信息加以监管，给学生营造正面社会氛围，以防被个别的负面、偏激、狭隘的不良领土主权思想所影响。

总而言之，学生是祖国的未来，学校、家庭和社会需要共同努力，为学生创造一个正确的、正面的国家领土与主权教育氛围，让学生在这种氛围中获得正确的领土主权意识。

三、国家领土与主权教育的教学评价

(一)教师教学评价

1.评价教师自身的国家领土与主权教育素养

学校和课堂是学生提高综合素养的主要阵地，而在这两个主阵地中，教师起着至关重要的作用。教师的教学行为、教学方法、教育理念、自身知识和教育素养将直接影响学生的学习、成长，甚至对学生的世界观、人生观、价值观的形成都产生着潜移默化的影响。在国家领土与主权教育中，教师的基本素养更是至关重要。

评价教师在国家领土与主权教育方面的教学，要看教师的知识储备、对这一内容的关注度以及有没有进行国家领土与主权教育的意识。否则，教师就容易出现教学内容、情感引导等方面的偏差。尤其是在地理版图教育方面，如果教师本身对相关知识了解不准确，又没有很深入地进行研究，就会出现知识性错误。

以本节教育叙事《值得深思的作业评价》为例，只要具有国家领土与主权教育意识的老师一看便会发现，案例中的老师在作业评价中只关注了学生的作业形式，而没有对学生绘制的中国版图是否准确、有没有缺少或多出某一部分进行点评。这种领土和主权意识不强的表现，如果教师自己不关注并加以改正，将在很大程度上导致他所教的学生也缺乏领土和主权意识，长此以往，后果可能无法挽回。

2.评价教师对教材的有效整合和把握

教材既是学生的“学本”，也是教师教学的“教本”，不仅可以促进学生的学习，也可以引领教师的教学。[①]《义务教育品德与生活课程标准(2011年版)》教学建议的第一条就要求教师“深刻理解本课程的性质、特征以及基本理念”。由此可见教材在教师教学中的作用。但是，很多教师在教学中却忽视了教材的内容，只是片面地看到教材中文字和图片所表达的意思，没有进一步挖掘或者拓展深层次的内涵。这最终会导致教师教学深度不够、教学资源匮乏、学生思想情感激发不到位的情况发生。

基于以上问题，教师要把握住国家领土与主权教育的政治性、准确性和严肃性的特点。教师在进行相关内容的教学时，要保证所教的内容是正确的，是符合国家政治和法律要求的。尤其是在进行内容拓展时，一定要保持高度的政治敏感，存在争议的、有变化的甚至可能出现错误的内容一定不能带进课堂。

①高德胜，章乐，唐燕.“接上童气”——小学《道德与法治》统编教材研究[M].北京：人民教育出版社，2019：181.

同时，在小学道德与法治教学中，还应该关注教师在备课时是否仔细研究了课程标准和教材，挖掘其中有关领土主权意识的内容，关注教材内容中与领土主权意识相结合的点。教材中涉及的地理、历史以及国际视野等方面的内容存在相互联系和互相交叉的点，不同年级之间的知识也存在着贯通的情况。所以，在历史教学中，特别是跟领土主权相关的内容，要注意历史发展的纵向联系，同一历史时期历史事件的横向联系、历史发展的因果联系，还有历史现象与生活之间的联系。[①]在进行地理教学评价时，要看教师是否只关注了版图、地理位置、地貌等，而忽略了进行热爱祖国领土和疆域的教育。

总之，在评价教师的教学时，一定要积极关注教师是否能够根据学生和教学的实际情况有效把握教材，对教学内容的布局进行合理调整，并能从学生感兴趣的内容入手进行讲解，理清思路、有效整合，给学生呈现正确的、完整的、连续的、清晰的国家领土与主权教育内容。

3. 评价教师课前对国家领土与主权方面学情的调查

课前，学生头脑中已经拥有了多少国家领土与主权方面的知识，其相关的情感、态度、价值观达到了一个怎样的程度，关系到教师在课堂中以怎样的教学方式、怎样的教学深度来进行教学。因此，在进行教学评价时，还应该关注教师课前是否对学生进行了充分的学情调查；在讲授新的教学内容前，是否安排学生进行了"课前参与"，如调查实践、资料搜集等。只有充分进行课前调查的教师，才能够在课堂中以学生为主体，结合学生实际情况进行有针对性的教学。

课堂链接

在《我们神圣的国土》一课中，教师采用了课前学情调查和评价方式。

1. 了解学生学情的课前问卷、课前实证作品评价。

针对学生的课前问卷、课后追踪小卡片的完成程度、认真程度进行评价，目的在于了解学生在该主题或该课时内容的知识基础、能力基础、思维方式等。

如在《好山好水好风光》的课前问卷中，了解学生地理知识的基础，分析理解问题的能力，进而为设计教学目标服务。

再如，课前实证作品的完成，可以了解学生实证的思维方式、对该学习主题的学习动机。这也可以为设计学生的学习活动服务。

（北京市通州区于家务乡中心小学高洁提供）

4. 评价教师课堂中对学生的价值观引领和情感激发

国家领土与主权教育因其特定的内容，在教学过程中经常需要通过大量的地理资料、数据和历史史实等进行说明、解释。但是小学生因其特定的年龄和心理特点，单纯的

①陈红.《义务教育历史课程标准》(2011 年版)"教学建议"解读[J]. 历史教学：中学版，2013(5)：26-28.

知识罗列和讲解不能很好地激发他们的情感认知，更不能有效达到将国家领土与主权教育内化于心的目的。因此，我们在评价教师的教学时，要关注教师是否只注重知识的灌输而忽视了情感的激发。单纯进行知识灌输的教师肯定是不合格的教师。具有较高国家领土与主权教育素养的教师，通常会将适度的教学内容通过不同的教学活动、教学语气、多样的视频音频等进行呈现，最终实现激发学生情感、实现价值观引领的目的。

5. 评价教师课后对学生学习效果的考核方法

一节课给予学生的国家领土与主权教育，如果不在课后及时进行追踪、考核或评价，其教育效果通常是不理想的。不在课后及时对学生进行学习效果追踪、考核和评价的老师通常不是合格的老师，这节课也通常是不完整的。因此，我们在进行教师教学评价时，不仅要关注课堂中的表现，也要关注教师是否将学生评价延伸到了课后。这个过程中，教师要尽可能设计有效的评价或课后实践表格，给予学生课后深化学习的针对性指导。

（二）学生学业评价策略

1. 要从考试向实践和综合能力转变

小学道德与法治虽然不像语文、数学、英语课程那样是必考课程，但教师对学生的评价和考核方式关系着学生的实际获得和学习效果。有的地区单纯将小学道德与法治作为考试科目进行统一笔试，导致教师将对学生的考查和评价重点落在固定知识的记忆上。受这种评价和考核方式的影响，教师在进行国家领土与主权教育时，就会忽略或者减少主权意识、版图意识、民族意识的渗透，学生的自主探究能力得不到有效培养，情感激发也无法到位。

随着素质教育的推进，国家领土与主权教育的评价不能仅仅关注学生的考试成绩，还要注意学生情感、态度、价值观的养成，将单纯的知识记忆考核转变成综合考核，从多个方面、以多种形式来评价教学效果和学习效果。教师可以充分引入多元化的评价方法，将形成性评价与终结性评价结合起来，建立起涵盖学生作业完成情况、课堂表现、情感反应、课程测试成绩、实践作业等方面的综合评价体系，更好地调动学生的积极性，提升教学和学习成效。

课堂链接

在《我们神圣的国土》一课中，教师采用了这样的学生学业评价方式。

1. 了解学生学习目标达成情况的立体地图作品、课后追踪测试。

对学生的立体地图作品、课后追踪测试进行评价。通过评价活动，有效指导学生实践探究的方法，提升他们发现问题、提出问题和解决问题的能力，进而监控学习目标是否达成。

2.调控学习过程、服务教学的奖励卡片。

用世界遗产卡片作为奖励,激发学生积极思考,积极举手发言,有效调控学生学习过程。同时,奖励性卡片也服务于下一个教学环节,作为学习资源利用,激发小组合作意识,为小组活动争取更多的学习资源。

设计评价量表,以小组为单位对学生活动进行评价(分别用1星到3星进行评价)。

评价 内容姓名	小组搜集证据贡献	立体地图构建情况	探锦囊分析情况	奖励性卡片获得数量	课前美食收集贡献

说明:此评价表每个小组一张,对每个成员参加实践活动的情况进行评价,选择15%的优秀学生授予实践活动小标兵称号。

(北京市通州区于家务乡中心小学高洁提供)

上面这个教学案例中,教师能够结合学生情况和教学内容设计有效的教学评价量表,通过直观量化的评价方式,评价学生对知识的掌握程度。当然,在国家领土与主权教育层面,教师要能够根据不同的教学内容设计有针对性的评价量表,从而有效掌握学生的情感获得和情感激发程度。

2.通过学生在国家重大事件中的反应进行评价

国家领土与主权教育的效果到底如何,除了要在课后进行跟踪评价和反馈外,在发生涉及国家领土和主权问题的重大事件时,也是考查和评价教学效果的重要契机。学生是否能够真正从维护国家领土和主权完整的角度去思考,心中是否有国家领土和主权神圣不可侵犯的情感等,都是评价学生学习效果的重要参考指标。

3.要将学业评价延伸到课后

评价不仅需要关注课堂中的知识掌握和情感渗透,还要关注学生所学到的知识和所激发的爱国情感是否延续和深化,这就需要对学习效果进行延续性、追踪性评价。如在每节课后,教师可以设计课后评价或实践任务单,将课堂和课后评价有机结合起来,才能够更好地对学生进行有效的学业评价,促进教育内容在日常生活中巩固加深。

要将国家领土与主权教育真正落实到学生的日常生活中,需要家庭、学校、社会互相配合。社会提供良好的国家领土与主权教育活动平台,社会、学校和教师共同建立有效的课后评价机制,家长给予充分关注和配合,通过学生课后自评、家长评价、社会实践评价等方式,让国家领土与主权教育落到实处。

本章小结

二十一世纪的今天，中国面临的国际形势复杂多变，尤其是西方思想文化的冲击和国内分裂势力活动频繁。面对这些情况，不管是从爱国和国防层面，还是学生情感、态度、价值观的养成方面，都需要我们对学生进行国家领土与主权教育。

国家领土与主权意识的培养已成为时代赋予道德与法治课程的历史使命，作为向小学生进行国家领土与主权教育的主阵地，如何加强这方面的教育，需要教师、学生、学校、家庭、社会共同努力，进行更加深入、全面的研究。

【知识导图】

- 国家领土与主权教育
  - 国家领土与主权教育的意涵
    - 国家领土与主权的概念
    - 国家领土与主权教育的价值与意义
  - 教材中的国家领土与主权教育内容
    - 国家领土与主权教育的内容
    - 国家领土与主权教育内容在各年级的分布
    - 国家领土与主权教育内容的编排特点
  - 国家领土与主权教育的实施
    - 国家领土与主权教育的特点
    - 国家领土与主权教育的策略
    - 国家领土与主权教育的教学评价

【理解反思】

在小学道德与法治教学中，怎样才能更好地做好国家领土与主权教育？是需要教师重视并不断增强国家领土与主权教育意识和素养，还是需要更好地理解教材中的相关内容，有效整合教学资源？抑或需要我们不断创新教学形式，做好学生评价？其实，这些方面缺一不可。而且要在这些方面的基础上不断争取社会、学校、家庭、学生等多方面的重视、配合和支持，形成有效合力，才能使国家领土与主权教育更有效、更有力。

同时，本章虽然对小学道德教育与法治课程中国家领土与主权教育的相关内容进行了分析，并对存在的问题和教学策略进行了阐述，但是仍旧有一些局限和不足，需要读者和一线教师们通过不断的理论学习和实践进一步完善。

【实践作业】

请从统编版小学《道德与法治》教材中选择一课与国家领土与主权教育有关的教学内容进行教学设计，并进行教学实践，撰写教学体会和反思。

【推荐阅读】

1. 田国杰，苑士军. 国家领土主权意识教育论[M]. 北京：海潮出版社，2000.

2. 中国大百科全书总编辑委员会《法学》编辑委员会，中国大百科全书出版社编辑部. 中国大百科全书·法学[M]. 北京：中国大百科全书出版社，1984.

第十章
国际视野教育

最重要的问题是要胸襟开阔。要从大局看问题，放眼世界，放眼未来，也放眼当前，放眼一切方面。

——邓小平

核心观点

准确把握国际视野教育，需要了解国际视野教育的意涵、国际视野教育的主要内容以及在教学中如何实施。认识国际视野教育在现实生活中的价值，将国际视野教育结合学生认知规律和认知特点在《道德与法治》教材中充分展现。国际视野教育以其独有的特点，在小学高年级阶段，对培养学生正确的人生观、价值观、世界观起着积极的促进作用。

学习目标

1. 理解小学《道德与法治》教材中国际视野教育的意义。
2. 明晰国际视野教育内容在小学《道德与法治》教材中的分布。
3. 掌握国际视野教育的实施和评价。

思考问题

1. 为什么要进行国际视野教育？
2.《道德与法治》教材中的国际视野教育包含哪些内容？
3.《道德与法治》教材中的国际视野教育遇到的问题及其解决策略是什么？

当今人类社会正处在一个大发展大变革大调整的时代，世界格局也在加快演变。党的十八大以来，以习近平同志为核心的党中央以开阔的视野、战略的思维、负责的精神，为解决世界矛盾提出一系列中国方案，贡献了中国力量，彰显了中国智慧。随着构建人类命运共同体理念的提出，全世界更是前所未有地紧密互联，没有哪一个国家能够独善其身。国际视野教育对于培养具有世界情怀的中国人，融入世界发展，互相尊重彼此的历史、文化，同世界各国人民友好相处具有重要意义。

第一节　国际视野教育的意涵

教育叙事

一名道德与法治教师的自问

每次上完道德与法治课，我都会问自己：今天的课堂上，在我的引导下，孩子们获得了哪些新知识？思想认识上有没有提升？对世界又认识了多少？

我想这是我们每一名道德与法治教师都会经常自问的问题。这其中的“认识世界”包含了很多内容，我们在《道德与法治》教材中很容易找到关于“世界”方面的内容。为什么在道德与法治的教学中，要安排“世界”这样的学习内容？是想通过这样的教学来培养学生的世界眼光与世界接轨吗？

（北京市史家小学通州分校徐群志提供）

随着国与国之间在诸多领域相互依存，联系不断增强，全球化对世界各国的影响不断扩大。教育该培养什么样的人才以适应时代发展，是摆在我们面前的重要问题。

随着中国深度参与全球治理体系改革和建设，更加积极地发挥负责任大国的作用，中国日益走近世界舞台中央。作为参与中国建设的未来一代，就要在新时代的大背景下，具有国际视野，有国际对话与跨文化沟通的能力。我们现在培养的学生，将来必定要走向国际社会。今天的基础教育，必须具有预见性和可持续性。只有重视国际视野教育，高角度站位，全方面发展，才能顺应时代发展需求。

一、国际视野教育的概念

（一）国际视野

国际视野本身是一个经济学术语，也就是用国际眼光或者国际视角，能够站在全球或更广阔的角度上观察经济运行、市场营销，从而为企业的发展服务。

从广阔的角度来看，国际视野是指人们能从世界的高度去了解世界历史和当今国际社会，评价本国地位和作用，认识自己的权利和义务，并在国际交往中有恰当的行为与态度。它是一个人在全球化背景下所应具有的知识、能力、素质的综合体现。①

（二）国际视野教育

所谓国际视野教育，就是在具备国际视野的基础上，通过教育的方式，引导学生站在世界的高度，去发现、分析、解决问题，最终树立一种开放的国际意识，拥有宽广的国际胸怀。

党的十八大和十八届三中全会提出关于立德树人的要求。2014年，教育部印发的《关于全面深化课程改革落实立德树人根本任务的意见》指出，教育部将组织研究提出各学段学生发展核心素养体系，明确学生应具备的适应终身发展和社会发展需要的必备品格和关键能力。核心素养是党的教育方针的具体化，是连接宏观教育理念、培养目标与具体教育教学实践的中间环节。学生发展核心素养联合课题组由北京师范大学等多所高校的近百名研究人员组成。2016年9月13日，中国学生发展核心素养研究成果发布会在北京师范大学举行。中国学生发展核心素养以培养"全面发展的人"为核心，分为文化基础、自主发展、社会参与三个方面，综合表现为人文底蕴、科学精神、学会学习、健康生活、责任担当、实践创新等六大素养，具体细化为国家认同等十八个基本要点，国际理解是基本点之一。道德与法治课程作为落实立德树人要求和学生发展核心素养的载体，在内容编排上必然有所体现。

知识卡

具有全球意识和开放的心态，了解人类文明进程和世界发展动态；能尊重世界多元文化的多样性和差异性，积极参与跨文化交流；关注人类面临的全球性挑战，理解人类命运共同体的内涵与价值等。

——《中国学生发展核心素养》

二、国际视野教育的价值与意义

为什么在道德与法治课程教学中提出国际视野教育？2010年，我国颁布的《国家中长期教育改革和发展规划纲要（2010—2020年）》指出："适应国家经济社会对改革开放的要求，培养大批具有国际视野、通晓国际规则、能够参与国际事务和国际竞争的国际化人才。"人才的竞争，就是教育的竞争。道德与法治课程对学生核心素养的培养以及明确自身应具备的适应终身发展和社会发展需要的必备品格和关键能力起

①姚福生，王磊，张志伟，等.新时期大学生国际视野教育初探[J].学术论坛，2008(1)：182-186，199.

着至关重要的作用。

(一)有利于培养学生正确的价值观念

世界正在发生巨大变化,中国也日益走近世界舞台中心,中国与世界的命运从来没有像今天这样紧密相连。世界上没有哪一个国家能够一枝独秀,也没有哪一个国家能够包打天下,中国也不例外。各国只有团结协作,才会把世界发展的蛋糕做得越来越大。国家的发展依赖于世界的发展,世界的发展为国家的发展提供有力的支撑。不同文化、不同种族、不同信仰和不同国家、地区的人们之间的交流与合作,需要尊重和包容。进行国际视野教育,培养具有全球意识、大局观念的人才,是当今教育大势所趋。

在这一背景下,引导学生树立正确的价值观念,关系到国家的发展,民族的未来。小学生作为未来社会的建设者和接班人,通过国际视野教育,能够确立正确的价值取向,提升道德素质,进而在面对是非问题时做出正确行为选择,促使其价值取向的完善。

(二)有利于培养学生深刻的价值认同

2016年7月1日,习近平总书记在庆祝中国共产党成立95周年大会上明确提出:中国共产党人“坚持不忘初心、继续前进”,就要坚持“四个自信”即“中国特色社会主义道路自信、理论自信、制度自信、文化自信”。

文化自信是对中国特色社会主义文化先进性的自信。坚持文化自信就是要激发党和人民对中华优秀传统文化的历史自豪感,在全社会形成对社会主义核心价值观的普遍共识和价值认同。

当今世界,正处在大变局、大调整中,这在给中国的发展带来机遇的同时也带来挑战。处在这样的历史时期,中国站在全人类的角度,提出人类命运共同体的理念,倡导各国彼此尊重,主张世界和谐发展,并引领全球治理体系变革。中国为世界和平和人类发展贡献出了智慧和方案,凸显中国的优势和底气。在这样的大背景下,更容易激发学生的爱国热情,在情感上产生共鸣,从而产生深刻的价值认同。

第二节　教材中的国际视野教育内容

教育叙事

国际视野教育与道德与法治融合的思考

初次接触国际视野教育,我很难将其与道德与法治课程相联系,更不清楚教材编写是怎样体现这一主题。而随着对教材的了解逐渐深入,我慢慢地认识到,在《道德与法治》教材中，尤其是在小学高年级阶段，国际视野教育是怎样融合进教材中的。

（北京市史家小学通州分校徐群志提供）

国际视野教育内容的安排是为了拓展学生视野，感受多元文化。通过了解世界文化的丰富性和差异性，尊重和欣赏不同国家的不同文化。通过对人类文明、世界环境、风土人情、名胜古迹、礼仪礼节、世界发展等方面的了解，认识这个多元的世界，增强学生国际意识，为培养未来新型国际化人才奠定基础。

一、国际视野教育内容有哪些

国际视野教育内容按照学生的年龄特点和成长规律，以学生生活为基础，按照学生自身由家庭到学校、社区、国家、世界不断扩大的生活领域，认知距离由近及远，认识空间由小及大的顺序，被安排在了高年级阶段。

（一）国际视野教育内容在教材中的体现

国际视野教育内容编写依据之一《义务教育品德与社会课程标准（2011年版）》在《我们共同的世界》中有所体现。

具体来说，第一条“知道世界的大洲、大洋的位置，能在地图或地球仪上找到相应的国家或地区”，第二条“比较不同国家、地区、民族的生活习俗、传统节日、服饰、建筑、饮食等状况，从不同的角度，尝试探究差异产生的原因，尊重文化的多样性”，第三条“初步了解一些人类的文化遗产，激发对世界历史文化的兴趣”，对应六年级下册第六课《探访古代文明》和第七课《多元文化 多样魅力》。

这两个主题重在引导学生通过观察地图，了解人类早期文明发祥地和海陆分布，以及运用对比、观察等方法了解古代文明成就和世界各国、各地区、各民族因不同的生活环境而形成的文化之间的差异性和丰富性。对待这种差异性，我们秉持尊重和欣赏的态度，加强沟通，增进了解。中华文化以其特有的文化内涵与世界文化相互交融，彼此沟通，成为互不可分的有机体。

第四条“初步了解我国与世界各国的经济相互依存关系，及其给人们生活带来的影响”，第七条“知道我国所加入的一些国际组织和国际公约，了解这些国际组织的作用。知道我国在国际事务中的影响日益增强”，对应第九课《日益重要的国际组织》。

这一主题重在引导学生认识一些国际性、地区性组织的出现，是为了通过对话与协商解决各方矛盾争端。作为发展中的大国，中国积极参与世界性、地区性组织，并在其中发挥建设性作用，是一个世界大国的责任，也是发展自我、提升自我的途径。

第五条“初步了解科学技术与人们生产、生活及社会发展的关系，认识科技要为人类造福，崇尚科学，反对迷信”，对应第八课《科技发展造福人类》。

这一主题重在引导学生认识人们热爱科学，勇于探索求真，科技的发展为世界发展注入了强大动力，推动社会向前发展。人们依靠科技的支撑，改善了生产生活环境水平，从中获得丰厚的成果回报。科技的发展，对人类社会的发展、造福人类社会起到重要的作用。

第六条“初步了解全球环境恶化、人口急剧增长、资源匮乏等状况，以及各个国家和地区采取的相关对策，体会‘人类只有一个地球’的含义”，对应第四课《地球——我们的家园》。

这一主题重在引导学生认识到人类对自然资源的不合理利用、向自然界任意排放废弃物已经造成了生态破坏，使部分资源面临耗竭的危险，并且导致严重的环境污染，因此，人类必须行动起来，为保护地球承担起责任和义务。

第八条“感受和平的美好，了解战争给人类带来的影响，热爱和平”，对应第十课《我们爱和平》。

这一主题重在引导学生认识当前国际社会，人们面临的两大主题是和平与发展，这是世界的主旋律。但世界并不太平，人民渴望和平，通过各种方式表达渴盼和平的心愿。中国人民热爱和平，与世界各国和平共处。中国提出的构建人类命运共同体的理念，深得世界人民的认同。这一先进的理念，为赢得世界持久和平提出了中国方案，贡献了中国力量，彰显了中国智慧。

（二）国际视野教育内容涉及的领域

国际视野教育的目的是要培养学生高远的国际眼光，敏捷的国际思维，宽厚的世界情怀。因此，这一部分涉及多个领域的内容，旨在通过对各领域内容的学习、了解，为学生最终成为一名世界人奠定坚实的基础。从内容安排上，主要涉及环境保护、历史文化、科学技术、国际关系等领域。

环境保护是世界各国面临的共同主题。地球只有一个，她为人类、动物以及各种生物的生存提供了必要的条件，是人类和各种动植物赖以生存的家园。自古以来，人类与自然和谐相处，和谐共生，形成了命运共同体。但是，随着人口的不断增长，向自然索取的越来越多，资源短缺、生态破坏、环境污染等问题日益凸显，如何改变这种现状呢？可持续发展是当代社会协调人与自然和谐发展的根本途径。珍爱地球，树立环保责任意识、生态意识，参与力所能及的环保行动，利用法律约束人们的行为以减少对地球的伤害，是人类共同的责任。

在人类文明发展过程中，人们生活在不同的地域、不同的自然环境中。在长期的生产劳动实践中，人们不断积累经验，找寻规律，共同创造了多样的人类辉煌的文明史，并且留下了宝贵的文化遗产，这是全人类共同的精神文化财富。作为世界大家庭中的中华文明是人类文明一直传承至今唯一没有中断过的文明，中华文化与世界文化互融互通，并以其特有的魅力在世界文化史上占有重要地位，为世界文明发展做出了独特的贡献。随着社会的不断进步，人类文明发展到今天，呈现出各具特色的文化，这些文化之间存在差异，我们应该相互尊重，相互学习，彼此借鉴，共同创造人类更加辉煌的文明史。

科学技术的进步与发展，深刻影响着人类社会的发展与变革。科技改变了人们对世界的认知，实现了人类的梦想，加强了彼此的沟通和交流，让生活越来越便捷。当然，人们在享受科技便利的同时，也感受到由于科技进步带来的负面影响，所以，辩证地看待事物，也是这部分内容所渗透的信息。另外，人们在对科学真理的追求中，也付出了很大代价，甚至献出了生命，但这并不能阻碍人们求真求实、崇尚科学的精神追求。

当今世界高度融合，彼此很难分开。国与国之间只有相互尊重，彼此平等，真诚合作，才能共同应对困难与挑战，享有和平与繁荣。为此，各国为了共同的目标组成国际组织，促进世界和谐、稳定、发展。在协调解决各方矛盾争端，争取利益的最大化中，国际组织在世界发展中发挥了至关重要的作用。中国作为负责任、有担当的大国，坚定地维护世界和平与发展，致力于推动国际秩序朝着更加公正合理的方向发展，提出了"人类命运共同体"这一时代命题，为人类的命运与共、合作共赢贡献了中国智慧。

二、国际视野教育内容在各单元的分布

国际视野教育内容集中体现在《道德与法治》教材六年级下册中，在第二单元《爱护地球 共同责任》中安排了《地球——我们的家园》；在第三单元《多样文明 多彩生活》中安排了《探访古代文明》和《多元文化 多样魅力》；在第四单元《让世界更美好》中安排了《科技发展 造福人类》《日益重要的国际组织》和《我们爱和平》。每课中都含有二至三个话题内容。具体内容如下表。

表 10-1 《道德与法治》中国际视野教育内容的分布

<table>
<tr><th>年级</th><th>单元</th><th>主题</th><th>具体内容</th></tr>
<tr><td rowspan="8">六年级
下册</td><td rowspan="3">第二单元
爱护地球 共同责任</td><td rowspan="3">第四课
地球——我们的家园</td><td>我们生存的家园</td></tr>
<tr><td>环境问题敲响了警钟</td></tr>
<tr><td>我们共同的责任</td></tr>
<tr><td rowspan="5">第三单元
多样文明 多彩生活</td><td rowspan="2">第六课
探访古代文明</td><td>早期文明发祥地</td></tr>
<tr><td>闻名世界的文化遗产</td></tr>
<tr><td rowspan="3">第七课
多元文化 多样魅力</td><td>各不相同的生活环境</td></tr>
<tr><td>多彩的世界文化</td></tr>
<tr><td>尊重文化多样性</td></tr>
</table>

续表

年级	单元	主题	具体内容
六年级 下册	第四单元 让世界更美好	第八课 科技发展 造福人类	对世界的不断探索
			科技改变世界
			科技让梦想成真
		第九课 日益重要的国际组织	国际组织
			联合国和世界贸易组织
			中国与国际组织
		第十课 我们爱和平	战争带来的伤害
			和平是世界潮流
			中国为和平作贡献

三、国际视野教育内容的编排特点

(一)尊重符合认知规律

国际视野教育内容安排在《道德与法治》六年级下册,这样的安排符合学生的认知发展。从认知规律来看,人类首先要认识、了解自身的生活环境,对世界有整体认知;其次才会关注其他国家、地区人们的生活状况,甚至是更深入的研究;最后,也是最终的归宿,人们还要回到自身的生存和发展上来,是愚昧无知还是科学发展,是自顾自暇还是团结合作,是战火不断还是和平美好,这些都是人类社会在发展过程中不断面临的挑战。

六年级的学生无论是认知水平还是心理发展,在经过五年的学习积累和锻炼之后,都有很大的提升,他们的人生观、世界观正在逐步形成。他们不仅关心自己,随着年龄的增长,已经开始关注他们生活的这个世界。正是由于这样的客观规律,国际视野教育在六年级下册出现,学生才会以更加开阔的眼界看待世界,以更加成熟的思想理解世界。

(二)体现落实核心素养

国际视野教育内容融合了自我、世界领域和国家领域的内容,以尊重、包容、反思概念螺旋上升、贯穿始终,体现"和谐共生"的核心价值观,有效落实《中国学生发展核心素养》中"社会责任""国家认同""国际理解"核心素养。

在国际视野教育内容中,引导学生具有规则与法治意识,积极履行公民义务,理性行使公民权利;热爱并尊重自然,具有绿色生活方式和可持续发展理念及行动等,体现了"社会责任"的落实。

《地球——我们的家园》的《我们共同的责任》,引导学生思考:为了保护地球,保护环境,作为小学生的我们可以做什么?教材以"活动园"的方式给学生以启发。在讨论交流的过程中,引发学生思维的碰撞,从而明确自己可以为环境保护做的事情。

另外，国际视野教育内容中还有机融入并凸显中国元素，包括中国文化、中国声音、中国力量、中国方案等，彰显中国在世界发展中的作用和地位，增强了文化自信，落实“国家认同”的核心素养。

在《日益重要的国际组织》中，通过“活动园”，引导学生思考并了解中国作为负责任大国在国际组织中的作用和担当。

在国际视野教育内容中，最主要的是要落实“国际理解”的核心素养。培养学生具有全球意识和开放的心态，了解人类文明进程和世界发展动态；能尊重世界多元文化的多样性和差异性，积极参与跨文化交流；关注人类面临的全球性挑战，理解人类命运共同体的内涵与价值等。

在《多元文化 多样魅力》的《尊重文化多样性》中，教材通过“活动园”中的事例，引导学生分析讨论，认识到各国之间的文化不同，我们应该相互尊重彼此的习惯，尊重文化的差异。

（三）法治教育嵌入其中

法治教育是小学道德与法治课程中的重要内容。国际视野教育是道德与法治教育的一部分，在这一部分的内容安排中，适时地把教材内容与法律知识进行融合，将国家和世界的有关法律采用分散嵌入的方式对学生进行法治教育，以相关链接的方式向学生呈现严谨规范的法律要求。

在《地球——我们的家园》的《我们共同的责任》中，强调为了保护地球，世界各国用法律的方式来限制人类对地球的伤害。同时，通过“阅读角”的形式列举了中国在环境保护方面制定的法律，对学生进行法治教育。

讲规则，守法治，是一个人的行为准则，世界发展更要讲规则意识，遵守秩序，尊重法治，这是一个文明世界的体现。我们培养的学生最终将要走向社会，与世界发展融为一体，成为社会人、世界人。在社会生活中，遵纪守法无疑是一个公民高素质的体现，更是社会和谐有序发展的根本保证。

第三节　国际视野教育的教学实施

教育叙事

一名道德与法治教师的困惑

道德与法治课程的一位新任教师提出过这样的问题：道德与法治难道不是品德教育和法治教育的融合吗？可是翻阅教材我才发现，在这套教材中，不仅有道德的培养，法治的启蒙，还涉及人文、社会、地理、历史等领域的内容，其中包括了自己、家庭、学校、社区、国家、世界等方面，内容简直太丰富了！

尤其是小学高年级，还涉及“世界”层面，这方面的内容涵盖范围更广，教学活动的设计也更讲究，对教师自身素质的要求也更高。在备课当中，在教学当中，有没有方法、策略来指导我们呢？

（北京市史家小学通州分校徐群志提供）

国际视野教育的实施满足了个人成长需求和教育发展的需要。国际视野教育是要培养具有全球意识的人才，也是教育国际化的发展趋势。“立足中国，放眼世界”，培育具有家国情怀、国际视野的公民，是教育的目标。

一、国际视野教育的特点

（一）内容丰富，涉及面广

随着经济全球化的纵深发展，科学技术的不断进步，世界变化之快前所未有，培养学生的国际视野，以广阔世界为舞台，对学生核心素养的培养以及明确自身应具备的适应终身发展和社会发展需要的必备品格和关键能力，能够高端站位，开阔思想视野，形成自己的道德品质和正确的价值判断起着至关重要的作用。

国际视野教育将社会环境、社会生活、社会关系进行整合。将环境教育、历史文化、国际关系、人类命运共同体、和平与发展等诸多主题内容进行有机融合，从多角度、多方面引导学生认识世界、理解世界，内容安排丰富全面，涉及面广。

（二）体现和谐共生价值观

国际视野教育着眼全世界、心系全人类。当今世界，高度融合，你中有我、我中有你，彼此相互依靠，没有哪一个国家能够脱离群体，独善其身。世界是整体，人类是一家，人类命运共同体的理念，越来越被世界各国接受和认可。

世界要发展，人类要进步，需要彼此依赖，携手同行。如何实现全世界全人类的共同发展呢？围绕这一问题，在内容的选择安排上涉及了人与自然的和谐共生，如《地球——我们的家园》；民族与民族的和谐共生，国家与国家的和谐共生，如《日益重要的国际组织》《我们爱和平》；文化与文化的和谐共生，如《探访古代文明》《多元文化 多样魅力》。只有和谐相处，共生共存，才是解决这一问题的唯一途径。

（三）国际理解中彰显国家认同

国际视野教育注重落实“国际理解”核心素养，“国际理解是在国别之间或区域性国家之间所共同享有的普遍性价值所达成的一致性态度和认知，或者是对彼此差异性的包容性认可与坦然接受。从主体性归位来看，它不是单个主体的自拉自唱，而是双主体或多主体的和声或交响乐；从范围尺度来看，它不是指国内各个族群和群体间的理解，也不是全球意义和层面上的理解，而是特指国与国之间或区域性的理解；从思维视角和结构来看，是开放的和多层面的；从价值取向和尺度来看，是多元和共享的。国际理解是一种跨国界的、开放的、主动的、包容的、理性的、和谐的思维方式和交往方式。"①

我们不难发现，在落实"国际理解"的同时，教材还关注了"国家认同"并凸显了这一主题。"国家认同是指一个国家的成员对所属国家的历史文化传统、国家主权、政治道路、政治主张、道德价值观念等的认可而产生的归属感，这种认同以国家为中心，是以支持、认同并在它有危难时愿意牺牲自我、为之奉献和效忠于这个国家为具体表现。国家认同是一种重要的国民意识和政治资源，是现代国家的合法性基础，是民族国家凝聚力的源泉所在，是维系一个国家存在和发展的重要纽带。"②

随着学生年龄的增长，他们开始有意识地关注世界。爱护地球、尊重多元文化、科技发展、国际组织和世界和平等都是世界性话题。站在什么样的视角来看待这些问题，以什么样的方式来解决这些问题，世界有世界的做法，中国有中国的主张，国际理解和国家认同在这里相互交织。

随着中国国际地位的日益增强，国际上越来越多的国家开始关注中国发展，倾听中国声音。而中国作为负责任的大国，更是为世界发展拿出中国方案，贡献中国智慧、中国力量，这让每一个中国人都由衷地感到自豪。尤其是人类命运共同体的理念，它扎根中国、融通中外、立足时代、面向未来，在人们心中形成兼具中国特色和世界视野的意识形态。

二、国际视野教育的教学实施

教学策略是实施教学过程的教学思想、方法模式、技术手段这三方面动因的简单集成，是教学思维对其三方面动因进行思维策略加工而形成的方法模式。教学策略是为实现某一教学目标而制定的、付诸教学过程实施的整体方案。进行国际视野教育，要依据不同的教学内容，选择不同的教学策略，从而达到预定的教学目标。

（一）把握教材立意，抓住主旨思想，选取教学方式

教学的最终目标是引导学生树立正确的人生观、世界观，形成正确的价值判断。国际视野教育，除了注重知识的学习，更注重对学生思想意识的价值引导，这就要求教师要整体把握教材，准确理解教材，厘清思想立意，有针对性地设计教学。

①李建军．国际理解的视域与学科维度[J]．新疆师范大学学报(哲学社会科学版)，2016，37(3)：6-17.

②杜兰晓．大学生国家认同研究[D]．浙江大学，2014.

课堂链接

《我们爱和平》中《战争带来的伤害》这一内容的教学安排在六年级下册。旨在通过了解世界大战和局部战争对人类和社会发展的影响，探究战争的危害及和平的意义，从而感悟和平的可贵。这部分的教学重点不在于了解战争的概况，而是侧重于引导学生感悟战争给人类带来的危害，从而珍惜当下的生活。

活动一：课前学习成果汇报

师：（出示课前学习单调查结果）说一说你了解到的战争中的人们生活是怎样的？我们的生活又是怎样的？

生：（汇报课前了解情况，并进行交流分享）战争中的人们无家可归，我们能安居乐业；孩子们不能上学，我们能接受教育……

师：（根据学生的汇报提问）通过调查说说你们对战争又有哪些看法。

生：战争不仅带来人员的伤亡，更让人们饱受苦难折磨……

活动二：联系生活看战争

1.布置任务并提出要求。

师：根据资料内“局部战争中的记录”说一说哪个场景让你最心痛，为什么？

生：（小组根据资料在组内进行分享交流）当我们享受蓝天白云时，战争却带来了环境污染；当我们安心学习时，战争却让人们无家可归；当我们享受童年的美好时，战争带给孩子的却是内心的恐惧；当我们安居乐业时，战争却让人们流离失所；当我们保护传承人类文明时，战争却让遗迹遭到破坏……

2.播放视频：叙利亚遭遇战争后儿童生活的变迁。

师：影片中的叙利亚小女孩的生活发生了怎样的变化？此刻你们是什么心情？

生：（结合视频资料回答）战争破坏了人们祥和的生活，痛恨战争，希望和平。和平美好，只有和平，人们才有幸福的生活。

（北京市史家小学通州分校徐群志提供）

本课在学习局部战争给人类特别是给儿童带来伤害的时候，采用对比学习的方法，将学生的现实生活与战争中儿童的生活进行对比。教师很好地把握住了这部分内容的立意，通过多种方式引导学生认识到战争给人类特别是儿童带来更加严重的伤害，同时感悟到我们生活在和平环境下的幸福。

（二）立足学生生活，创设情境体验，激发学习兴趣

创设活动氛围，提供活动机会，让学生在活动中得到发展。有效的活动设计，有利于

提高学生的课堂参与度，激发学生的学习兴趣，提高学生的学习能力。活动的设计要立足于学生的生活，利用学生已有的生活经验，这样的活动设计不仅从学生的真实生活出发，还要关注知行统一的教育。因为教育只有落实到学生真实生活的转变上，才能算是真正提升了实效性。

课堂链接

《科技发展 造福人类》中《科技改变世界》这一内容的教学安排在六年级下册。目的是了解科技革命的重要成就，以及科学技术与人们生活、社会发展的关系，能用变化的眼光看待科技革命的重要成就，体会科技对人类文明进步的影响。为了实现这一目标，教师从学生生活经验出发，创设情境，引导学生在参与活动体验的过程中，感受科技进步带给人们生产生活的便利。

片段一：

师：（发给每个学生一团棉花。并提出要求）研究体验没有机器的时代古人是如何纺纱线的？

学生：（结合自己的生活经验，用双手将棉花搓成棉线）

师：同学们在刚才的纺线体验活动中，有什么感受？

生：感觉很有意思，但就是速度太慢了，很费力气。

师：如果在这样的条件下，让你制作一件衣服，你觉得会用多长时间？

生：肯定很长。

片段二：

师：对于我们来说，最熟悉的就是电在我们生活中的应用。下面我们就来历数一下你家生活中用到的电器。

生：（家用电器接龙说一说）

师：电的应用引发了一系列电器的发明。下面就以这幅图为例，说一说：傍晚回到家，咱们这个城市所有的电都停了，接下来会发生什么事情呢？

生：正常生活没法进行了，全都乱了。

（北京市通州区教师研修中心聂满欣提供）

科技成果的转化和应用，改变了人们以往的生产生活方式，这对于现在的小学儿童来讲难以理解。因为他们生来就生活在科技高度发达的现代社会，早期人们的生产生活状况他们只是通过各种媒介进行了解，并没有真正地体验过。因此课前教师发给每个学生一团棉花，让他们亲自思考、尝试没有现代机器情况下古代人们是如何把棉花纺成棉线的，学生们很是感兴趣，动手想办法，就这样从学生的生活经验入手，在有趣的玩中进入本主题的学习。另外,教师还创设停电的情境引导学生体会电的重要作用。总之,引导学生在具体的情境中去体验、思考、有所发现,有利于学生知识、能力和情感的获得,不仅激发了学习兴趣,而且提升了课堂教学的实效性。

(三)关注时事新闻,拓宽国际视野,增强责任使命

进行国际视野教育,就是要高点站位,培养具有全球眼光、世界胸怀的高素质公民。关注时事新闻,是有效的方法途径之一。这可以让学生了解国内外大事,增加对世界各国的认知,从而洞悉世界发展趋势。久而久之,学生在思考问题时就会把自己融入世界中,站在全局的角度去整体考虑。要站在世界的角度看待问题,从全人类的视角出发解决问题。具体到教学实施中,不能仅仅关注事件本身,更多的还要关注事件以外的东西,也就是不能只知道是什么,还要了解为什么,聚焦怎么做,不仅重知识而且重视野。

在日常教学中,教师可以在课上安排固定的时间由学生轮流进行时事新闻播报。信息来源主要是上课前一天的国际和国内时事新闻内容,学生可以选择自己感兴趣的内容进行播报。其中,国际上的重大事件对于我们培养学生的国际视野具有非常重要的意义——引导学生关注世界、关注人类的利益和发展。新闻播报这一环节,能够进一步拓宽学生的视野,培养全局意识。

课堂链接

在《日益重要的国际组织》中《中国与国际组织》这一内容的教学伊始,教师首先安排了“新闻播报”。

师:按照顺序,今天的新闻播报由×××为大家播报,有请今天的新闻主播。

生:大家好,我今天为大家带来这样一则新闻:新华社大阪6月29日电 2019年6月27日至29日,国家主席习近平应邀赴日本大阪出席二十国集团(G20)领导人第十四次峰会。行程结束之际,国务委员兼外交部部长王毅向随行记者介绍此访情况。

王毅说,此次G20峰会是在国际局势变乱交织的历史关口举行。习近平主席站立时代潮头,不畏浮云遮望眼,从构建新型国际关系和人类命运共同体的高度,为世界经济和全球治理明确方向,为大国关系和国际合作把脉开方,展现了中国领导人的远见卓识,发挥了负责任大国的作用担当。

今天的新闻播报到此结束,谢谢大家!

师:同学们,从刚才的新闻播报中,你获得了哪些信息?

生1:我知道了6月27日至29日,习爷爷在日本大阪出席了二十国集团领导

人第十四次峰会。

生2:我知道了在这次峰会上,习爷爷从构建新型国际关系和人类命运共同体的高度,为世界经济和全球治理明确方向,为大国关系和国际合作把脉开方。

师:你们知道习爷爷提出的主张对于中国,对于世界有什么意义吗?

生3:我觉得这体现出了中国领导人的远见卓识。

生4:我觉得还体现出中国作为负责任大国的作用担当。

师:大家说得有道理,在国际组织中,中国领导人提出有利于世界各国发展的主张和建设性意见,得到世界各国的认可。为世界的团结进步、高效发展发出中国声音,贡献中国智慧。

(北京市史家小学通州分校徐群志提供)

在这一课的教学中,教师结合学生播报的新闻内容,提出了具有思考意义的问题,其内涵就是:在当今国际局势变乱交织的历史关口,中国作为负责任、有担当的大国,在国际事务中发挥越来越重要的作用。学生在对新闻内容理解的基础上也充分认识到这一点,在分析问题、解决问题的过程中,增强了政治敏锐性和洞察力,同时,也帮助学生树立正确的世界观、人生观、价值观,增强了学生的社会责任感和历史使命感。国际视野,绝不仅仅是看到了多少,知道了多少,更是真正沉入经验里,影响思维和价值观。

(四)设计有效活动,启发辩证思维,提高学习能力

任何事物都具有两面性,如何正确看待这种两面性,是作为六年级学生应该学会的正确看待问题的方式,也是具有国际视野的人的重要的能力体现。怎样在教学中进行有效的引导,需要教师对教学内容整体把握,设计有效的教学活动,激发学生的学习兴趣,让学生在活动中,在游戏中习得知识,掌握本领,提高能力,丰富情感。

课堂链接

在《我们爱和平》中《战争带来的伤害》这一内容的教学中,教师设计了从武器的发展看科技的进步的教学环节,目的在于培养学生辩证地看待事物的方式方法。

活动:武器对比看战争

师:(出示活动要求)小组合作,仔细分辨,看看哪些武器是一战出现的?哪些是二战出现的?通过对比,你发现了什么?

奖励:最快的一组进行展示并介绍。

生:(按照要求将武器照片进行对比排列,最快的一组在黑板上贴出武器图片,

并说明分类的理由）

师：通过分类对比，你发现一战和二战的武器有什么区别呢？

生：第二次世界大战期间，武器更加先进。

师：武器的先进又意味着什么呢？

生：武器的先进意味着杀伤力越来越大，给人类带来的灾难也越来越深重！

师：你们认为是什么让武器越来越先进了呢？

生：是科技的发展推动武器的进步。

师：（介绍制造毒气弹的科学家事例和研究制造核武器并造成环境污染的事例）

小结：科技是把双刃剑，它既能造福人类也能够给人类带来灾难。这取决于科技成果掌握在什么人手中，如果是热爱和平的人，科技成果就会造福人类；反之，如果把科技成果用于战争，就会成为人类社会的灾难。任何事物都有两面性，因此，要辩证地看待社会事物及问题。

（北京市史家小学通州分校徐群志提供）

在这一课的教学中，为了引导学生能辩证地看待社会事物及问题，教师利用对比游戏的方法设计了对比一战、二战的武器这一活动。当学生把一战和二战时期的武器图片进行对比摆放时，此时教师把时间留给学生。看到每个小组的同学之间激烈的争论、激动的表达，我们可以感受到学生在思考、在发现。他们从对比中不仅发现二战的武器更加先进、杀伤力更加巨大，而且还认识到是科技的进步导致了战争更加残酷。

此时，教师又出示了一个人物，他既被人们称为天使也被人们称为恶魔，因为他的发明既可以成为挽救生命的良药，也可以制造杀伤力巨大的武器。从这一案例中学生感悟到科技是把双刃剑，关键在于运用科技的人们怎么做。教师在这样的游戏活动中，通过问题的追问，不仅提升学生的认识，而且提高了学生思辨能力，渗透了辩证地看待事物的科学方法。

（五）加强国际理解，突出中国地位、获得国家认同

国际视野教育主要从国际视角展开，关注世界，统揽全局。教学中可通过多种形式引导学生整体感知，点上深入、面上扩展，深入挖掘知识的育人价值，增强学生国际理解力。这一部分的教学内容中，在注重世界层面的认知了解的同时，还突出了中国的作用。通过在内容上建立联系，引导学生感知在全球化背景下，人类文明“共同创

造”和“中国贡献”的关系，从而增强学生的文化理解、文化认同和文化自信，最终获得国家认同。

课堂链接

在《探访古代文明》中《早期文明发祥地》这一内容的教学中，对于人类早期文明中文明古国的认识，教师设计了发现古代文明成果的教学环节，目的在于培养学生通过观察发现、了解古代文明成果的方式方法。

环节：探究半坡、河姆渡原始居民创造的早期文明

师：（出示遗址考古遗物图）这些都是从半坡、河姆渡遗址考古出土的一手资料，请你通过观察这些遗物，推断一下半坡、河姆渡原始居民已发展到了一个怎样的文明水平。

生：（小组为单位从衣、食、住、生产等方面观察、讨论、交流）

师：（出示半坡、河姆渡原始居民的房屋遗址图和复原图）从图中你知道了什么？还有哪些发现？

生：知道半坡、河姆渡原始居民不再住山洞，已经能够建造房屋了。而且房屋都是木架结构，形状构造却不相同。房屋的建造可能与环境有密切关系。

师：（出示半坡、河姆渡遗址出土的碳化粟和稻。引导学生交流知道了什么）

生：半坡、河姆渡原始居民已经会种植和储存农作物，食物来源更加稳定了。

师：我国是世界上最早发现并学会种植粟和水稻的国家，这是半坡、河姆渡原始居民对世界粮食发展的一大贡献。

（通州区教师研修中心聂满欣提供）

人类文明成就是全人类共同创造的。从古至今，世界各国人民都在不断地努力，积极贡献。中国作为文明古国之一，尤其做出了突出的贡献。且不说世人皆知的四大发明对世界的影响，粟和稻这两种农作物，最早也是由中国的远古先人首先进行种植，这是对全世界、全人类在粮食领域做出的巨大贡献。仅是一组图片的解析，足以激发学生的爱国情怀和民族自豪感，树立了文化自信，增强了国家认同。

以上只是在进行国际视野教育当中所运用的部分教学策略，当然并不局限于这些，在实际教学中，我们可以依据具体情况制定符合自身特点的策略方法，为更好地实现教学效果，达成教学目标服务。

三、国际视野教育的教学评价

教学评价是教学的重要组成部分，对反馈学生表现，促进学生发展，帮助教师改进教学起着至关重要的作用，是课堂教学中的关键环节之一。

知识卡

课程评价的根本目的在于积极促进学生发展，全面了解和掌握学生在道德和社会认知、判断、行为，以及发现和解决问题等方面的能力，以帮助教师改进教学，提高教学的实效性，保证课程目标的实现。

——《义务教育品德与社会课程标准(2011年版)》

对学生学业水平的评价是为了积极促进学生在学习过程中的知识、能力、情感的发展。在国际视野教育中要运用评价激励学生，引导学生形成正确的价值判断，形成正确的人生观、世界观，促进学生能力水平提升。

对于评价方式的选择并没有特别的限定，只要是适合这个主题能够达到评价效果，保证公平公正，对学生有积极的促进作用就是合适的评价方式。评价的主体包括教师、学生本人和同学。

(一)教师教学评价

1. 坚持随机评价，引导学习方法，激发学习动力

常用的评价方式中，教师的随机式评价对诱发学生学习动力，产生学习兴趣，起到积极的促进作用，对学生的学习状态、学习方法、学习效果进行及时调控，从而达到学习目的。这种随机式评价没有相对固定的时间、地点与完整的评价程序。它通常是在教学的过程中进行的，不做评价记录，其结果也不用作对学生进行总体评价的依据。教师在课堂中对于学生表现的一句表扬或批评、一种肯定或否定，甚至一个眼神、一个动作，都引导着学生的学习与思考，规范着学生的学习行为与学习方式。所以，教师的随机式评价是与教学融为一体的。这种评价方式有利于发挥教师的主导作用，且方式灵活，有利于教学的组织。

课堂链接

在《探访古代文明》的教学中，教师对学生的学习活动情况是这样进行评价的：

活动：文字对比探文明

师：文字是文明诞生的标志之一，我们来看看文明古国的文字有什么不同。

师：(出示古埃及、古巴比伦和古中国的文字图片资料)观察这些遗迹中的文

字，说说你有什么发现。

生1：我发现这些文字很难辨认，我一个都不认识（引起其他同学哄笑）。

师：这一点都不奇怪，老师也不认识。但只要我们努力学习，认真钻研，就一定能够破译这些古人留下的文化。

生2：我发现这三种文字各不相同，都有自己的特点。

师：你观察得很仔细，发现了它们的不同之处。

（北京市通州区永顺镇中心小学赵天提供）

"这一点都不奇怪，老师也不认识"这句评价首先肯定了学生的发现是正确的。这些古文字是需要专业人士才能够辨认的，这位同学只是说出了事实，意思是大家不要嘲笑。"但只要我们努力学习，认真钻研，就一定能够破译这些古人留下的文化。"这句评价不仅指出了学生今后努力学习的方向，同时还具有鼓舞学生学习积极性的作用，为学生的学习注入了动力。"你观察得很仔细，发现了它们的不同之处"这句评价首先认可了学生运用观察的学习方法，其次肯定了"发现不同之处"的学习效果，这是对学生观察结果的高度认可。这种教师及时评价的方式，能够针对每个学生不同的特点给予不同的指导，引导学生今后努力学习的方向。

2. 坚持正面评价，鼓励学生创新，培养学习习惯

学生的学习过程是复杂多样的，学习方式也不尽相同，由于学生个体存在差异性，因而学习的效果也会不同。学生往往会选择一些非教师要求的学习活动进行学习。比如：通过网络等其他媒体或者阅读书籍、杂志，甚至道听途说，都有可能带给学生新的启示，引发新的思考。而这些新的想法，很有可能成为新思想、新发现的重要来源。因此，教师要善于捕捉这种学生信息，给予正面的积极评价，鼓励学生的创新做法，正确引导，积极回应。

课堂链接

在《探访古代文明》的教学中，教师对学生的信息是这样进行评价的：

师：金字塔这样宏伟的建筑到底是怎样建造起来的呢？如果你是一名建筑师，现在重新修建一座金字塔，需要经历哪些过程，你将借助哪些工具呢？

生1：修建金字塔首先是采石，采石可能要用到炸药；然后是装卸和运输石块，可能要用到大吊车和起重机；最后是垒石，可能要用到脚手架、塔吊之类的工具和机器。

师：看起来，你对建筑很在行，脚手架、塔吊这些建筑用的设备名称，你很熟悉。

生1：我平时特别喜欢看《超级工程》，我是从电视节目中了解到的。

师：看来老师猜对了，你不但是个建筑迷，而且特别关注我国的发展建设，希望将来你也能成为建筑行业的佼佼者，为我国的建筑业做出贡献。

师继续提出疑问：可是在四五千年前的古埃及这些工具一样都没有，仅有的金属工具就是铜凿，那么这么多这么大这么重的巨石是怎样开采下来的，又是怎样运输和垒起来的呢？

生2：我在一本科幻书中看到过金字塔根本就不是人类建造的，而是由外星人建造的。

师：看来，你很喜欢看科幻类的书籍，它能够让你发挥想象力。长期以来关于金字塔的建造一直众说纷纭，但到目前为止，还没有足够的证据证明你的看法，但你的想法确实够大胆，想象力很丰富。

（北京市通州区运河小学柴精精提供）

面对学生多样的回答，教师没有一味地肯定或否定，而是根据每个人不同的看法，给予不同的评价。学生的答案来自他们通过不同渠道收集到的信息，而信息的准确与否作为小学生还不具备甄别能力，需要教师帮助辨别并给予指导。这样才能在既保证对学生的不同信息来源有评价和引导，同时又能保护学生的学习积极性。这种正面评价，给学生以明确的方向，对学生今后的学习，起到积极的引领作用。

（二）学生学业评价策略

教学中，学生评价也是经常用到的评价方式。其中，学生自评、同学互评相结合的方式更是广为使用。学生自评、同学互评，是指在一个阶段的学习结束时，学生对于自己和他人在学习过程中的学习方法、学习态度进行的自我反思与相互评价。这样的评价方式除了有利于形成良好的学习习惯与学习动机以外，还有利于学生形成评价自己与他人的意识与能力，这也是终身学习所需要的。尤其是在利用小组合作学习的方式时，这种评价方式更能激发学生学习的积极性、主动性。

1.关注学习过程，评价激发学习兴趣

学习过程是学习者通过与信息和环境的相互作用而得到知识、技能和态度的长进的过程。学生参与学习主要体现在学习过程中。通过学生对学习过程的自评、互评，能够反映出学生真实的学习状态。这种客观评价，对引导学生学习方法，激发学生学习兴趣，起到积极的促进作用。

课堂链接

在《多元文化 多样魅力》的教学中，教师设计了如下的表格，通过自评和互评的方式，对学生的学习能力和学习态度进行评价。

评价内容	评价要求	很好	一般	有待提高
小组合作	积极参与(互评)			
	主动交流(互评)			
	成果共享(互评)			
知识能力	了解地球的海陆分布(自评)			
	能在世界地形图中快速找到主要地理事物(自评)			
	了解世界名山大川的基本知识(自评)			
	能用自己的语言介绍一处世界自然景观(自评)			
	知道地球由于环境不同,所以景观不同(自评)			
学习态度	学习踏实认真(互评)			
	积极搜集资料(互评)			

(北京市通州区于家务乡中心小学史艳伟提供)

在这张评价表的设计中,关注了学生的学习方式和学习态度,通过自评互评相结合的方式,对学生在学习过程中的表现进行综合评价。由于评价人是同学、是伙伴,是彼此平等的关系,因此在心理上更加容易接受,在客观上也更有利于激发学生个体的学习积极性、主动性。学生可以根据评价结果反思自己的学习行为,进而调整自己的学习策略,改进学习的方式方法,更有利于自己今后的发展。

2.关注学习习惯,评价促进学习方式调整

学习习惯是学生在长期的学习实践过程中逐渐构成的不需要意志努力和监督的自动化行为倾向。古今中外的教育学家、心理学家都十分重视学生学习习惯的培养。我国当代教育家叶圣陶曾明确指出:“什么是教育?一句话,就是要养成良好的学习习惯。”拥有良好的学习习惯,对学生来讲是一笔财富,是学生顺利进行学习活动的保证。

在教学中,运用学生评价的方式,对自身和他人的学习习惯进行客观的评价,有助于学生发现自身问题,从而改进自己学习的方式方法,提高学习效率,并最终取得最大成效。

课堂链接

在《探访古代文明》的教学中,学生的自评和互评是这样进行的:

师:在埃及流传着这样一句话——“一切都惧怕时间,而时间却惧怕金字塔”,你知道人们为什么这样说吗?

生：因为有很多世界奇迹都禁不住时间的打磨，早已倒塌，而金字塔却没有被时光摧毁，至今千年不倒独领风骚巍然傲立。

师：所以说金字塔在世界建筑史中占据着重要的地位，被联合国教科文组织列入《世界遗产名录》！它们是人类文明的象征，那么为什么金字塔能够屹立千年不倒呢？请各小组结合你们手中的资料去寻找答案，并结合评价表对自己和组员的表现进行评价！

学生小组合作，根据资料交流讨论，并选出代表进行汇报。

评价说明：表现很好“‿”，一般“▁”，还需努力“︵”

倾听（互评）		思考（自评）		发言（互评）		合作（互评）	
听老师	听同学	所听	所看	组内	全班	分享	贡献

（北京市通州区运河小学柴精精提供）

上述案例更关注对学生学习习惯的评价。这种评价可以使学生逐步把握有效的学习方式，形成适合自己的学习方法，提高学习的质量与效率。当然，习惯培养是长期的过程，不可能通过一节课就能达到目的，但如果能够长期坚持这样的评价方式，对于学生的习惯养成将起着决定性作用。

本章小结

本章内容首先阐释了国际视野教育的含义，分析了国际视野教育的价值和意义。其次，对于教材中的国际视野教育内容进行了细致的解读，从板块内容的编写依据到具体的内容编排特点和国际视野教育内容在各年级的分布都做了详细的分析。另外，关于国际视野教育在具体实施过程中，应注意的问题和相关教学策略，包括评价也都进行了阐述。

【知识导图】

- 国际视野教育
  - 意涵
    - 国际视野教育的概念
    - 国际视野教育的价值与意义
  - 教育内容
    - 国际视野教育内容有哪些
    - 国际视野教育内容在各单元的分布
    - 国际视野教育内容的编排特点
  - 教学实施
    - 国际视野教育的特点
    - 国际视野教育的教学实施
    - 国际视野教育的教学评价

【理解反思】

国际视野教育是新时期个人成长、教育发展的趋势。随着人类命运共同体理念的深入人心，世界各国联系不断加强，彼此之间互融互通，在这种前所未有的世界变局中，每一个人都参与其中。

拥有国际视野可以让人在参与国际事务，协调各方利益，处理国际关系中有大局观。当一个人站在不同的高度看问题时，其解决问题的方式方法也不相同，站的位置越高，看问题的角度就会越全面，从而解决问题的方式方法也会更加多元化。在当前的时代背景下，教育需要培养拥有家国情怀，又心系世界和具有国际视野的人才。

【实践作业】

1. 探索开发国际视野教育教学的实施途径。

2. 探索培养教师国际视野的方法途径。

【推荐阅读】

上官子木.教育的国际视野[M].上海：华东师范大学出版社，2005.

参考文献

1.高德胜.以学习活动为核心建构小学《道德与法治》教材[J].中国教育学刊,2018(1).

2.小学道德与法治教材编写组.服务于儿童的思想道德发展——理解小学《道德与法治》教材的十个要点[J].人民教育,2017(18).

3.韩春晖.人治与法治的历史碰撞与时代抉择[J].国家行政学院学报,2015.

4.秦前红,叶海波.论民主与法治的分离与契合[J].法制与社会发展(双月刊),2005(1).

5.杨云丹.论民主与法治的关系[J].法制博览,2016(2).

6.姚福生,王磊,张志伟,等.新时期大学生国际视野教育初探[J].学术论坛,2008(1).

7.杨晓慧.构建人类命运共同体视域下青少年价值观教育的中国特色与国际视野[J].思想政治教育研究,2018(4).

8.秋原.中国是促进世界和平稳定发展的中坚力量[J].求是,2017(11).

9.李建军.国际理解的视域与学科维度[J].新疆师范大学学报(哲学社会科学版),2016(3).

10.李昱.当代中国公民意识培育问题研究[D].兰州大学,2014.

11.杜兰晓.大学生国家认同研究[D].浙江大学,2014.

12.高德胜,章乐,唐燕."接上童气"——小学《道德与法治》统编教材研究[M].北京:人民教育出版社,2019.

13.马长山.法治教育教师读本(义务教育阶段)[M].上海:华东师范大学出版社,2019.

14.任海涛.中小学法治教育实践模式范例[M].上海:上海教育出版社,2019.

15.李介.课堂教学策略研究[M].兰州:兰州大学出版社,2009.